자바 코딩, 이럴 땐 이렇게
PMD로 배우는 올바른 자바 코딩 방법

자바 코딩, 이럴 땐 이렇게

PMD로 배우는 올바른 자바 코딩 방법

지은이 배병선

펴낸이 박찬규   엮은이 이대엽   디자인 북누리   표지디자인 아로와 & 아로와나

펴낸곳 위키북스   전화 031-955-3658, 3659   팩스 031-955-3660
주소 경기도 파주시 문발로 115 세종출판벤처타운 311호

가격 28,000   페이지 424   책규격 188 x 240mm

초판 발행 2014년 05월 28일
ISBN 978-89-98139-56-8 (93000)

등록번호 제406-2006-000036호   등록일자 2006년 05월 19일
홈페이지 wikibook.co.kr   전자우편 wikibook@wikibook.co.kr

Korean edition copyright © 2014 by WIKIBOOKS.
All rights reserved.

이 도서의 국립중앙도서관 출판시도서목록 CIP는
서지정보유통지원시스템 홈페이지(http://seoji.nl.go.kr)와
국가자료공동목록시스템(http://www.nl.go.kr/kolisnet)에서 이용하실 수 있습니다.
CIP제어번호 CIP2014015507

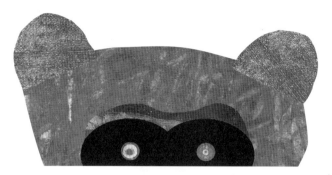

자바 코딩,
이럴 땐 이렇게

PMD로 배우는
올바른 자바 코딩 방법

배병선 지음

위키북스

프로그래밍을 처음 접할 때 나는 C 언어에 푹 빠져있었다. 시스템의 하위 단위끼지 히니히니 모든 것을 조작하고 어떤 소프트웨어도 만들 수 있을 것 같았고, 다른 어떤 언어보다 나은 언어라 생각했다. 그러다 첫 직장에서 C 기반의 플러그인 개발과 이를 운영할 자바 기반의 웹 서비스를 만드는 일을 맡았는데, 그 즉시 C 언어 우월주위에 빠져있던 나는 바보처럼 C가 자바보다 나은 언어라는 것을 스스로 증명하기 위해 자바의 어떤 면이 C보다 못한지 찾으려고 노력했다. 그 과정에서 역설적이게도 자바도 C 만큼이나 잘 만들어진 언어이고, 이식성과 재사용성이라는 측면에서는 C보다 나은 면도 있다는 점을 발견하고 내가 그동안 얼마나 어리석은 생각을 했고, 우물 안 개구리였다는 사실을 알게 됐다. 그리고 어떤 언어를 사용하느냐가 중요한 것이 아니라 그 언어를 얼마나 잘 이해하고 활용하느냐가 더욱더 중요하다는 점도 깨달았다.

자바는 분명 잘 만들어진 언어이고 그러한 이유로 수많은 오픈소스 프로젝트와 상용 소프트웨어에서 활용되고 있으며, 수많은 관련 라이브러리와 정보가 매일 매일 쏟아져 나오고 있다. 하지만 안타깝게도 이런 과도한 활용도와 정보로 인해 많은 개발자들이 자바를 매우 쉽게 생각하고 올바른 사용법보다 단순히 당장 필요한 라이브러리를 사용하기 위한 기본 정보와 인터넷 상의 잘못된 정보를 아무런 검증 없이 프로젝트에 활용하고 있다. 특히 일부 프로젝트에서는 자바가 C와 다르게 메모리를 VM이 자동으로 관리해준다는 점을 맹신함으로써 메모리 관리 자체를 포기한 소스코드 또한 빈번히 발견된다. 결국 아무리 좋은 도구가 있더라도 제대로 사용할 줄 모르면 무용지물인 것처럼 자바라는 언어의 특성을 정확하게 인지하지 못하고 단편적인 정보만을 활용해 당면한 문제를 해결하는 데만 급급하기 때문에 자바를 최대한 활용하는 모습을 보기 어렵다.

또한 그동안 다양한 프로젝트를 수행하면서 경험한 바는 의외로 잘못 작성된 코드가 전체 코드의 구석구석에 숨어 있어도 이런 문제점을 발견하기가 매우 곤란하다는 점이다. 코드 사이사이에 숨은 잘못된 코드를 리뷰와 검수를 통해 찾기란 여간 곤혹스러운 일이 아니다.

정적 분석 도구인 PMD는 이런 문제점을 해결할 수 있는 유용한 해결책 중 하나다. PMD는 작성된 소스코드를 자동으로 분석해 잘못된 코드의 잠재적인 문제점을 유형별로 진단하고 간략한 설명을 첨언함으로써 코드의 품질을 향상시키는 데 매우 유용하다. 물론 PMD가 완벽한 것은 아니다. PMD의 진단 항목 가운데 아직까지 논란의 대상이 되고 있는 항목이나 상황에 따라 불필요한 항목도 있으며, 아직 진단하지 못하는 문제점들도 있다. 하지만 PMD가 판올림을 거듭하면서 각종 필수항목과 유용한 진단 항목들이 포함되어 자바 프로그래밍을 위한 최소한의 가이드라인 역할은 수행할 수 있다.

이 책은 실제 사례를 기준으로 빈번히 발생하는 잘못된 코드를 PMD로 진단하고 발견된 문제점을 올바르게 수정하는 방법을 제시하기 위한 명확한 설명과 예제로 구성돼 있다. 특히 예제 코드는 가급적 실제 코드를 활용했으며, 그렇지 못한 경우에는 최대한 실제로 일어날 수 있을 법한 예를 들려고 노력했다.

완벽한 프로그래밍이란 불가능하지만 이 책을 통해 자바라는 언어를 좀 더 이해하고 효과적으로 활용해 잘못된 코드로 발생하는 개발의 괴로움을 더는 데 도움되기를 바란다.

배병선 드림

설계에 도움이 되는 가이드라인

디버깅을 위한 JUnit과 예외 처리

망가진 소스코드를
자동으로 진단하기

고품질 소프트웨어란 무엇인가?

소프트웨어는 물리적이고 가시적인 어떤 결과물이 아닌 지적 창작물로서 그 품질을 명확한 수치로 측정하기가 매우 어렵다. 다만 IEEE(Institute of Electrical and Electronics Engineers)의 관점에 따른 개념적인 정의는 고품질 소프트웨어(High Quality of Software)란 주어진 시간과 예산으로 소프트웨어의 목적을 구현한 것이며, 이를 국제 표준 모델인 ISO/IEC9126에서는 다음의 항목을 척도로 소프트웨어의 품질을 평가한다(Botella 외 4명, 2012).

1. **기능성(functionality)**: 기능명세서 같은 요구사항에 대한 만족도를 의미하며, 모든 기능이 개발하기 전에 의도한 대로 오류 없이 정확하게 작동해야 한다.

2. **신뢰성(reliability)**: 소프트웨어의 성능이 일정 수준을 유지할 수 있는지를 말하며, 사용자의 잘못된 조작 같은 예외적인 상황에서도 고장 없이 모든 기능이 지속해서 작동해야 한다.

3. **사용성(usability)**: 소프트웨어가 얼마나 사용하기 편한가를 말하며, 소프트웨어는 사용자의 사용 편의를 위해 UI와 메시지 등을 일관되게 유지함으로써 사용상의 혼란을 방지해야 한다. 예를 들어, 알림창에 확인과 취소 버튼순으로 정의했다면, 사용자의 혼란을 방지하기 위해 소프트웨어의 모든 팝업 창의 버튼 순서는 확인과 취소 순으로 일관되게 제공돼야 한다.

4. **효율성(efficiency)**: 소프트웨어의 성능을 의미하며, 소프트웨어는 같은 환경에서 빠른 처리 속도를 보장하고 CPU와 메모리 같은 자원을 최소한으로 사용해야 한다.

5. **유지보수성(maintainability)**: 소프트웨어가 배포된 이후 얼마나 안정적으로 운영되는가를 말하며, 소프트웨어의 지속적인 운영을 위한 변경은 되도록 쉬워야 하며, 수정된 이후에도 안정적으로 운영돼야 한다.

6. **이식성(portability)**: 소프트웨어가 특정 환경에 종속되지 않고, 한 환경에서 다른 환경으로 이식될 수 있는 능력을 의미하며, 대대적인 수정없이 다른 환경으로 이식 가능해야 한다.

위의 항목과 같이 소프트웨어는 단순히 제품의 성질, 특성, 기술, 경제성과 같은 명시적인 항목만이 아니라 무엇보다 고객의 요구라는 묵시적인 특성까지 포함해야 한다. 이를 만족했을 때 일반적으로 고품질 소프트웨어라고 정의할 수 있다.

소프트웨어의 결함이 생기는 원인

기하급수적으로 늘어나는 소스코드

"현대의 스마트폰은 초창기 NASA의 모든 슈퍼컴퓨터를 합친 만큼이 성능을 지랑하지만, NASA는 우주선을 달까지 보냈고 우리는 돼지한테 새나 날리고 있죠."라는 유머가 SNS상으로 한때 유행했을 만큼 오늘날의 컴퓨터 하드웨어 기술과 이를 제어할 소프트웨어 기술은 나날이 발전하고 있다. 이와 동시에 소프트웨어의 소스코드 길이 또한 기하급수적으로 늘어났는데, 우주 과학 기술이 최첨단을 상징했던 우주왕복선 제어 소프트웨어의 길이는 400,000줄이었지만, 오늘날 자동차 소프트웨어를 구성하는 평균 코드의 양은 100,000,000줄이라는 엄청난 길이를 자랑한다.

소스코드의 길이가 길어진다는 것은 소프트웨어가 그만큼 정교하고 사용자가 사용하기 편리해졌다는 것을 의미하지만, 소프트웨어를 개발하는 입장에서는 소스코드의 길이와 비례해 소프트웨어가 복잡해지고 결함이 발생할 확률이 높아진다는 것을 의미한다. 흔히 소프트웨어의 결함이 발생할 확률은 소프트웨어의 품질에 따라 다르지만 천 라인(KLOC)당 대략 5~50개 정도의 버그가 발생한다고 알려져 있다. 예를 들어, 일반적인 스마트폰 앱의 코드 줄 수는 50,000줄 정도인데, 이런 작은 소프트웨어에도 적어도 250개에서 많으면 2500개까지의 버그가 발생할 가능성이 있으며, 대표적인 SNS 서비스인 페이스북은 60,000,000여 줄 정도로 알려졌고 이는 300,000 ~ 3,000,000개의 버그가 발생할 가능성이 있다는 것을 의미한다.

오늘날 이렇게 발전한 컴퓨터 기술은 우리가 상상하는 것보다 더욱더 우리의 삶과 매우 밀접하다. 최소한 스마트폰이 없는 생활은 상상할 수 없고, 외출 준비를 할 때도 가장 먼저 스마트폰의 배터리를 충전해둔다. 이러한 스마트폰에서 사용되는 운영체제는 12,000,000줄이 넘는 소스코드로 구성돼 있고, 스마트폰에 설치된 수많은 앱까지 포함하면 우리는 언제나 소프트웨어의 소스코드와 소스코드에서 발생하는 소프트웨어의 결함으로 둘러싸여 사는 것과 같다.

> 소프트웨어의 소스코드 길이를 비교하는 자료는 Information is Beautiful[1]에서 더욱 자세한 시각화 정보를 확인할 수 있다.

----

1 http://www.informationisbeautiful.net/visualizations/million-lines-of-code/

소프트웨어의 주된 결함은 단순한 실수에서 비롯된다

소프트웨어의 결함은 의도하지 않은 결함과 의도적인 공격으로 나눌 수 있는데, 결국 의도적인 공격도 비고의적인 결함을 이용한 공격이기 때문에 소프트웨어의 결함은 비의도적인 실수에서 발생한다고 볼 수 있다.

대표적인 실수로 인한 결함의 예로 1979년 미국에서 발사한 비너스 위성의 제어 소프트웨어를 들 수 있다. 이 소프트웨어는 포트란으로 개발됐는데, 콤마 하나를 잘못 표기함으로써 이 프로젝트에 투입된 천만 달러에 달하는 금액과 함께 위성이 엉뚱한 방향으로 날아가 버렸다. NASA의 화성 착륙기는 미국 납세자가 낸 세금 1조 6,500만 달러를 단순한 영어와 측정 단위 간 변환 계산의 버그로 날려버렸다. 국내에서는 2001년 인천 신공항 개항 시 물류시스템 소프트웨어의 문제로 고객의 짐이 사라지고 뒤섞이는 사고가 발생했다.

비의도적인 결함을 이용한 공격도 흔히 발생하는데, 크게는 2000년 마이크로소프트의 아웃룩 이메일 클라이언트에 존재하는 설계상 결함으로 Love letter for you라는 제목의 러브바이러스(이름만은 매우 로맨틱한)를 3일 동안 이전의 어떠한 바이러스보다도 빠른 속도로 전 세계를 감염시켰다. 이 여파로 10억 달러 정도의 경제적인 피해가 발생했다. 좀 더 규모가 작은 사례를 들자면, 최근 한 유명 스마트폰 게임의 주 수입원이 현금으로 게임머니와 아이템을 구매하도록 유도하는 것이었는데, 단순히 스마트폰의 시간을 앞뒤로 돌리는 단순한 방법으로 매일 주어지는 게임머니를 무한으로 받을 수 있어서 이 게임의 수익구조가 무너지는 사건도 발생했다.

소프트웨어의 결함은 대부분 단순한 실수에서 비롯되어 치명적인 결함으로 발전하는데, 그 원인은 체계적이지 못한 개발 절차와 부적절한 품질관리에 있다. 소프트웨어 제품은 물리적으로 보이는 것이 아니다. 소프트웨어 개발은 머릿속에서 이뤄지는 생각과 대화라는 지적 활동의 결과물이 소스코드와 문서라는 결과물로 나타나는 지적 결과물이다. 그러므로 물리적인 제품은 그 결함이 시각적으로 나타나는 것과는 달리 소프트웨어의 결함은 소프트웨어를 개발한 당사자가 공개하고 발표하지 않는다면 해당 결함은 묵인되는 경향이 있다. 물론 이런 숨겨진 결함은 빈번히 치명적인 사고를 일으킨다.

예를 들어, 10,000줄 이하의 소규모 또는 프로토타입 소프트웨어는 단 한 명의 개발자의 머릿속에 들어 있는 생각과 제한된 대화로만으로도 프로젝트를 성공적으로 수행할 수 있다. 물론 발생 가능한 결함은 비교적 적은 50~500개 정도로 한 명의 개발자가 감당할 만한 수준을 유지한다. 하지만 일정 규모 이상의 프로젝트에서는 명확한 개발 절차와 품질관리가 없는 주먹구구식 접근법으로는 수많은 논리적인 모순이 만들어지고, 이 모순이 고스란히 소프트웨어에 반영되어 저품질 소프트웨어와 수많은 문제점의 원인으로 작용한다. 더욱이 이런 무계획적인 개발 전략은 사공이 많은 배가 산으로 가는 것처럼 고객의 요구사항과 달리 전혀 엉뚱한 결과를 도출하고, 거미줄 같은 소스코드로 유지보수하기가 어려워질 것이다.

개발자가 결함을 만들어낼 수밖에 없는 이유

현대의 소프트웨어가 발전하면서 동시에 내포하게 된 소프트웨어의 위험요소로 복잡도, 확장성, 연결성이 있다. 또한 이러한 요소가 바로 개발자가 결함을 만들게끔 유도하는 주된 원인이다.

소프트웨어가 고객의 다양한 요구사항을 받아들여 더욱더 정교해질수록 소스코드의 길이는 그만큼 기하급수적으로 증가한다. 한 예로, 1992년에 발표된 윈도우의 경우 초기 3.1 버전은 2,000,000줄을 조금 넘는 크기였지만, 2009년에 발표된 윈도우 7에 이르러서는 40,000,000줄이 넘는 매우 방대한 크기와 복잡도를 자랑했다. 동시에 운영체제의 결함 또한 빠르게 증가해 초기의 3.1에서는 소프트웨어의 업데이트가 매우 드물고 중요한 이슈였지만, 현재는 운영체제 업데이트가 주요 업데이트 이외에도 공격 방어를 위한 보안 업데이트를 비롯해 소프트웨어의 사소한 버그 수정과 기능 향상을 위한 업데이트가 일상으로 자리 잡았다. 즉, 소프트웨어가 정교해지고 복잡해질수록 개발자가 실수를 범할 가능성과 이를 보완하기 위한 유지보수의 필요성이 급격히 증가했다는 의미다.

오늘날 사용자가 요구하는 소프트웨어의 성능은 과거의 소프트웨어 환경과 비교할 수 없을 만큼 다양하고 정교하다. 따라서 운영체제를 포함한 소프트웨어는 동적으로 로드할 수 있는 드라이버나 모듈을 통해 확장할 수 있는 형태로 발전했다. 예를 들어, 소프트웨어 개발에 흔히 사용되는 GUI 모듈, 데이터베이스 접속 모듈, 소켓 통신 모듈, 그리고 단순히 화면에 문자를 출력하는 print 메서드도 내부에는 매우 복잡한 구조로 구현돼 있지만, 우리는 단순히 몇 줄의 소스코드로 이런 모듈을 활용해 소프트웨어를 개발할 수 있다. 만약 이런 모듈이 존재하지 않는다면 현대의 소프트웨어 개발은 불가능에 가깝다. 특히 자바로 작성한 애플리케이션은 가상 머신(VM; Virtual Machine)을 기반으로 구동되기 때문에 한번 작성하면 JVM을 설치할 수 있는 어떠한 플랫폼에서도 해당 애플리케이션을 구동할 수 있다는 원 소스 멀티 플랫폼(One Source Multi-Platform)을 지원해 이식성이 더욱 뛰어나다.

하지만 이런 손쉬운 이식성을 잘못된 방식으로 활용한다면 양날의 검처럼 작용해 소프트웨어의 치명적인 결함을 일으킬 수도 있다. 예를 들어, 자바에서 기본적으로 제공되는 File 기능은 파일을 읽고 쓰는 등의 파일관리를 위한 모든 기능을 제공하기에 매우 편리하게 활용할 수 있다. 하지만 이 자바 프로그램이 운영자 권한에서 실행된다면 시스템 내의 모든 파일에 접근할 수 있으며 심지어 네트워크상으로 연결된 드라이버의 파일에도 접근할 수 있게 된다. 실제로 한 기관의 ERP 시스템에서 발견된 치명적인 보안 결함은 클라이언트 프로그램이 서버로 파일 다운로드를 요청할 때 저장된 파일의 절대 경로를 요청하도록 설계됐다는 점이었다. 즉, 클라이언트가 필요한 파일의 절대 경로를 요청한다면 서버에 저장된 어떠한 파일도 다운로드가 가능하다는 것이며, 이것은 중요 데이터를 포함한 서버 시스템 전체를 다운로드하는 것도 가능하다는 엄청난 문제점을 내포한다.

마지막으로 연결성을 소프트웨어의 중요한 위험요소로 꼽을 수 있다. 컴퓨터 간의 네트워크 연결은 인터넷 환경이 자리 잡은 이후로 보편화됐고, 최근에는 PC뿐 아니라 스마트폰, 심지어 가전제품까지 모두 네트워크 상으로 연결되는 환경이 구축되고 있다. 이러한 기술의 발전은 무한한 정보 공유를 가능하게 했지만, 반대로 네트워크를 통한 무제한의 공격이 가능하다는 것을 의미하기도 한다.

자동 소스 분석 도구 PMD

PMD의 역할은 귀찮은 프로그래밍의 제약사항이 아닌 올바른 프로그래밍을 위한 가이드라인이다. 모든 놀이에는 고유의 규칙이 존재한다. 하지만 이는 놀이를 제약하는 것이 아니라 원활한 게임의 진행과 재미를 위해서 꼭 필요한 규칙이다. 야구 경기를 예로 들어 설명하자면, 최소한 볼과 스트라이크가 무엇인지 그리고 왜 타자는 1루에서 3루로 갈 수 없고 2루를 거쳐야 하는지 모른다면, 야구는 단순히 공을 던지고 치고 달리는 지루한 경기일 뿐이다. 프로그래밍 또한 고유의 규칙이 존재하며, 놀이를 제대로 즐기기 위해 규칙을 숙지해야 하는 것처럼 프로그래밍도 그 규칙을 준수해야만 올바른 소프트웨어를 만들 수 있다. 하지만 안타깝게도 프로그래밍의 규칙은 매우 복잡하고 다양해서 실수가 빈번히 발생한다. 따라서 PMD는 소프트웨어를 개발할 때 자주 발생하는 문제점을 분석하고 권고해서 비슷한 실수를 범하는 것을 방지하는 것을 목표로 한다.

IDE별 PMD
설치 및 사용

이클립스는 다양한 플랫폼에서 사용할 수 있는, 자바를 비롯한 다양한 언어로 개발할 수 있는 IDE이며, 플러그인을 통한 확장성을 보장한다. 특히 현재 자바 프로젝트에서 폭넓게 사용되고 있는 스프링 프레임워크(Spring Framework)에서도 이클립스를 확장해 STS(Spring Tool Suite, http://spring.io/tools)라는 스프링 프레임워크에 특화된 IDE를 개발해서 배포하고 있으며, 한국에서는 안전행정부 주관으로 스프링 프레임워크를 기반으로 한 표준 프레임워크인 eGovFrame(http://www.egovframe.go.kr/)의 표준 IDE로 이클립스를 채택했다. 현재 PMD는 이클립스의 플러그인으로 제공되고 있으므로 이클립스뿐 아니라 STS, eGovFrame에서 모두 활용할 수 있다. 여기서는 시스템에 이클립스가 이미 설치돼 있다고 가정하고 내용을 진행하겠다.

1 이클립스를 실행한 후 Help → Install New Software를 차례로 선택한다.

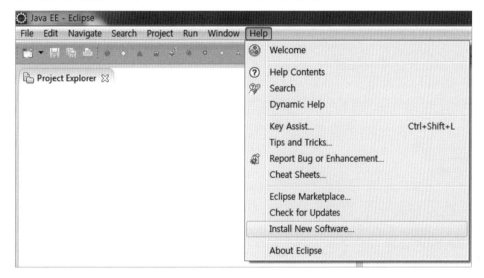

2 Add 버튼을 클릭한다.

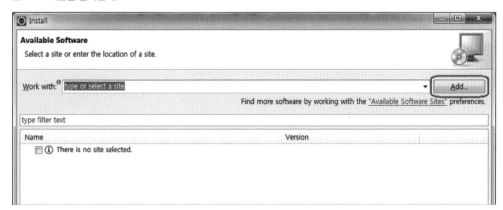

③ Add Repository 창에서 PMD 다운로드를 위한 이름과 PMD를 다운로드할 주소로 http://sourceforge.net/projects/
pmd/files/pmd-eclipse/update-site/를 입력한다.

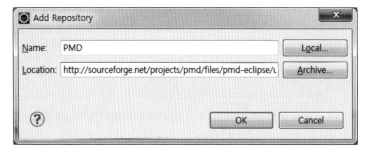

④ 다음 설치 화면에서 해당하는 이클립스 버전에 따라 Juno는 버전 4를, Indigo는 버전 3을 선택한다.

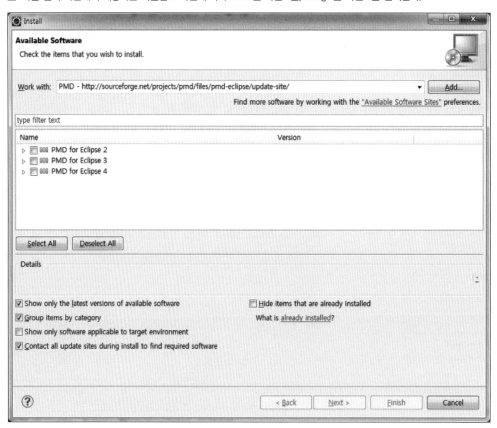

⑤ 마지막으로 Finish를 선택하고 안내에 따라 이클립스를 재실행하면 설치를 완료할 수 있다.

이클립스에서 PMD 실행하기

이클립스에서 PMD는 단순히 PMD로 분석하고 싶은 패키지 또는 파일을 선택하고 원하는 PMD 메뉴를 선택하는 것으로 소스코드를 분석하고 결함을 발견할 수 있다.

⬛ PMD로 분석하고 싶은 파일이나 패키지를 선택하고 마우스 오른쪽 버튼을 클릭한 후 PMD 메뉴를 선택한다.

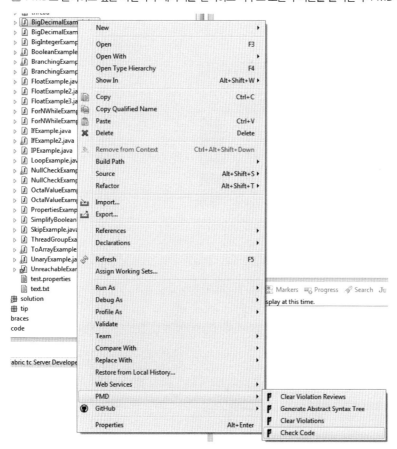

⬛ PMD로 소스코드를 진단하려면 Check Code 항목을 선택한다.

⬛ PMD로 진단한 결과를 지우려면 Clear Violations를 선택한다.

넷빈즈에서 PMD 설치하기

넷빈즈 또한 이클립스와 같이 자바 기반의 멀티 플랫폼을 지원하며, 자바, 자바스크립트, PHP, 파이썬, 루비, 그루비, C 그리고 C++ 등을 개발하기 위한 IDE다. 특히 2007년 졸트 상(Jolt Award)을 수상할 정도로 매우 우수한 IDE이지만, 국내에서는 이클립스에 비해 사용 빈도가 낮다. PMD는 이 IDE를 위한 플러그인 또한 제공하고 있다.

1 상단 메뉴의 Tools → Plugins 항목을 차례로 선택한다

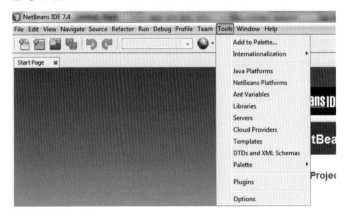

2 두 번째 Available Plugins 탭에서 PMD를 검색하고, 좌측 목록에서 기본 PMD 플러그인과 필요에 따라 EasyPmd를 선택한 후 하단의 Install 버튼을 클릭한다.

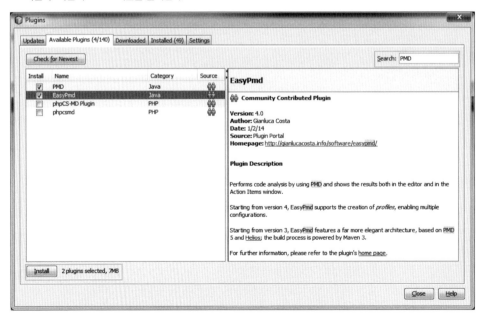

③ 이어서 나타나는 설치 창에서 Next 버튼을 클릭한다.

④ PMD 라이선스에 동의하고 Install 버튼을 클릭한다.

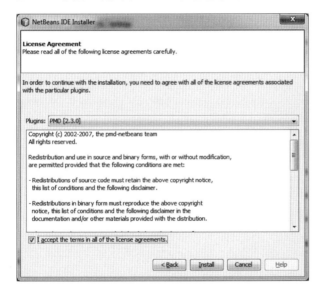

⑤ 그러면 프로그램 설치가 진행된다.

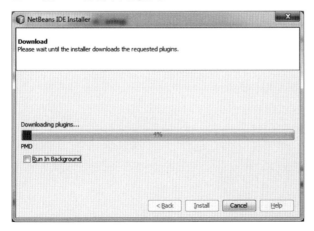

6 "플러그인을 신뢰할 수 없다"는 경고는 무시하고 설치를 계속 진행한다.

7 마지막으로 넷빈즈 IDE를 재시작해서 설치를 마무리할 수 있다.

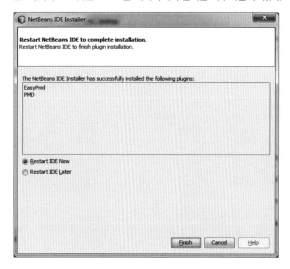

넷빈즈에서 PMD 실행하기

넷빈즈에서도 이클립스와 같이 단순한 클릭으로 PMD를 활용한 소스코드 분석이 가능하다.

1 PMD로 분석하고 싶은 파일이나 패키지를 선택하고 마우스 오른쪽 버튼을 클릭한 후 Tools → Run PMD로 소스코드를 분석할 수 있다.

기본
프로그래밍
가이드라인

기본 프로그래밍 가이드라인에서는 자바 프로그래밍에서 흔히 실수하고 잘못 사용되는 기초적이고 필수적인 가이드라인과 가독성과 명명 규칙, 그리고 가장 빈번히 사용되며 소프트웨어의 성능에 큰 비중을 차지하는 문자열 처리에 관해 설명한다. 이 장에서 설명하는 규칙은 사용 빈도가 높지만 대부분 매우 간단하고 단순한 실수라 빈번히 무시되고 지나칠 수 있는 부분이지만 이처럼 잘못된 사용이 모여서 치명적인 결함으로 발전할 수 있다. 예를 들어, 잘못된 문자열 결합은 소규모의 소프트웨어에서는 유의미한 현상이 발생하지 않지만, 대규모 소프트웨어에서는 메모리 낭비의 주요 원인이 될 수 있다.

프로그래밍 일반 규칙

PMD에서는 프로그래밍 일반 규칙을 지켜야만 하는 필수 규칙으로 정의하고 있다. 만약 PMD로 소스코드를 분석했을 때 이러한 규칙 위반이 발생한다면 꼭 확인하고 수정할 것을 권고한다.

뒤죽박죽 증감변수

대부분의 개발자가 반복문의 증감변수를 습관적으로 i, j, k로 사용할 때가 많다. 하지만 이는 매우 혼란스러운 방법이며, 빈번하게 소프트웨어의 버그를 만들어 내는 주범이다. 유지보수 담당자와 싸웠거나 그를 곤란하게 만들고 싶다면 이런 방법을 지속적으로 써주는 것도 좋은 방법이다. 단일 반복문에서는 버그가 발생할 확률이 매우 낮지만 두 번 이상 중첩된 반복문에서는 흔히 발생하는 문제이며 이런 변수명을 사용할 때는 매우 조심해야 한다. 예제 1.1.1은 잘못된 증감변수를 사용하는 예다.

예제 1.1.1 잘못된 증감변수 사용

```java
package com.software.basic.problem;

public class LoopExample {

    public static void main(String[] args) {

        for(int i =2; i <10; i++) {
            //아래의 코드를 자세히 보자.
            for(int j =1; j < 10; i++) {
                System.out.println(i + " X " +j +" = " + i*j);
            }
        }
    }
}
```

뜻밖에 많은 개발자가 위와 같은 코드에서 쉽게 오류 발견하지 못하고 디버깅을 위해 불필요한 개발 시간을 소비한다. 분명 j를 i로 잘못 사용한 논리적인 버그지만, 컴퓨터는 이런 코드를 문법상 전혀 오류가 없는 코드로 인식하고 어떠한 경고 없이 프로그램을 컴파일한다. 이는 명백히 잘못된 코드이며, 실제 프로그램을 실행하는 단계에서 단순히 글자 하나를 잘못 입력함으로써 그림 1.1.1과 같이 전체 프로그램이 무한루프로 빠져든다.

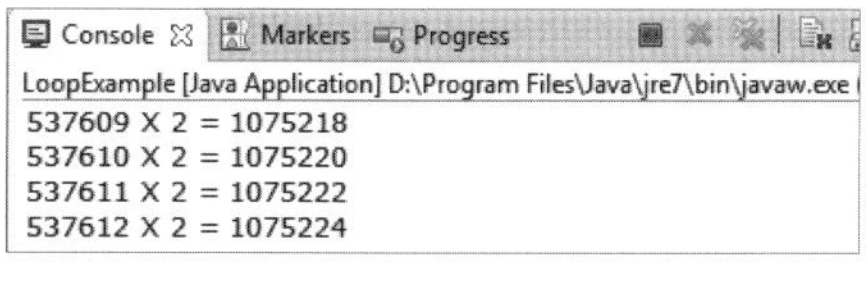

그림 1.1.1 예제 1.1.1를 실행한 결과, 잘못된 증감변수 사용으로 발생한 무한 루프

예제 1.1.1은 간단한 코드라서 문제를 발견하기가 비교적 쉬운 편이지만, 현업에서 복잡하고 긴 소스코드 사이에 일부분으로 존재한다면 이는 발견하기가 매우 어렵고 까다로운 숨은그림찾기와 같은 버그다. 우리가 관습적으로 사용하는 i와 j는 알파벳에서 매우 혼동되는 문자 중 하나이며, 일반적으로 사용하는 일부 가독성이 떨어지는 폰트(예: 굴림체)에서는 주의 깊게 보지 않는 이상 구분하기가 매우 어렵다. 예제 1.1.2는 코드에 굴림체를 사용한 경우다.

예제 1.1.2 가독성이 떨어지는 폰트(굴림체)에서 i와 j를 구분하기란 매우 어렵다

```
for (int i = 2; i < 10; i++) {
    // 아래의 코드를 자세히 보자.
    for (int j = 2; j < 10; i++) {
        System.out.println(i + " X " + j + " = " + i * j);
    }
}
```

문제점 진단

PMD에서는 이런 문제점을 진단하기 위해 JumbledIncrementer 룰을 제공한다. 앞 장에서 설명한 PMD 사용법을 통해 위의 코드를 분석하면 아래와 같은 명확하고 가시적인 리포트 결과를 얻을 수 있으며, 이를 통해 개발자는 for(int j = 2; j < 10; i++) 구문에서 초기화에 사용된 변수와 증감식에서 사용된 변수가 다르다는 문제점을 인지하고 손쉽게 문제를 해결할 수 있다. 그림 1.1.2는 이 룰로 잘못된 증감변수의 사용을 진단한 화면이다.

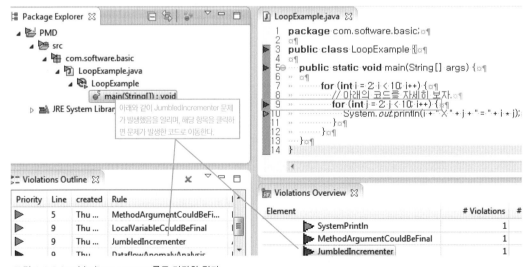

그림 1.1.2 JumbledIncrementer 룰로 진단한 결과

해결 방안

이런 문제를 해결하기 위한 간접적인 방식으로는 이클립스 같은 IDE에서 코드 글꼴을 더욱 가독성이 높은 글꼴(예: 나눔고딕코딩, consolas 또는 Verdana)로 변경하는 방법이 있으며, 직접적인 방식으로는 명확히 구분할 수 있게 i와 j 대신 i와 k를 사용해 구분하기 쉽게 만들거나 2.1 "변수 명명 규칙"을 바탕으로 명확한 변수명을 사용하는 방법이 있다. 예제 1.1.2는 더욱 구분하기 쉬운 증감변수명을 사용하는 예다.

예제 1.1.2 구분하기 쉬운 변수명을 사용한 문제 해결

```java
package com.software.basic.solution;

public class LoopExample {

    public static void main(String[] args) {
        // 문제의 현상만 해결한 방법
        for (int i = 2; i < 10; i++) {

            for (int j = 1; j < 10; j++) {
                System.out.println(i + " X " + j + " = " + i * j);
            }
        }

        // 증감변수의 이름을 단순한 문자가 아닌
        // 변수 명명 규칙에 따라 작명해 혼란을 방지
        for(int preNum =2; preNum < 10; preNum++) {
            for(int postNum = 1; postNum < 10; postNum++) {
                System.out.println(preNum + " X " + postNum + " = " + preNum * postNum);
            }
        }

        // 기존과 같이 한 문자의 증감변수를 사용하지만
        // i와 j 같이 혼동할 가능성이 있는 문자가 아닌
        // i와 k 같은 문자를 사용해 혼란을 방지
        for (int i = 2; i < 10; i++) {
            for (int k = 1; k < 10; k++) {
                System.out.println(i + " X " + k + " = " + i * k);
            }
        }
    }
}
```

for 대신 Enhanced For(foreach)를 사용하자.

자바 1.5 이상에서는 foreach를 사용할 수 있지만 개발자들은 대부분 무의식적으로 배열을 제어하는 데 for 반복문을 사용한다. 분명 for가 약간의 실행 속도 향상과 세세한 설정이 가능하다는 장점이 있긴 하지만 일반적인 배열을 순회할 경우 foreach를 이용하면 코드가 간단해지고 불필요한 증감변수를 사용할 필요가 없다는 장점이 있다.

```java
package com.software.basic.tip;

import java.util.ArrayList;
import java.util.List;
import java.util.Random;

public class ForeachExample {

    public static void main(String[] args) {
        // 임의의 점수를 생성하기 위한 난수 객체
        Random randomScore = new Random();

        // 컬렉션 사용
        List<String> studentList = new ArrayList<String>();
        studentList.add("이철수");
        studentList.add("김영희");
        studentList.add("홍길동");
        String[] subjectList = {"국어", "수학", "영어", "국사"};

        /**
         * 아래 코드는 일반적인 for를 사용한 중첩 반복문의 예로,
         * 반복문을 사용할 때 i와 j라는 부가적인 변수를 생성해야 한다.
         * 그로 인해 코드의 가독성이 떨어지고
         * 논리적인 버그가 발생할 가능성이 있다.
         */
        System.out.println("for를 이용한 성적 목록 출력");
        System.out.println("=======================");
        for(int i =0; i < studentList.size(); i++) {
            System.out.println("학생명: " + studentList.get(i) + "\n");

            for(int j =0; j < subjectList.length; j++) {
                System.out.println("\t과목: " + subjectList[j] + "\t\t점수: " + randomScore.nextInt(100) +1);
            }
            System.out.println("=======================");
        }
```

```
        /**
         * foreach를 사용할 경우 불필요한 증감변수가 필요하지 않으며
         * 코드의 가독성이 상대적으로 높아진다.
         */
        System.out.println("\n\nforeach를 이용한 성적 목록 출력");
        System.out.println("==============================");
        for(String student : studentList) {
            System.out.println("학생명: " + student + "\n");
            for(String subject : subjectList) {
                System.out.println("\t과목: " + subject + "\t\t점수: " + randomScore.
nextInt(100));
            }
            System.out.println("==============================");
        }
    }
}
```

1-2 연관된 조건문은 하나로 통합한다

최근 프로그래머와 관련해서 SNS에서 회자되는 이야기가 하나 있다. 어느 날 아내가 프로그래머 남편에게 "쇼핑하러 갈 때 우유 하나 사와요. 계란 있으면 6개 사오고요."라고 말했고, 잠시 후 남편은 우유 6개만 사왔다고 한다. 유머긴 하지만 안타깝게도 개발자들도 이 유머에 나오는 프로그래머의 아내처럼 컴퓨터가 자신이 원하는 바를 올바르게 이해하리라 가정하고 조건문을 엉성하게 만들 때가 있다. 이때 자주 범하는 실수가 바로 연관성 있는 하나의 조건문을 여러 개의 조건문으로 나눠서 사용하는 것이다.

개발자는 종종 if 조건문을 사용할 때 프로그램 구조가 변경되거나 요구사항이 추가되는 상황에 따라 빈번하게 불필요한 if 조건문을 중복해서 만드는 경우가 있다. 예를 들어, 최초 요구사항이 4보다 큰 숫자를 찾는 것이었다가, 이후 조건이 추가되어 4보다 크고 10보다 작은 수라는 변경되면 예제 1.2.1과 같이 단순히 if(num > 4) 조건에 새로운 if(num < 10) 조건문을 추가하는 식으로 프로그램을 수정하는 상황이 자주 발생한다. 만약 또다시 요구사항이 변경되어 4보다 크고 10보다 작은 수와 11보다 큰 수라고 바뀌고 계속해서 요구사항에 따라 조건문을 추가해 나간다면 스파게티 코드가 만들어지는 첫걸음이 될 것이며, 이후 유지보수를 위해 코드를 수정해야 할 때 가독성이 현저히 떨어지는 문제가 발생한다. 이런 코드는 당장 귀찮더라도 && 또는 || 논리연산자를 이용해 하나의 if 문으로 통합해 가독성을 향상할 필요가 있다. 예제 1.2.1은 잘못된 if 문의 사용 습관으로 스파게티 코드가 만들어지는 과정을 보여준다.

예제 1.2.1 불필요하게 분리된 if 문으로 발생하는 스파게티 코드

```
package com.software.basic.problem;

public class IfExample {

    public static void main(String[] args) {
        // 잘못된 if 문 사용으로 스파게티 코드가 만들어지는 과정
        int num = 7;

        // 최초 조건
        if( num > 4 ) {
            System.out.println(num +"은 4보다 크다");
        }
        // 1차 요구사항 변경
        if( num > 4 ) {
```

```
            if( num < 10) {
                System.out.println(num +"은 4보다 크고 10보다 작다");
            }
        }

        // 2차 요구사항 변경
        if( num > 4 ) {
            if( num < 10) {
                System.out.println(num +"은 4보다 크고 10보다 작다");
            } else if (num > 11) {
                System.out.println(num +"은 11보다 크다");
            }
        }
    }
}
```

문제점 진단

분리된 조건문은 분명 가독성과 유지보수 측면에서 문제가 많은 코드이며, 프로젝트를 진행하는 과정에서 빈번히 발생하는 코드지만, 개발 당시에는 당장 별다른 문제를 일으키지 않아 개발자들이 묵인하는 경우가 많다. 이를 개선하기 위한 CollapsibleIfStatements 룰은 조건문을 작성할 때 빈번히 발생하는 문제점을 진단하며 해당 조건문이 서로 연관성이 있으면 하나로 통합하는 것을 권고한다. 그림 1.2.1은 이 룰을 이용해 잘못된 조건문 사용을 진단한 화면이다.

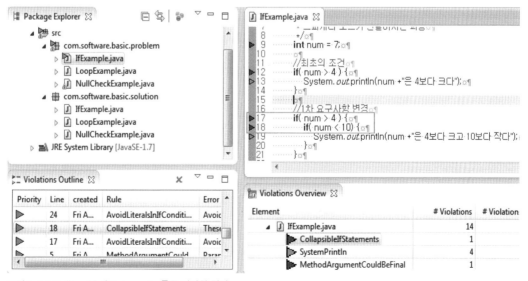

그림 1.2.1 CollapsibleIfStatements 룰로 진단한 결과

해결 방안

예제 1.2.1에서 작성한 코드는 컴파일 오류나 런타임 오류 없이 실행되는 정상적인 코드지만, 하나의 연관된 조건을 불필요하게 두 개의 조건문으로 나누어 비교하므로 가독성이 저하되고 스파게티 코드가 만들어질 위험성을 내포하고 있다. 그러므로 아래 코드와 같이 연관된 조건들을 하나의 조건문으로 통합하면 가독성이 높아지고 스파게티 코드를 방지하는 데 도움이 된다. 예제 1.2.2는 불필요하게 분리된 if 조건문을 통합하는 예다.

예제 1.2.2 연관된 if 조건문은 하나로 통합된 조건문으로 만든다.

```java
package com.software.basic.solution;

public class IfExample {

    public static void main(String[] args) {
        int num = 7;

        if( num > 4 && num < 10) {
            System.out.println(num +"은 4보다 크고 10보다 작다");
        }
    }
}
```

TIP

컴파일 오류와 런타임 오류

컴파일 오류	런타임 오류
컴파일 오류란 소스코드를 .class 파일로 컴파일하는 과정에서 JVM이 던지는 오류로서, 대부분 소스코드 자체의 문법적 오류로 인해 발생하는 경우가 대부분이며, 프로그램 자체에서 처리할 방법은 없다. 그러므로 프로그램이 만들어지려면 이런 오류를 반드시 수정해야 한다.	런타임 오류란 문법적인 오류가 없어서 컴파일 시에는 정상적으로 프로그램이 만들어졌지만 프로그램을 실행하는 과정에서 발생하는 오류를 의미한다. 런타임 오류는 컴파일 오류와 달리 무조건 잘못된 오류는 아니다. 개발자가 의도하지 않은 실수로 프로그램이 실행되는 중에 발생하는 경우(예를 들어, 배열의 범위를 넘어서 호출하는 경우)가 대부분이지만 개발자가 특정 상황에서 의도적으로 오류가 발생하도록 설계하기도 한다.
컴파일 오류의 예: • ClassNotFoundException • IllegalAccessException • NoSuchMethodException 등	런타임 오류의 예: • NullPointerException • ArithmeticException • IndexOutOfBoundsException 등

아무것도 하지 않는 if 문은 제거한다

드문 경우지만 if 문을 사용해 분기점을 만드는 과정에서 언제나 true이거나 false인 무의미한 if 문을 만들기도 한다. 이런 문제가 발생하는 주된 이유로 잘못된 코드 수정 습관이나 임시 테스트 코드 삽입이 있다. 실제로 소스코드를 수정하는 중에 코드가 길고 복잡하거나 혹은 수정하는 데 필요한 시간적 여유가 부족하면 개발자는 예상할 수 없는 부작용을 방지하기 위해 이전 코드를 그대로 보존하면서 프로그램을 최소한으로 수정하기 위해 기존 코드를 비활성화하는 코드를 삽입하기도 한다. 또한 프로세스 검증을 위해 임시로 삽입한 테스트용 코드가 삭제되지 않고 남아 있는 경우도 종종 발생한다. 하지만 이런 코드는 주의 깊게 전체 프로세스의 흐름을 추적하면서 확인하지 않는 이상 발견하기 어려울뿐더러 치명적인 오류를 발생시키기도 한다. 예제 1.3.1은 무의미한 if 문이 만들어지는 예다.

예제 1.3.1 아무것도 하지 않는 if 문

```
package com.software.basic.problem;

public class IfExample2 {

    public static void main(String[] args) {
        String param = args.length == 0 ? "" : args[0];
        boolean isAdmin = "admin".equals(param);

        // 원래는 관리자임을 확인하고 진행해야 하는 코드지만,
        // 개발자가 임의로 프로세스 진행을 확인하기 위해 임의로 수정한 조건문
        // if(isAdmin) {
        if (true) {

            /**
             * 길고 긴 코드
             */
        }
    }
}
```

문제점 진단

위 코드는 임의로 특정 코드를 비활성화하기 위해 임시로 활용할 수 있긴 하지만 소프트웨어의 품질 관리 측면에서는 좋지 않다. UnconditionalIfStatement 룰은 이런 문제를 진단하기 위해 만들어진 룰로서, 코드 상의 잘못된 조건문을 분석하고 수정을 권고하도록 만들어졌으며, 이 룰을 이용해 복잡한 코드 안에서 명확하게 불필요한 코드를 찾아내고 수정할 수 있다.

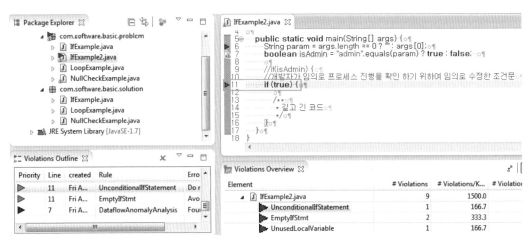

그림 1.3.1 UnconditionalIfStatement 룰로 진단한 결과

해결 방안

이처럼 무의미한 if 문을 수정할 때 단순 실수로 작성된 조건문 같은 경우에는 해당 조건문을 삭제하는 것으로 문제를 해결할 수 있다. 하지만 예제 1.3.1과 같이 프로세스 진행을 테스트하기 위해 삽입한 코드라면 이런 불필요한 조건문을 코드에 삽입해 작성하기보다는 단위 테스트 도구인 JUnit을 적극 활용하는 편이 향후 소프트웨어 품질 관리에 도움이 된다. JUnit을 이용하면 원본 소스코드에 불필요한 코드를 삽입할 필요 없이 특정 모의 상황을 설정해 개발자가 원하는 프로세스의 흐름을 테스트해 볼 수 있다. 예제 1.3.2는 JUnit의 @Before 애노테이션을 이용해 예제 1.3.1의 문제를 해결한 예다. (JUnit과 관련된 자세한 사항은 5. "디버깅 가이드라인"에서 자세히 설명하겠다.)

```java
package com.software.basic.solution;

import org.junit.Before;
import org.junit.Test;

public class IfExampleTest {

    private static String param;

    /**
     * @Before 애노테이션을 이용하면
     * if(true)로 무조건 조건을 통과하도록 수정하는 것이 아닌
     * 아래의 메서드와 같이 원본 코드를 수정할 필요 없이
     * 필요한 모의 상황을 만들어서 테스트할 수 있다.
     */
    @Before
    public void setParam() {
        param = "admin";
    }

    @Test
    public void test() {
            boolean isAdmin = "admin".equals(param);

            // 원래는 관리자임을 확인하고 진행해야 하는 코드지만
            // 개발자가 임의로 프로세스 진행을 확인하기 위해 임의로 수정한 조건문
            if(isAdmin) {
                System.out.println("관리자입니다.");

                /**
                 * 길고 긴 코드
                 */
            }
    }
}
```

일반직으로 개발자는 NullPointerException을 방지하기 위해 조건문을 이용해 객체가 null인지 여부를 먼저 비교한다. 하지만 아이러니하게도 NullPointerException을 방지하기 위한 잘못된 null 값 확인은 NullPointerException을 일으키는 주요 원인으로 작용하기도 한다. 예제 1.4.1은 잘못된 null 비교의 예다.

예제 1.4.1 잘못된 null 비교

```java
package com.software.basic.problem;

public class NullCheckExample {

    public static void main(String[] args) {
        String a = "abcde";
        String b = null;

        // 아래의 코드를 한 줄씩 실행해보자
        /*
        System.out.println(isNull(a));
        System.out.println(isNull(b));

        System.out.println(isNull2(a));
        System.out.println(isNull2(b));
        */
    }

    // 잘못된 null 비교 메서드 1
    public static boolean isNull(String value) {
        boolean result;
        // value의 값이 null이 아닐 때만 value.equals("")이 실행돼야 하는데
        // value가 null일 때 value.equals("")가 실행되어 NullPointerException이 발생한다.
        // 이 같은 상황에서 올바른 논리연산자는 &&가 아닌 ||여야 한다.
        if (value == null && value.equals("")) {
            result = true;
        } else {
            result = false;
        }

        return result;
    }
```

```
    // 잘못된 null 비교 메서드 2
    public static boolean isNull2(String value) {
        boolean result;

        // value의 값이 null이라도 value.equals("")이 실행되어
        // NullPointerException이 발생한다.
        // 이 같은 상황에서 올바른 논리연산자는 ||가 아닌 &&여야 한다.
        if (value != null || !value.equals("")) {
            result = false;
        } else {
            result = true;
        }

        return result;
    }
}
```

예제 1.4.1에서 주석으로 처리한 코드를 한 줄씩 실행할 때 System.out.println(isNull(b));와 System.out.println(isNull2(b));와 같이 해당 메서드에 인자로 null을 전달할 경우 그림 1.4.1과 같이 NullPointerException이 발생하는 것을 확인할 수 있다.

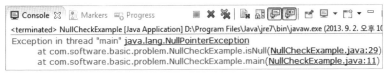

그림 1.4.1 NullPointerException의 예

문제점 진단

PMD는 이런 혼동되는 null 값 비교 문제를 방지하기 위해 BrokenNullCheck 룰을 제공하며, 그림 1.4.2와 같이 문제점을 보고하고 개발자가 간편하게 문제가 발생할 수 있는 null 조건 비교를 확인하고 수정할 수 있게 도와준다.

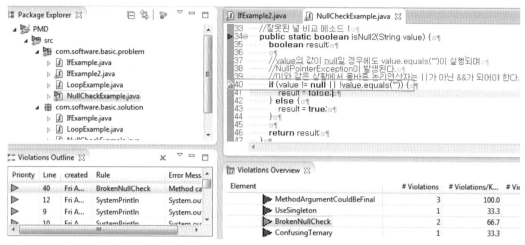

그림 1.4.2 BrokenNullCheck 룰로 진단한 결과

해결 방안

isNull 메서드

isNull 메서드에서는 value가 null이고 공백 문자열이어야 한다는 복합 조건문을 사용했는데, value가 null이면 value == null 조건은 만족하지만 && 연산자로 인해 value.equals("") 메서드도 실행된다. 이때 null인 value를 대상으로 equals 메서드를 실행함으로써 런타임 오류인 NullPointerException이 발생한다. 따라서 아래와 같이 || 연산자를 사용해 value == null 조건을 만족하면 더는 value.equals("") 메서드를 실행하지 않도록 방지해야 한다.

```
if (value == null || value.equals(""))
```

isNull2 메서드

isNull2 메서드에서는 value가 null이 아니거나 공백 문자열이어야 한다는 복합 조건문을 사용했다. 그러므로 value가 null이라도 value != null 조건은 무사히 통과하겠지만 || 연산자를 사용했기 때문에 value.equals("")도 실행되며, 이때 런타임 오류인 NullPointerExepction이 발생한다. 이 경우 아래와 같은 코드가 null 값을 올바르게 비교하는 방법이다.

```
if (value != null && !value.equals(""))
```

1-5 잘못된 위치의 null 비교

자바 프로그래밍에서 null 값을 확인하는 것만큼 까다롭고 빈번하게 발생하는 검증(validation) 코드는 그리 많지 않을 것이다. 그러므로 PMD에서는 null에 관한 다양한 코딩 가이드라인을 제공하며, MisplacedNullCheck 룰도 그 중 하나다. 이 룰은 UnconditionalIfStatement 룰과 비슷하지만 UnconditionalIfStatement 룰이 null 값 확인과 다른 비교문 간의 논리 연산자(&& 또는 ||)의 올바른 사용에 관한 룰인 데 반해 MisplacedNullCheck 룰은 조건문 안에서 null 값을 확인하는 구문이 어디에 있어야 할지를 가이드한다. 예제 1.5.1에서는 null 비교가 잘못된 위치에 있는 코드를 볼 수 있다.

예제 1.5.1 잘못된 위치의 null 비교

```
package com.software.basic.problem;

public class NullCheckExample2 {
    public static void main(String[] args) {
        // 인자가 null이면 두 메서드 모두 NullPointerException이 발생한다.
        // isEmpty("test");
        isEmpty(null);

        // isEmpty2("test");
        isEmpty2(null);
    }

    public static boolean isEmpty(String value) {
        // value가 null이면 NullPointerException이 발생하며
        // value가 null이 아니면 equals가 실행되므로 value != null은 불필요한 코드다.
        // value != null를 먼저 비교한 후에 value.equals("")를 실행하는 것이 올바른 방법이다.
        boolean result;
        if (!value.equals("") && value != null) {
            result = false;
        } else {
            result = true;
        }
        return result;
    }
```

```
public static boolean isEmpty2(String value) {

    boolean result;

    // value가 null이면 NullPointerException이 발생해야 하며
    // equals는 작동하지 않아야 한다.
    // 그러므로 value == null과 같은 체크는 잘못된 null 검사다.
    if (value.equals("") || value == null) {
        result = true;
    } else {
        result = false;
    }
    return result;
    }
}
```

문제점 진단

이러한 잘못된 위치의 null 값 비교 문제를 자동으로 분석하고 방지할 수 있는 룰은
MisplacedNullCheck 룰이며, 그림 1.5.1과 같이 코드의 문제점을 보고해서 소스코드를 수정하도록
권고한다.

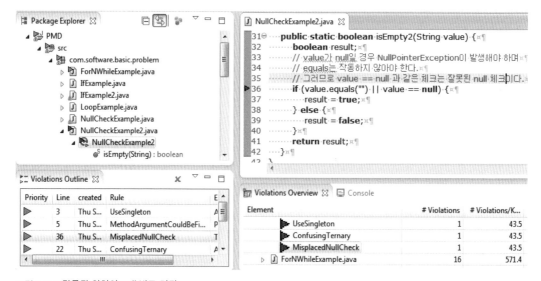

그림 1.5.1 잘못된 위치의 null 비교 진단

예제 1.5.1의 isEmpty 메서드 내의 조건문의 정확한 의미는 "value가 null이 아닐 때 value가 빈 문자열인지 확인한다"여야 한다. 하지만 null 값을 확인하는 위치가 이미 equals 메서드를 실행한 이후여서 null 값 확인이 무의미하다. 정상적인 조건문을 실행하려면 아래와 같이 equals 메서드를 호출하기 이전에 null 값을 확인해서 value가 null이면 equals 메서드를 실행하는 것을 방지해야 한다.

```
if (value != null &&!value.equals(""))
```

또한 isEmpty2 메서드의 조건문도 "value가 null 또는 공백 문자열인지 확인한다"라는 의미로서, values == null로 null 값을 확인하는 구문이 먼저 실행되어 null이면 공백 문자열인지 확인할 필요가 없고, null이 아니면 value가 공백 문자열인지를 확인해야 한다. 하지만 null 값을 확인하는 구문 없이 value.equals("")가 먼저 실행되어 value가 null일 때도 메서드를 호출할 수 있게 허용하고 있다. 이 코드 또한 아래와 같이 수정해야만 올바른 검증 역할을 수행할 수 있다.

```
if (value == null || value.equals(""))
```

1-6 for 문 vs. while 문

반복문을 선택할 때 for와 while 사이에서 무엇을 선택해야 할지 고려해야 한다. 일반적으로 횟수에 제한이 있는 반복문이 필요하면 for 문을 사용하고, 특정 조건에 따라 반복문을 제어해야 한다면 while 문을 사용한다. 하지만 while(true)과 for(;;)/for(;true;) 사이에서 선택해야 할 경우 개발자의 의견은 엇갈린다. 실제 두 반복문의 성능상의 차이는 없는 것과 다름없고, 심지어 컴파일된 바이트코드도 동일하다. 단지 차이가 하나 있다면 가독성 면에서 while(true)가 관습적으로 더 많이 쓰인다는 것이다. 그러므로 PMD에서는 단순히 조건 초기화 및 증감식이 필요없다면 while을 사용하는 것을 권고하고 있다. 예제 1.6.1은 일반적인 for 문과 while 문의 예이며, 일반적인 코딩 스타일에서 자주 볼 수 있는 방식이다.

예제 1.6.1 일반적인 for 문과 while 문의 사용법

```
package com.software.basic.problem;

import java.util.Scanner;

public class ForNWhileExample {

    public static void main(String[] args) {
        forExample();
        whileExample();
    }

    /**
     * 일반적인 for 문의 예
     */
    public static void forExample() {
        // 범위가 정해진 반복문에는 for를 사용하자
        for (int i =1; i < 10; i++) {
            System.out.println("2 X " +i + " = " + 2 * i);
        }
    }

    /**
     * 일반적인 while 문의 예
     */
```

```
    public static void whileExample() {
        String pwd = "password";
        Scanner scanner = new Scanner(System.in);

        // 특정 조건에 따라 제어해야 하는 반복문에는 while을 사용하자
        while(true) {
            System.out.print("암호를 입력하세요: ");
            if(pwd.equals(scanner.next())) {
                System.out.println("암호 확인 ");
                break;
            }
        }
        scanner.close();
    }
}
```

앞에서 언급한 바와 같이 예제 1.6.1은 일반적으로 반복문이 사용되는 예다. 하지만 예제 1.6.2에서는 while(true)가 아닌 for(;true;)가 사용됐는데, 이는 for 문의 기본 항목인 초기화식과 증감식이 없는 구조로서 for 문을 잘못 사용하는 것으로 오인될 수 있으며, 코드의 가독성도 떨어진다.

예제 1.6.2 가독성이 좋지 않은 for 문의 예

```
package com.software.basic.problem;

import java.util.Scanner;

public class ForNWhileExample2 {

    public static void main(String[] args) {
        unreadableForExample();
    }

    /**
     * 잘못된 for 문의 예
     */
    public static void unreadableForExample() {
        String pwd = "password";
        Scanner scanner = new Scanner(System.in);

        // 특정 조건에 따라 제어해야 하는 반복문에는 while을 사용하자
        for(;true;) {
```

```
            System.out.print("암호를 입력하세요: ");
            if(pwd.equals(scanner.next())) {
                System.out.println("암호 확인 ");
                break;
            }
        }
        scanner.close();
    }
}
```

문제점 진단

이미 설명한 바와 같이 for 문과 while 문 사이의 선택은 성능적인 차이보다 가독성 면에서 신중히 고려해야 한다. 이를 위해 PMD에서는 가독성 향상을 위해 ForLoopShouldBeWhileLoop 룰을 제공해 그림 1.6.1과 같이 for 문의 잘못된 사용을 보고하고 수정하기를 권고한다.

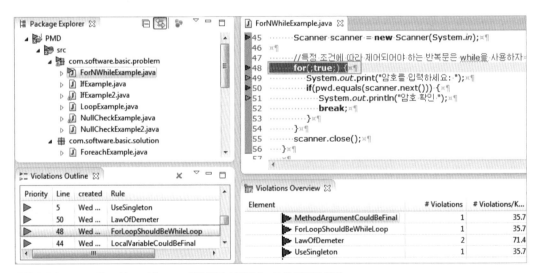

그림 1.6.1 ForLoopShouldBeWhileLoop 룰로 잘못 사용된 for 문을 진단한 결과

해결 방안

ForLoopShouldBeWhileLoop와 같은 문제가 발생할 경우 해결 방법은 아주 간단하다. while(true)로 사용해야 할 구문이 for(;true;)로 사용된 것이므로 이를 예제 1.6.3과 같이 변경하면 가독성을 높일수 있다.

예제 1.6.3 while(true)을 사용해 가독성을 높인 예

```java
package com.software.basic.solution;

import java.util.Scanner;

public class ForNWhileExample2 {

    public static void main(String[] args) {
        unreadableForExample();
    }

    /**
     * 잘못된 for 문의 예
     */
    public static void unreadableForExample() {
        String pwd = "password";
        Scanner scanner = new Scanner(System.in);

        // 특정 조건에 따라 제어해야 하는 반복문에는 while을 사용하자
        while(true) {
            System.out.print("암호를 입력하세요: ");
            if(pwd.equals(scanner.next())) {
                System.out.println("암호 확인 ");
                break;
            }
        }
        scanner.close();
    }
}
```

일부 자바 개발자는 float과 double을 이용한 부동소수점 연산이 언제나 정확한 값을 도출한다고 믿는다. 하지만 그런 예상과 달리 float과 double은 정확한 값이 아닌 근사치를 계산하며, 그로 인해 개발자를 혼란에 빠트린다. 예제 1.7.1과 같이 4.7 + 0.4의 결과는 5.1이어야 정확하지만, 실제 결과는 근사치인 5.1000000000000005로 나타난다. 이런 문제를 해결하려면 비록 속도가 느리더라도 정확한 값의 계산이 필요할 경우 BigDecimal을 사용한다. (BigDecimal에 관한 자세한 내용은 2.1.11, "BigDecimal의 함정"에서 설명한다.)

예제 1.7.1 부정확한 부동소수점 연산의 결과

```
package com.software.basic.problem;

public class FloatExample3 {
    public static void main(String[] args) {
        double total = 0;
        total += 4.7;
        total += .4;
        System.out.println(total);
    }
}
```

실행 결과

5.1000000000000005

부동소수점 연산 문제의 연장선으로 for 문의 증감변수에 float을 사용하는 경우가 있다. 즉, 일반적으로 for 문의 증감변수에는 int 타입의 변수를 사용하는데, 수치 계산 또는 외환 계산을 위해 for 문에 증감변수로 float 타입을 사용할 때도 예제 1.7.1과 같은 문제가 발생한다. 이는 개발자가 예상하지 못하는 버그를 만들어낼 수 있으며 매우 혼란스러운 코딩 방법이다. 예제 1.7.2를 실행해 문제점을 확인해 보자.

예제 1.7.2 for 문에 float 형 증감변수를 사용한 예

```
package com.software.basic.problem;

public class FloatExample {
    public static void main(String[] args) {
        final int START = 2000000000;
        int count = 0;
        for (float f = START; f < START + 50; f++) {
            count++;
        }
        // 아래의 결과는 몇 일까? 50?
        System.out.println(count);
    }
}
```

예제 1.7.2의 결과는 우리가 예상한 50일까? 이 예제를 직접 실행해 보면 그림 1.7.1과 같이 우리의 예상을 크게 벗어난 0이 출력된다.

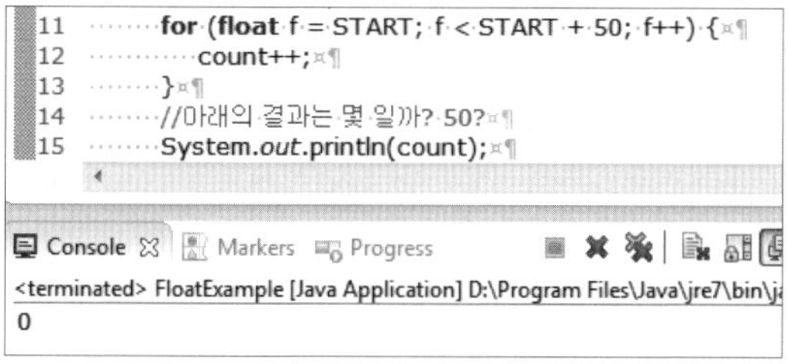

그림 1.7.1 예제 1.7.2를 실행한 결과

분명 프로그램의 설계상 for 문에서 float 형 f를 int 형 START의 값인 2,000,000,000으로 초기화했고, START에 50을 더한 값을 반복 조건으로 설정했으며, 증감식은 f++로 f에 1씩 증가하게 돼 있다. 그리고 이 반복문이 실행되면 증감변수가 증가할 때마다 count도 1씩 증가하게 돼 있다. 하지만 여기엔 함정이 하나 있다. int 형의 2,000,000,000과 2,000,000,050은 분명 다른 값이지만 이 값을 float 형으로 변환하면 둘은 같은 값이 되는 것이다.

조금 더 자세히 살펴보면 예제 1.7.3의 코드를 실행한 그림 1.7.2의 결과에서 나타나듯이 두 값 모두 float에서는 2.0E9로 같은 값으로 인식한다. 그러므로 예제 1.7.2의 for 문은 실행과 동시에 반복조건을

만족하므로 종료되어 count는 초깃값 그대로 0이다. 이런 문제가 발생하는 원인도 float과 double의 부동소수점 연산이 정확한 값이 아닌 근사치를 구한다는 점에서 발생한다.

예제 1.7.3 float 부동소수점 연산의 문제점

```java
package com.software.basic.problem;

public class FloatExample2 {
    public static void main(String[] args) {
        // 자바 7에서는 아래와 같이 숫자 사이에 언더바로 자릿수를 구분힐 수 있다.
        // 하지만 자바 7 이전 버전에서는 적용되지 않는다.
        int value1 = 2_000_000_000;
        int value2 = 2_000_000_050;

        float fValue1 = 2_000_000_000;
        float fValue2 = 2_000_000_000;
        // int 형의 value1과 value2는 다른 값이다.
        System.out.println("int 형 " + value1 + "은 "+ value2 +"와 " + (value1 == value2 ? "같다"
: "다르다"));

        System.out.println("float 형 " + fValue1 + "은 "+ fValue2 +"와 " + (fValue1 == fValue2 ?
"같다" : "다르다"));

    }
}
```

```
Console ☒   Markers  ⇥ Progress          ■ ✖ ✖ | ▤ ▥ ▣ ▣ | ▱ ▱ ▾ ▱ ▾ ▭ ▭
<terminated> FloatExample2 [Java Application] D:\Program Files\Java\jre7\bin\javaw.exe (2013. 9. 13. 오전 12:19:56
int 형 2000000000는 2000000050와 다르다
float 형 2.0E9는 2.0E9와 같다
```

그림 1.7.2 예제 1.7.3을 실행한 결과

문제점 진단

앞에서 설명한 바와 같이 float 형 값을 for 문의 증감변수로 사용하는 것은 매우 위험한 코딩 스타일이 며, 이를 방지하기 위해 PMD에는 DontUseFloatTypeForLoopIndices 룰이 존재한다. 이 룰은 그림 1.7.3과 같이 for 문의 증감변수가 int가 아닌 float으로 사용됐는지 진단하고 float으로 사용했을 경우 수정하길 권고한다.

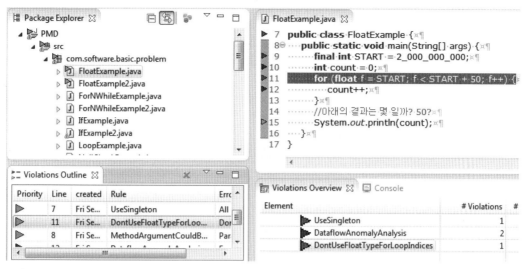

그림 1.7.3 DontUseFloatTypeForLoopIndices 룰을 이용한 문제점 진단

해결 방안

이런 문제 또한 해결 방안은 매우 간단하다. 예제 1.7.4와 같이 단순히 for 문의 증감변수로 int 형만을 사용하거나 int의 범위가 넘어서는 큰 숫자일 경우 long을 사용하는 것이다.

예제 1.7.4 올바른 for 문의 증감변수 사용법

```java
package com.software.basic.solution;

public class FloatExample {
    public static void main(String[] args) {
        final int START = 2_000_000_000;
        int count = 0;
        // int 또는 long을 사용하자.
        for (int f = START; f < START + 50; f++) {
            count++;
        }
        System.out.println(count);
    }
}
```

반복문 끝에는 분기문을 두지 않는다

분기문은 수로 반복문의 종료와 실행 흐름을 제어하는 데 사용되며, 이때 break, continue를 비롯해 이따금 return과 같은 예약어를 사용한다. 분기문을 사용할 때 조심해야 할 점은 반복문의 마지막 코드 라인에 분기문을 사용해서는 안 된다는 것이다. break, continue 같은 예약어가 아무런 조건문도 없이 반복문 내에서 직접 사용된다면 어떤 상황에서도 그 아래에 위치한 코드에 집근할 수 없으므로 김파일 시 Unreachable code 오류가 발생한다. 하지만 반복문의 마지막 라인에 존재하는 분기문은 반복문의 기능을 무력화하지만 그 아래에 아무런 코드도 없으므로 Unreachable code 오류가 발생하지 않는다. 그러므로 이는 무시하고 지나칠 수 있는 매우 위험한 코드다. 예제 1.8.1은 break와 return이 for 반복문의 맨 하단에 존재함으로써 반복문이 올바르게 동작하지 못하는 예다.

예제 1.8.1 분기문이 잘못된 위치에 놓인 예

```java
package com.software.basic.problem;

public class BranchingExample {
    public static void main(String[] args) {

        // 제어문과 break 문을 이용해 반복문을 종료시키는 예
        for(int i=0; i < 10; i++) {
            if(i % 2 == 0) {
                System.out.println(i);
            }
            break;
        }

        // 제어문과 return 문을 이용해 반복문과 메서드를 종료시키는 예
        for(int i=0; i < 10; i++) {
            if(i % 2 == 0) {
                System.out.println(i);
            }
            return;
        }
    }
}
```

한 가지 더 조심해야 하는 문제점은 잘못된 제어문과 분기문의 조합이다. 예제 1.8.2와 같이 잘못된 설계로 인해 불필요하게 중복된 한 쌍의 continue와 break 분기문은 가독성을 현저히 떨어트리며, 둘 중 하나만 잘못 수정해도 전체적인 프로그램의 흐름이 깨지고 원하는 결과를 얻을 수 없다. 게다가 break 가 아무런 조건 없이 반복문이 맨 하단에 존재함으로써 잠재적으로 반복문 기능을 무력화할 가능성이 있다.

예제 1.8.2 잘못된 제어문과 예약어의 조합

```java
package com.software.basic.problem;

public class BranchingExample {
    public static void main(String[] args) {

        int result = 0;
        // 잘못된 제어문과 예약어의 조합
        for(int i=0; i < 10; i++) {
            if (i*i <= 25) {
                continue;
            }
            result = i*i;
            break;
        }

        System.out.println("결과: " + result);
    }
}
```

실행 결과

36

문제점 진단

PMD에서는 이런 잘못된 분기문의 사용을 방지하기 위한 룰로 AvoidBranchingStatementAsLastInLoop를 제공한다. 이 룰은 분기문이 반복문의 끝에 있을 경우 해당 반복문을 무력화할 수 있다는 위험을 경고하고 이를 수정하기를 권고한다. 그림 1.8.1은 이 룰을 이용해 진단한 화면이다.

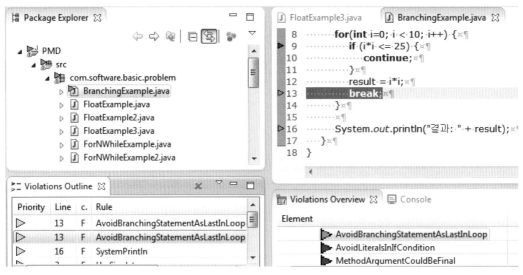

그림 1.8.1 예제 1.8.1을 PMD로 분석한 화면

해결 방안

예제 1.8.1의 해결 방안은 비교적 간단하다. 예제 1.8.3과 같이 break와 return을 맨 하단이 아닌 적절한 위치로 재배치하거나 조건문을 이용해 해당 예약어가 정확하게 작동할 수 있게 제한하면 된다.

예제 1.8.3 분기문을 적절한 위치에 둔 예

```java
package com.software.basic.solution;

public class BranchingExample {
    public static void main(String[] args) {

        // 제어문과 continue를 이용해 0~10 범위의 홀수를 출력
        for(int i=0; i < 10; i++) {
            if(i % 2 == 0) {
                // continue 문이 실행되면 continue 문 아래의 코드는 모두 실행하지 않는다.
                continue;
            }
            System.out.println(i);
        }

        // 제어문과 break 문을 이용해 반복문을 종료하는 예
        for(int i=0; i < 10; i++) {
            if(i % 2 == 0) {
```

```
            System.out.println(i);
            break;
        }
    }

    // 제어문과 return 문을 이용해 반복문과 메서드를 종료하는 예
    for(int i=0; i < 10; i++) {
        if(i % 2 == 0) {
            System.out.println(i);
            return;
        }
    }
  }
}
```

하지만 예제 1.8.2는 다른 접근법이 필요하다. 이런 문제의 가장 중요한 해결 방안은 무엇보다 논리적인 프로세스를 설계하는 것이다. 우선 예제 1.8.2의 논리 절차의 흐름은 "i가 0에서 9까지 증가하며 i*i가 25 이하이면 이후 반복문 내의 코드를 생략하고 25를 넘는다면 i*i 값을 result로 저장하고 반복문을 종료한다."로 정리할 수 있으며, 이에 해당하는 순서도는 그림 1.8.2와 같다.

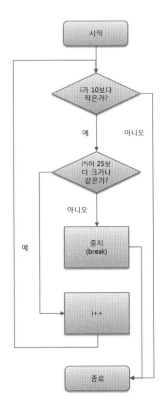

그림 1.8.2 예제 1.8.2의 실행 흐름을 나타내는 순서도

위와 같은 논리 절차를 살펴보면 실제로 가장 중요한 부분은 i*i가 25를 초과하느냐를 판단하는 부분이며, i*i가 25 이하인 경우는 무의미하다는 사실을 발견할 수 있고, "i가 0에서 9까지 증가하며 i*i가 25를 넘는다면 i*i 값을 result로 저장하고 반복문을 종료한다."라고 정리할 수 있다. 이를 반영한 순서도는 그림 1.8.3과 같다.

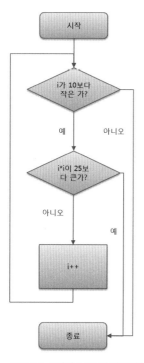

그림 1.8.3 예제 1.8.2의 문제점을 개선한 순서도

새로 정리한 절차를 바탕으로 코드를 수정하면 예제 1.8.4와 같이 실행 조건은 같지만 코드의 가독성이 더욱더 높아졌음을 알 수 있다.

예제 1.8.4 예제 1.8.2의 잘못 조합된 분기문을 정리한 예

```
package com.software.basic.solution;

public class BranchingExample2 {
    public static void main(String[] args) {

        int result = 0;

        for(int i=0; i < 10; i++) {
```

```
        if (i*i > 25) {
            result = i*i;
            break;
        }
    }

    System.out.println("결과: " + result);
    }
}
```

Unreachable code 오류

이 오류의 정확한 의미는 도달할 수 없는 코드가 메서드 또는 반복문 내에 존재한다는 것을 의미하며, 컴파일 시에 발생해 잘못된 프로그램의 실행을 방지한다. C 언어의 경우 이런 오류는 단순 경고로 개발자에게 권고하는 수준이지만, 자바에서는 이런 오류를 프로그램 실행 시 매우 치명적인 오류로 판단하고 반드시 해결하게끔 경고가 아닌 오류를 발생시킨다. 예를 들어, 아래와 같은 코드는 break가 없는 while 문으로 인해 프로그램이 무한반복에 빠져들어 절대 System.out.print("END");가 호출될 수 없는 상황이다. 이때 자바에서는 Unreachable code 오류를 강제로 발생시켜 개발자가 이런 문제를 미리 방지할 수 있게 도와준다.

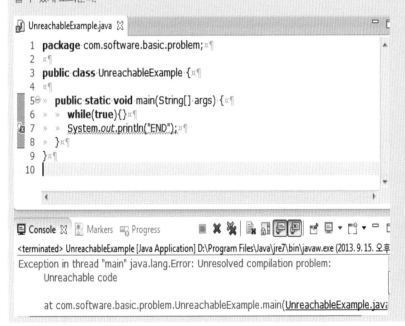

1-9 Boolean 객체의 사용법

Boolean 객체를 사용할 때 Boolean 객체를 인스턴스화하는 것은 불필요한 작업이다. 이 객체는 Integer나 Float 등과는 달리 실제로 가질 수 있는 값이 true 또는 false밖에 없으며, 이미 이 값이 Boolean 객체 내에 정의돼 있으므로 예제 1.9.1과 같이 new Boolean을 통해 객체를 인스턴스화하거나 valueOf() 메서드를 사용할 필요가 없다.

예제 1.9.1 잘못된 Boolean 객체 사용법

```java
package com.software.basic.problem;

public class BooleanExample {
    // 불필요한 Boolean 객체를 생성한 예
    public static void main(String[] args) {
        Boolean bool = new Boolean(true);
    }
}
```

문제점 진단

예제 1.9.1과 같은 불필요한 Boolean 객체 생성을 방지하기 위해 PMD에서 제공하는 Boolean Instantiation 룰은 이런 문제점을 진단하고 그림 1.9.1과 같이 권고한다.

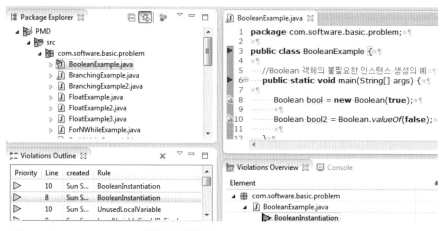

그림 1.9.1 BooleanInstantiation 룰로 진단한 결과

해결 방안

불변 객체인 Boolean 객체는 불필요한 인스턴스화를 방지하기 위해 static 필드로 TRUE와 FALSE를 포함하고 있으며, 예제 1.9.2와 같은 식으로 불필요한 인스턴스의 생성을 방지할 수 있다.

예제 1.9.2 올바른 Boolean 객체 사용법

```
package com.software.basic.solution;

public class BooleanExample {

    // Boolean 객체를 올바르게 사용하는 예
    public static void main(String[] args) {

        //Boolean bool = new Boolean(true);
        Boolean bool = Boolean.TRUE;

        //Boolean bool2 = Boolean.valueOf(false);
        Boolean bool2 = Boolean.FALSE;
    }
}
```

> **TIP**
>
> **박싱과 언박싱**
>
> 자바의 타입은 int, float, double, char, boolean과 같은 기본 자료형(primitive type)을 기반으로 만들어진다. 아울러 이러한 기본 자료형을 객체로 감싼 Integer, Float, Double, Boolean과 같은 박스화한 기본 자료형(boxed primitive type)도 자주 사용된다. 이때 기본 자료형에서 박스화된 기본 자료형으로 변환하는 과정을 박싱(Boxing), 반대로 박스화된 기본 자료형을 기본 자료형으로 변환하는 것을 언박싱(Unboxing)이라 한다. 자바 1.5 이상에서는 이런 형변환이 자동으로 이뤄지므로 개발자가 쉽게 사용할 수 있지만, 반복문에서 박스화된 기본 자료형을 사용할 때는 조심해야 한다. List와 Map으로 잘 알려진 컬렉션에서는 객체만을 받아들일 수 있으므로 기본 자료형이 아닌 박스화된 기본 자료형만을 사용할 수 있다. 예를 들어, List를 사용할 때, List〈Integer〉와 같이 객체화된 자료형은 사용할 수 있지만, List〈int〉처럼 객체가 아닌 기본 자료형은 사용할 수 없다.

1-10 BigInteger 객체의 사용법

자바에서는 큰 정수를 담기 위한 박스화된 기본 자료형으로 BigInteger를 사용한다. 이 객체를 사용할 때 한 가지 유념해야 할 점은 앞서 설명한 Boolean 객체와 같이 BigInteger도 자주 사용되는 값을 이미 상수로 정의해뒀다는 것이다. 예제 1.10.1에서는 이러한 BigInteger의 일반적인 사용법을 볼 수 있으며, 숫자 0, 1, 10(자바 1.5 이상)은 이미 BigInteger에 상수로 선언돼 있으므로 이 값들을 예제 1.10.1과 같이 생성하면 불필요한 메서드 호출과 인스턴스화가 발생한다.

예제 1.10.1 BigInteger의 잘못된 사용법

```java
package com.software.basic.problem;

import java.math.BigInteger;

public class BigIntegerExample {
    public static void main(String[] args) {
        BigInteger biZero = new BigInteger("0");

         BigInteger biOne = BigInteger.valueOf(1);

        BigInteger biTen;
        biTen= new BigInteger("10");

        System.out.println(biZero.intValue() + biOne.intValue() + biTen.intValue());
    }
}
```

문제점 진단

PMD에서는 이처럼 불필요한 BigInteger 객체의 인스턴스화를 진단하고 수정하도록 권고하는 룰인 BigIntegerInstantiation 룰을 제공하며, 그림 1.10.1과 같이 보고한다.

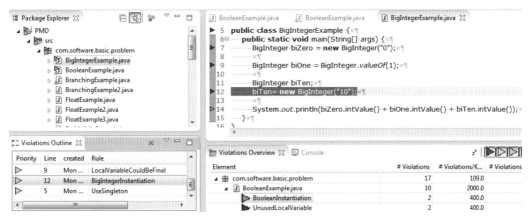

그림 1.10.1 BigIntegerInstantiation 룰로 진단한 결과

해결 방안

이 같은 불필요한 메모리 낭비를 방지하려면 Boolean 객체처럼 빈번히 사용되어 미리 상수로 정의해둔 값은 새로운 인스턴스를 만들지 않고 BigInteger.ZERO처럼 직접 상수를 사용하는 편이 바람직하다. 예제 1.10.2에서는 기존에 정의된 값을 참조해서 사용하는 방법과 그 외의 값들을 선언하는 방법을 볼 수 있다.

예제 1.10.2 올바른 BigInteger 사용법

```java
package com.software.basic.solution;

import java.math.BigInteger;

public class BigIntegerExample {
    public static void main(String[] args) {
        /**
         * 불필요한 인스턴스를 만들지 말고 이미 정의돼 있는 값을 활용하자
         */
        BigInteger biZero = BigInteger.ZERO;

        BigInteger biOne = BigInteger.ONE;

        BigInteger biTen;
        biTen= BigInteger.TEN;
        /**
```

```
 * 정의되지 않은 값은 다음과 같은 방법으로 정의하면 된다.
 */
BigInteger biTest1 = new BigInteger("10000000");

BigInteger biTest2 = BigInteger.valueOf(20000000);

System.out.println(biZero.intValue() + biOne.intValue() + biTen.intValue()
                            + biTest1.intValue() + biTest2.intValue());
    }
}
```

1-11 BigDecimal의 함정

앞서 1.7절에서 float과 double 기본 자료형에 내포된 근사치 값 계산의 문제점을 해결하기 위해 박스화된 기본 자료형인 BigDecimal을 언급한 적이 있다. 분명 BigDecimal은 사용 편의성이 떨어지며, float보다 리소스를 많이 점유한다는 문제점이 있지만 정확한 소수점 계산에서는 매우 유용하다. 우선 예제 1.11.1로 float과 BigDecmial의 차이점과 BigDecmial을 이용한 간략한 계산 방법을 살펴보자.

예제 1.11.1 기본적인 BigDecimal 사용법

```
package com.software.basic.problem;

import java.math.BigDecimal;

public class BigDecimalExample {

    public static void main(String[] args) {

        /**
         * double을 이용해 계산할 경우 정확한 값을 계산할 수 없다.
         */
        double dValue1 = 4.7;
        double dValue2 = 0.4;

        System.out.println("double을 이용한 값 계산의 예: " + dValue1 + " + " + dValue2 + " = " +
(dValue1 + dValue2));

        /**
         * BigDecimal을 이용할 경우 정확한 소수점 계산 결과를 얻을 수 있다.
         */
        // BigDecmial을 선언할 때는 아래의 두 가지 방법을 이용할 수 있고, BigInteger와 같이 ZERO,
ONE, TEN이 이미 상수로 정의돼 있다.
        BigDecimal bdValue1 = new BigDecimal("4.7");
        BigDecimal bdValue2 = BigDecimal.valueOf(0.4);

        // BigDecmial 계산을 할 때는 연산자가 아닌 add(더하기), subtract(빼기), multiply(곱하기),
divide(나누기) 등의 메서드를 이용한다.
        System.out.println("BigDecimal을 이용한 값 계산의 예: " + bdValue1 + " + " + bdValue2 + "
= " + bdValue1.add(bdValue2));
    }
}
```

double을 이용한 값 계산의 예: 4.7 + 0.4 = 5.1000000000000005

BigDecimal을 이용한 값 계산의 예: 4.7 + 0.4 = 5.1

예제 1.11.1을 실행한 결과를 보자. 기본형인 double로 계산할 때는 두 값의 결과가 5.1이 아닌 5.1000000000000005와 같은 근사치가 도출될 뿐 정확한 수치 계산이 불가능하다. 하지만 BigDecimal은 정확한 수치인 5.1을 계산할 수 있다. BigDecimal은 이처럼 매우 유용한 클래스지만 값을 선언할 때는 매우 조심해야 한다. 예제 1.11.2와 그 결과인 그림 1.11.1에서 BigDecimal을 잘못 선언하는 예를 확인할 수 있다.

예제 1.11.2 정수와 실수로 BigDecimal을 생성한 예

```java
package com.software.basic.problem;

import java.math.BigDecimal;

public class BigDecimalExample2 {

    public static void main(String[] args) {

        // 정수값을 이용한 선언
        BigDecimal bdValue1 = new BigDecimal(12);

        // 실수를 이용한 선언
        BigDecimal bdValue2 = new BigDecimal(1.123);

        System.out.println("bdValue1: " + bdValue1);
        System.out.println("bdValue2: " + bdValue2);
    }
}
```

```
<terminated> BigDecimalExample2 [Java Application] D:\Program Files\Java\jre7\bin\javaw.exe (
bdValue1: 12
bdValue2: 1.1229999999999999982236431605997495353221893310546875
|
```

그림 1.11.1 예제 1.11.2의 실행 결과

그림 1.11.1과 같이 정수를 이용해 BigDecimal을 생성한 객체는 오류 없이 정확한 값으로 객체를 생성할 수 있지만 실수를 이용해 생성하면 원래의 1.123이 아닌 근사치인 1.1229999999999999822364 3160599749535322189331054668755로 생성되는 문제점이 발생한다.

문제점 진단

PMD에서는 이런 문제를 방지하기 위해 BigDecimal 형의 변수를 선언할 때 실수를 직접 사용하지 못하도록 AvoidDecimalLiteralsInBigDecimalConstructor 룰을 이용해 권고하고 있다. 그림 1.11.2는 이 룰로 소스코드를 진단한 화면이다.

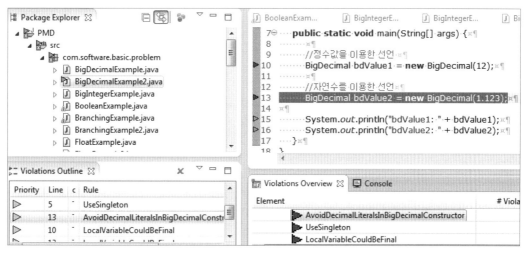

그림 1.11.2 AvoidDecimalLiteralsInBigDecimalConstructor 룰로 진단한 결과

해결 방안

이런 문제점은 문제의 심각성과 달리 해결 방안은 매우 쉬운 편이다. 단순히 BigDecimal 객체를 생성할 때 실수가 아닌 String 형태로 생성하거나 valueOf 메서드를 사용하는 것만으로도 해결할 수 있다. 예제 1.11.3은 올바른 실수 BigDecimal 객체를 생성하는 예다. (참고로 BigDecmial에도 BigInteger와 같이 숫자 0, 1, 10은 이미 정의돼 있으므로 새로운 인스턴스를 만들 필요가 없다.)

```java
package com.software.basic.solution;

import java.math.BigDecimal;

public class BigDecimalExample2 {

    public static void main(String[] args) {

        // 자연수를 이용한 선언
        BigDecimal bdValue1 = BigDecimal.valueOf(1.123);
        BigDecimal bdValue2 = new BigDecimal("1.123");

        System.out.println("bdValue1: " + bdValue1);
        System.out.println("bdValue2: " + bdValue2);
    }
}
```

BigDecimal의 값을 비교할 때는 equals보다 compareTo를 활용하자   TIP

equals 메서드를 이용한 정확한 BigDecimal 값의 비교는 불가능하다. 아래의 예와 같이, "1"과 "1.00" 그리고 1.00으로 설정된 BigDecimal은 수치상 모두 같은 값이지만 equals 메서드는 그 값을 모두 다르게 인지한다. 따라서 BigDecmial의 값을 비교할 때는 compareTo 메서드가 더욱 명확하다.

```java
BigDecimal value = new BigDecimal("1");
BigDecimal value2 = new BigDecimal("1.00");
BigDecimal value3 = new BigDecimal(1.00);

System.out.println(value.compareTo(BigDecimal.ONE)==0); // 참
System.out.println(value.equals(BigDecimal.ONE)); // 참

System.out.println(value.compareTo(value2)==0); // 참
System.out.println(value.equals(value2)); // 거짓

System.out.println(value2.compareTo(value3)==0); // 참
System.out.println(value2.equals(value3)); // 거짓

System.out.println(value2.compareTo(BigDecimal.ONE)==0); // 참
System.out.println(value2.equals(BigDecimal.ONE)); // 거짓
```

8진수 값은 사용하지 않는다

자바에서는 숫자 표현을 위해 8진수, 10진수, 16진수 표현법을 제공하고 있으며, 각 진법 표현을 위해 16진수는 0x를, 8진수는 0을 접두사로 숫자 앞에 붙이고 10진수에는 아무것도 붙이지 않는다. 예제 1.12.1은 이런 사용법의 예다.

예제 1.12.1 각 진법 표현법의 예

```java
package com.software.basic.problem;

public class OctalValueExample {
    public static void main(String[] args) {
        // 16진수 표현법
        int hexValue = 0xFF;
        // 10진수 표현법
        int decValue = 98;
        // 8진수 표현법
        int octValue = 076;

        /**
         * 각 변수가 다른 진법으로 선언돼 있지만 진법 간 변환과 계산이 가능하다.
         */
        System.out.println(String.format("hexValue의 16진수 값: %x\t|\t10진수 값:  %d\t|\t8진수
값: %o", hexValue,hexValue,hexValue) );
        System.out.println(String.format("decValue의 16진수 값: %x\t|\t10진수 값:  %d\t|\t8진수
값: %o", decValue,decValue,decValue) );
        System.out.println(String.format("octValue의 16진수 값: %x\t|\t10진수 값:  %d\t|\t8진수
값: %o", octValue,octValue,octValue) );

        System.out.println("\n모든 값의 합: " + (hexValue + decValue + octValue));
    }
}
```

hexValue의 16진수 값: ff	|	10진수 값: 255	|	8진수 값: 377
decValue의 16진수 값: 62	|	10진수 값: 98	|	8진수 값: 142
octValue의 16진수 값: 3e	|	10진수 값: 62	|	8진수 값: 76

모든 값의 합: 415

예제 1.12.1과 같이 변수를 선언할 때 각 진법에 맞는 접두사를 사용해 해당 진법으로 선언할 수 있다. 하지만 이런 다양한 진법을 함께 사용하면 각 진법을 혼동할 가능성이 대단히 높다. 특히 8진수의 경우 10진수로 오인할 가능성이 매우 높은 편인데, 16진수는 0~F로 표현되어 10진수와 쉽게 구분되지만 8진수는 0~7에 해당하는 숫자를 사용하고, 10진수에서도 이러한 숫자를 똑같이 사용하기 때문이다. 또 8진수 값만 사용한다고 해도 10진수로 오인하고 계산할 가능성도 높다. 예제 1.12.2는 그와 같은 예를 보여준다.

예제 1.12.2 오인할 가능성이 높은 8진수의 예

```java
package com.software.basic.problem;

public class OctalValueExample2 {
    public static void main(String[] args) {
        /**
         * 아래의 두 변수는 분명 다른 값이지만
         * 같은 값으로 혼동될 수 있다.
         */
        int decValue = 10;
        int octValue = 010;     // octValue는 10아니라 8이다.

        System.out.println(String.format("10진수로 변환한 값: decValue = %d | octValue = %d",
decValue, octValue));

        /**
         * 아래의 두 변수 또한 10진수로 오인할 가능성이 높다.
         */
        int octNum1 = 012;
        int octNum2 = 010;

        System.out.println(String.format("결과는 120이 아닌 %d이다", octNum1 * octNum2));
    }
}
```

문제점 진단

이런 문제를 해결하기 위해 PMD에서는 AvoidUsingOctalValues 룰을 통해 8진수 사용을 제한하고 있다. 그림 1.12.1은 AvoidUsingOctalValues 룰로 진단한 결과다.

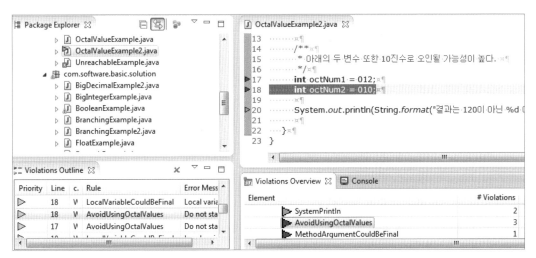

그림 1.12.1 AvoidUsingOctalValues 룰로 8진수 사용을 진단한 결과

해결 방안

8진수나 16진수 모두 특정 라이브러리에서 필요하거나 요구사항에 따라 꼭 써야만 하는 상황이 아니라면 최대한 사용하지 않는 것이 좋다. 반드시 사용해야 하더라도 예제 1.12.3과 같이 선언하거나 연산할 때는 10진수를 사용하고 값을 출력할 때만 string.format 등을 이용해 출력하는 방법으로 개발자의 실수를 최대한 줄이는 것이 좋다.

예제 1.12.3 10진수로 8진수 및 16진수 값을 출력하는 예

```
package com.software.basic.solution;

public class OctalValueExample {
    public static void main(String[] args) {
        /**
         * 모든 수치는 10진수로 통일해서 사용한다.
         */
```

```
        int decValue1 = 10;
        int decValue2 = 8;
        int decResult = decValue1 + decValue2;

        // 다만 결과를 출력할 때만 필요한 진수로 변환해서 출력한다.
        System.out.println(String.format("16진수 값: %x\t|\t10진수 값:  %d\t|\t8진수 값: %o",
decResult,decResult,decResult) );


    }
}
```

서버 프로그램을 개발할 때 서버의 IP를 자바 소스코드에 하드코딩하는 습관은 바람직하지 않다. 이러한 코딩 스타일은 유지보수와 보안상 매우 위험한 코딩 스타일이다. 이와 관련해서 다음과 같은 두 가지 대표적인 예가 있다.

첫째, 서버의 IP는 관리적인 측면과 보안상의 이유로 유동적으로 변경될 수 있다는 점을 명심해야 한다. IP를 소스코드에 하드코딩한다면 해당 IP가 변경되면 그에 맞춰 하드코딩된 소스도 변경해야 하므로 IP가 변경될 때마다 불필요한 소스 수정과 재컴파일이 필요하다. 더욱이 하드코딩된 IP가 여러 소스 파일에 분산돼 있다면 변경하기가 굉장히 까다롭고 치명적인 실수를 유발할 수 있다. 실제로 모 기관의 내부 서비스를 유지보수하는 과정에서는 다음과 같은 일도 일어났다. 대상 서비스는 데이터베이스 서버가 테스트 서버와 운영 서버로 각각 다른 IP로 관리되는 구조였고, 개발 중에는 하드코딩된 테스트 서버의 IP를 사용하고 배포 시에만 운영 서버의 IP로 변경해서 배포했다. 그러던 중 개발자의 실수로 테스트 서버의 IP가 하드코딩된 소스코드를 수정 없이 운영 서버에 반영해 정상적인 서비스 운영이 불가능한 사태가 발생했으며, 결국 이 서비스는 원인을 파악하기까지 많은 시간을 투자했고 그 전까지 서비스 운영이 중단됐다.

둘째, 자바 소스는 디컴파일(decompile)이 가능하다. 자바는 단일 플랫폼에 종속되지 않기 위해 JVM을 이용하며 자바 코드를 컴파일한다는 것은 소스코드를 JVM이 인식할 수 있는 바이트 코드(byte code)로 변환하는 것을 의미한다. 이는 플랫폼에 독립적이라는 장점이 되지만, 반대로 C 같은 기계어 단위의 파일이 아닌 JVM이 인식할 수 있는 중간 단계의 바이트 코드를 생산하며, 이 바이트 코드는 상대적으로 디컴파일러에 취약하며, 디컴파일을 위한 다양한 툴과 심지어 온라인 서비스도 제공되고 있다. 따라서 IP 정보 같은 중요 정보가 담긴 .class 파일이 유출된다면 디컴파일을 통해 관련 정보도 함께 유출된다고 봐야 한다. 예제 1.13.1은 IP가 하드코딩된 소스의 예이며 그림 1.13.1은 이 소스코드를 온라인 디컴파일 서비스를 이용해 디컴파일한 결과다.

```
package com.software.basic.problem;

public class IPExample {
    private static final String SERVER_IP = "127.0.0.1";

    public static void main(String[] args) {
        System.out.println(SERVER_IP);
    }
}
```

```
 1. package com.software.basic.problem;
 2.
 3. import java.io.PrintStream;
 4.
 5. public class IPExample
 6. {
 7.
 8.     public IPExample()
 9.     {
10.     }
11.
12.     public static void main(string args[])
13.     {
14.         system.out.println("127.0.0.1");
15.     }
16.
17.     private static final string SERVER_IP = "127.0.0.1";
18. }
```

그림 1.13.1 하드코딩된 IP 주소가 담긴 .class 파일을 디컴파일한 결과

문제점 진단

PMD에서는 IP가 하드코딩된 경우를 경고하기 위해 AvoidUsingHardCodedIP 룰을 제공하며, 이 룰은 모든 소스코드에서 하드코딩된 IP 주소를 찾아 경고하고 수정하기를 권고한다. 그림 1.13.2는 AvoidUsingHardCodedIP 룰로 진단한 결과다.

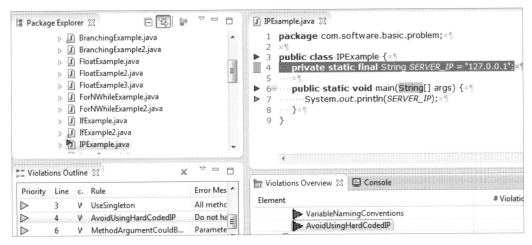

그림 1.13.2 AvoidUsingHardCodedIP 룰로 진단한 결과

해결 방안

앞서 설명한 문제점과 같이 소스코드에는 어떠한 중요 설정값도 하드코딩해서는 안 된다. 이를 위해 자바에서는 IP 주소 같은 설정값(property)을 관리하는 다양한 수단을 제공하며, 최근에 출시된 프레임워크에서도 이를 위한 유용한 기능들을 제공하고 있다. 그 중에서 java.util.Properties가 가장 대표적인 방법으로, 별도의 설정 파일을 만들어 설정값을 저장하는 방식을 지원한다. 예제 1.13.2는 Properties 클래스를 사용하는 예다.

예제 1.13.2 java.util.Properties를 이용한 IP 설정

```java
package com.software.basic.solution;

import java.io.FileInputStream;
import java.io.FileNotFoundException;
import java.io.IOException;
import java.io.InputStream;
import java.util.Properties;

public class PropertiesExample {

    // 프로퍼티 파일의 경로
    private static final String DEFAULT_PROPERTIES_PATH = "d:\\test.properties";

    private static String serverIp;
```

```java
    public static String getServerIp() {
        return serverIp;
    }
    public static void setServerIp(String serverIp) {
        PropertiesExample.serverIp = serverIp;
    }

    /**
     * 프로퍼티 키로 값을 불러온다.
     * @param key: 키
     * @return
     * @throws Exception
     */
    public static String getKey(String key) throws Exception {
        // 프로퍼티의 값은 아래와 같이 클래스로더를 이용해 상대 주소로 불러올 수 있다.
        // ClassLoader.getResourceAsStream("com.software.basic.problem.resource.test.
properties");
        String value = null;
        InputStream is = new FileInputStream(DEFAULT_PROPERTIES_PATH);
        Properties properties = null;
        try {
            properties = new Properties();
            properties.load(is);
            value = properties.getProperty(key);
        } catch (FileNotFoundException e) {
            e.printStackTrace();
        } catch (IOException e) {
            e.printStackTrace();
        } finally {
            try {is.close();} catch (IOException e) {}
        }
        return value;
    }

    public static void main(String[] args) throws Exception {
        setServerIp(PropertiesExample.getKey("serverIp"));
        System.out.println("SERVER IP: " +getServerIp());
    }
}
```

1-14 올바른 toArray 메서드 사용법

List 같은 컬렉션에서 배열 형태로 전환하는 코드는 빈번히 사용되지만 안타깝게도 현업에서는 비효율적이거나 부적절한 소스코드를 자주 볼 수 있다. 예제 1.14.1은 비효율적인 방식으로 List에서 배열로 변환하는 코드의 예다.

예제 1.14.1 List에서 배열로 변환하는 일반적인 방법

```java
package com.software.basic.problem;

import java.util.ArrayList;
import java.util.List;

public class ToArrayExample {
    public static void main(String[] args) {
        List<String> list = new ArrayList<String>();
        list.add("aaa");
        list.add("bbb");
        list.add("ccc");

        String[] array1 = new String[list.size()];

        // 1. 느리고 불필요한 코드가 존재한다.
        for(int i=0; i < list.size(); i++) {
            array1[i] = list.get(i);
        }

        // 2. new String[0]의 크기가 0이라서 내부적으로 불필요한 객체를 생성해야 한다.
        String[] array2 = (String[])list.toArray(new String[0]);

        // 3. java.lang.ClassCastException 예외가 발생한다.
        String[] array3 = (String[])list.toArray();
    }
}
```

예제 1.14.1의 1번 코드가 가장 초보적이지만 가장 많이 사용하는 배열 변환 방법이다. 컬렉션과 기타 라이브러리의 사용법을 숙지하지 못한 상태에서 기능을 구현할 때 1번과 같은 방법을 이용하지만 이는 속도와 효율성 측면에서 그리 좋은 방법은 아니다. 2번과 같은 코드는 toArray 기능은 알지만 정확하게

사용하지 못한 코드다. 2번과 같이 new String[0]을 인자로 전달하면 toArray 내부에서 불필요하게 인스턴스를 하나 더 생성해야 한다는 문제가 있다. 3번은 컴파일 오류는 없지만, List의 요소가 정확히 어떤 형태로 형변환을 해야 할지 명시하지 않아 java.lang.ClassCastException 예외가 발생한다.

문제점 진단

List에서 배열로 변환하는 올바른 방법을 가이드하기 위해 PMD에서는 OptimizableToArrayCall 룰과 ClassCastExceptionWithToArray 룰을 제공한다. 이 룰은 각각 예제 1.14.1의 2번과 3번이 지닌 문제점을 진단하며, 진단의 예를 그림 1.14.1에서 확인할 수 있다.

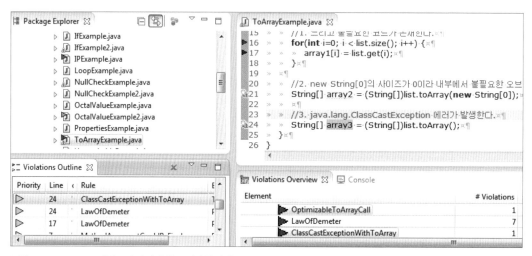

그림 1.14.1 toArray 메서드와 관련된 룰로 진단한 결과

해결 방안

예제 1.14.1과 같이 불필요하게 반복문을 사용하지 않아도 List에서 배열로 변환하는 최적화된 방법은 이미 toArray라는 메서드로 정의돼 있다. 이 메서드는 대상이 되는 배열의 자료형과 배열의 길이만 정확하게 전달하면 자동으로 변환된 결과를 반환한다. 예제 1.14.2는 toArray를 이용해 배열로 변환한 예다.

```
package com.software.basic.solution;

import java.util.ArrayList;
import java.util.List;

public class ToArrayExample {
    public static void main(String[] args) {
        List<String> list = new ArrayList<String>();
        list.add("aaa");
        list.add("bbb");
        list.add("ccc");

        // 아래와 같이 대상 배열의 자료형과 정확한 길이를 전달한다.
        String[] array3 = (String[])list.toArray(new String[list.size()]);
        for(String value : array3) {
            System.out.println(value);
        }
    }
}
```

equals와 hashCode 메서드는 언제나 함께 오버라이드한다

equals 메서드는 두 인스턴스가 동일한지 비교할 때 사용하고, 해시(hash) 기반의 HashMap이나 HashSet, HashTable 같은 컬렉션에서는 hashCode 메서드를 사용하므로 두 메서드는 어느 한쪽만 오버라이드해서는 안 된다. 하지만 대부분 equals 메서드만 오버라이드하고 hashCode를 오버라이드 하지 않는데, 예제 1.15.1에서는 equals와 hashCode 메서드를 함께 오버라이드하지 않았을 때의 문제점을 확인할 수 있다.

예제 1.15.1 hashCode 메서드는 생략하고 equlas 메서드만 오버라이드한 결과

SampleKlass.java

```java
package com.software.basic.problem.equals;

public class SampleKlass {
    int id;
    String name;

    public SampleKlass(int id, String name) {
        this.id = id;
        this.name = name;
    }

    public int getId() {
        return id;
    }
    public void setId(int id) {
        this.id = id;
    }
    public String getName() {
        return name;
    }
    public void setName(String name) {
        this.name = name;
    }

    @Override
```

```java
    public boolean equals(Object obj) {
        if (this == obj) {
            return true;
        }
        if (obj == null) {
            return false;
        }
        if (getClass() != obj.getClass()) {
            return false;
        }
        SampleKlass other = (SampleKlass) obj;
        if (id != other.id) {
            return false;
        }
        if (name == null && other.name != null) {
            return false;
        } else if (!name.equals(other.name)) {
            return false;
        }
        return true;
    }
}
```

TestKlass.java

```java
package com.software.basic.problem.equals;

import java.util.HashMap;
import java.util.Map;

public class TestKlass {

    public static void main(String[] args) {
        SampleKlass sampleKlass = new SampleKlass(1, "test");

        SampleKlass sampleKlass2 = new SampleKlass(1, "test2");

        SampleKlass sampleKlass3 = new SampleKlass(1, "test");

        /**
         * SampleKlass의 equals 메서드를 이용해 비교한다.
         */
```

```
        System.out.println(sampleKlass.equals(sampleKlass2));

        System.out.println(sampleKlass.equals(sampleKlass3));

        Map<SampleKlass, String> map = new HashMap<SampleKlass, String>();

        map.put(new SampleKlass(1, "test"), "value1");

        // 값은 우리가 원하는 value1이 아니라 null이 나온다.
        System.out.println(map.get(new SampleKlass(1, "test")));
    }
}
```

false
true
null

보다시피 equals 메서드를 이용해 객체를 비교하는 것은 정확하게 작동한다. 하지만 map.get(new SampleKlass(1, "test"));로는 map에 삽입된 값을 불러오지 못한다. 분명 삽입할 때 사용한 키와 같은 값을 입력했지만 SampleKlass에서 hashCode 메서드를 오버라이드하지 않았기에 HashMap에서는 저장된 객체의 키와 새로 입력한 객체의 키를 서로 다른 키로 인식해서 null을 반환한 것이다.

문제점 진단

Equals와 hashCode 메서드 중 어느 한쪽만을 오버라이드하는 문제는 PMD의 OverrideBoth EqualsAndHashcode 룰로 간편하게 진단하고 수정할 수 있다. 그림 1.15.1은 이 룰을 이용해 분석한 결과다.

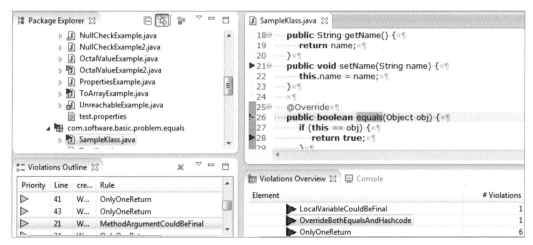

그림 1.15.1 OverrideBothEqualsAndHashcode 룰로 hashCode 메서드를 오버라이드하지 않은 문제를 분석한 결과

해결 방안

해결 방안은 당연히 객체에 적합한 equals 메서드와 hashCode 메서드를 모두 오버라이드하는 것이다. 단, hashCode 메서드의 반환값은 int 형이므로 모든 값은 int 형으로 변환해서 계산해야 하며, 아래의 표 1.15.1을 참고해서 hashCode 메서드를 작성할 수 있다. 참고로 hashCode 메서드를 작성하기 귀찮다고 다음과 같이 작성하는 것은 최악의 코딩 스타일이며 해시 기반의 컬렉션에서 모두 오작동할 것이다.

```
@override
public int hashCode() {
    return 42;
}
```

자료형	해시 값 계산 방법
boolean	(value ? 1 : 0)
byte, char, short, int	(int) value
float	Float.floatToIntBits(value)
double	Double.doubleToLongBits(value)
String 및 기타 객체	"test".hashCode()

표 1.15.1 자료형별 해시 값 계산 방법

표 1.15.1을 참고해 각 자료형별 해시 값을 구하고, 값이 중복되는 것을 방지하기 위해 소수를 곱해서 hashCode 값을 산출할 수 있다. 예제 1.15.2에서 완성된 hashCode 메서드를 확인할 수 있다.

예제 1.15.2 완성된 hashCode 메서드의 예

```java
package com.software.basic.solution.equals;
public class SampleKlass {
    int id;
    String name;
    public SampleKlass(int id, String name) {
        this.id = id;
        this.name = name;
    }

    public int getId() {
        return id;
    }
    public void setId(int id) {
        this.id = id;
    }
    public String getName() {
        return name;
    }
    public void setName(String name) {
        this.name = name;
    }

    @Override
    public int hashCode() {
        // 중복된 hashCode 값을 피하기 위해 각 항마다 소수값을 곱한다.
        final int prime = 31;
        int result = 1;
        result = prime * result + id;
        result = prime * result + ((name == null) ? 0 : name.hashCode());
        return result;
    }

    @Override
    public boolean equals(Object obj) {
        if (this == obj) {
```

```
            return true;
        }
        if (obj == null) {
            return false;
        }
        if (getClass() != obj.getClass()) {
            return false;
        }
        SampleKlass other = (SampleKlass) obj;
        if (id != other.id) {
            return false;
        }
        if (name == null && other.name != null) {
            return false;
        } else if (!name.equals(other.name)) {
            return false;
        }
        return true;
    }
}
```

TIP

이클립스를 이용해 간단하게 equals와 hashCode 메서드를 만드는 방법

이클립스를 사용 중이라면 아주 손쉽게 다음과 같은 절차를 통해 equals와 hashCode 메서드를 만들 수 있다.

- 대상 클래스에서 마우스 오른쪽 버튼을 클릭한다.
- 아래 화면에서 Source를 선택한다(단축키: Alt+Shift+S).

Quick Fix	Ctrl+1
Source	Alt+Shift+S ▶
Refactor	Alt+Shift+T ▶
Local History	▶

- 그다음 Generate hashCode() and equals() 메뉴를 선택한다.

Alt+Shift+S ▶	Toggle Comment	Ctrl+/
Alt+Shift+T ▶	Remove Block Comment	Ctrl+Shift+\
▶	Generate Element Comment	Alt+Shift+J
▶	Correct Indentation	Ctrl+I
▶	Format	Ctrl+Shift+F
	Format Element	
▶	Add Import	Ctrl+Shift+M
▶	Organize Imports	Ctrl+Shift+O
▶	Sort Members...	
▶	Clean Up...	
	Override/Implement Methods...	
▶	Generate Getters and Setters...	
▶	Generate Delegate Methods...	
▶	Generate hashCode() and equals()...	
▶	Generate toString()...	
▶	Generate Constructor using Fields...	
	Generate Constructors from Superclass...	
t+Shift+Down	Externalize Strings...	

이 같은 방법으로 손쉽게 hashCode 메서드와 equals 메서드를 만들 수 있으며, 자주 사용되는 toString() 메서드와 접근자(Getter) 및 설정자(Setter) 메서드 또한 만들 수 있다.

1-16 실수하기 쉬운 skip 메서드

skip 메서드는 파일의 특정 부분을 바이트 단위로 건너뛰는 데 사용되는 메서드다. 하지만 이 메서드는 대부분 정상적으로 작동하지만 다양한 이유로 입력한 길이보다 작은 길이만 건너뛰는 현상이 발생한다. 예제 1.16.1은 잘못된 skip 메서드 사용법의 예이며, 이런 방식으로 코드를 작성하면 개발자가 원하는 만큼 범위를 건너뛰지 않을 가능성이 높다.

예제 1.16.1 잘못된 skip 메서드 사용법

```java
package com.software.basic.problem;

import java.io.FileInputStream;

public class SkipExample {
    /**
     * 일반적인 skip 메서드 사용법
     * @param args
     * @throws Exception
     */
    public static void main(String[] args) throws Exception{
        FileInputStream is = new FileInputStream("d://text.txt");
        // 1024바이트만큼 건너뛴다
        is.skip(1024);

        int i;
        StringBuilder sb = new StringBuilder();
        while((i = is.read()) != -1 ) {
            sb.append((char)i);
        }
        is.close();

        System.out.println(sb.length());
    }
}
```

문제점 진단

PMD에서는 이런 문제를 방지하기 위해 skip 메서드를 사용할 때 실제 얼마만큼 건너뛰었는지 확인하지 않으면 CheckSkipResult 룰로 이를 경고하고 수정하기를 권고한다. 그림 1.16.1은 이 룰을 이용해 진단한 결과다.

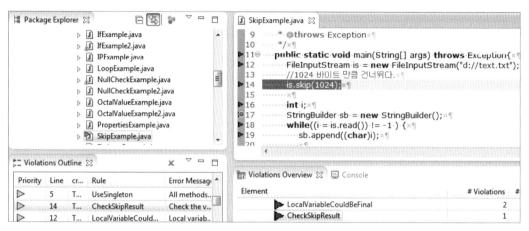

그림 1.16.1 CheckSkipResult 룰을 이용해 진단한 결과

해결 방안

최적의 방안은 skip 메서드가 어떤 예외에도 원하는 범위만큼 건너뛰어 주는 것이지만 안타깝게도 이것은 아직까지 불가능한 일이며, 차선책으로 예제 1.16.2와 같이 skip 메서드를 사용할 때 얼마만큼 건너뛰었는지 결과를 확인하고 원하는 범위에 도달할 때까지 skip 메서드를 다시 실행하는 방법을 사용해야한다.

예제 1.16.2 올바른 skip 메서드 사용법

```
package com.software.basic.solution;

import java.io.EOFException;
import java.io.FileInputStream;

public class SkipExample {
    /**
     * 일반적인 skip 메서드 사용법
     * @param args
```

```
    * @throws Exception
    */
   public static void main(String[] args) throws Exception{
       FileInputStream is = new FileInputStream("d://text.txt");
       // 1024바이트만큼 건너뛴다.
       long skipSize = 1024;
       long skipped;
       // skipSize만큼 건너뛸 때까지 반복한다.
       while(skipSize != 0) {
           skipped = is.skip(skipSize);
           if(skipped == 0) {
               throw new EOFException();
           }
           skipSize -= skipped;
       }

       int i;
       StringBuilder sb = new StringBuilder();
       while((i = is.read()) != -1 ) {
           sb.append((char)i);
       }
       is.close();

       System.out.println(sb.length());
   }
}
```

1-17 finally 절에서는 return을 사용하지 않는다

예외 처리를 위한 try/catch/finally 블록을 사용할 때 일반적으로 try에는 실제로 실행될 코드를, catch 절에는 예외가 발생했을 때 이를 처리하는 코드를, 그리고 finally 절에는 자원을 반환하거나 메서드에서 반드시 실행해야 하는 코드를 작성한다. 이때 finally에 return을 사용하는 코드는 매우 위험하다. 아래의 예제 1.17.1은 return을 사용했을 때 일어나는 문제점을 보여준다.

예제 1.17.1 잘못된 finally 절의 사용

FinallySample.java

```java
package com.software.basic.problem.fin;

public class FinallySample {

    public String test () {
        try {
            throw new Exception("예외 발생!");
        } catch(Exception e) {
            throw e;
        } finally {
            return "OK";
        }
    }
}
```

FinallyTest.java

```java
package com.software.basic.problem.fin;

public class FinallyTest {

    public static void main(String[] args) {
        FinallySample sample = new FinallySample();

        System.out.println(sample.test());
    }
}
```

예제 1.17.1을 살펴보면 분명 try 절 안에서 예외가 발생했고 catch 절에서 해당 예외를 전달했지만 finally 절에서 return "OK"를 통해 정상적으로 소스코드가 실행된 척 하기 때문에 예외 정보가 무시되고 정상적으로 작동한 것으로 가장한다. 이처럼 내부의 예외 정보를 묵살할 가능성이 높은 소스코드가 소프트웨어의 치명적인 결함으로 직결되는 일은 뜻밖에 자주 발생한다. 예를 들어, 상품 주문이나 예금 이체와 같은 민감한 프로세스에서 오류가 발생했을 때 잘못된 finally 절로 예외가 묵살된다면 상상하기 힘든 문제로 불거질 수 있다.

문제점 진단

PMD에서는 이처럼 finally에서 return을 사용하는 문제점을 진단하고 수정을 권고하기 위해 ReturnFromFinallyBlock 룰을 제공하고 있으며, 그림 1.17.1은 이 룰로 진단한 결과다.

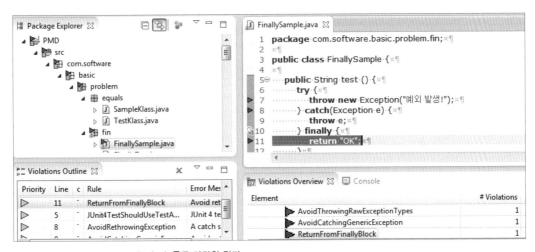

그림 1.17.1 ReturnFromFinallyBlock 룰로 진단한 결과

해결 방안

예외가 묵살되는 문제를 미리 방지하려면 불필요한 finally 절을 사용하지 말고 반드시 파일과 같은 리소스를 사용한 후 반환하는 등의 코드만 사용해야 한다. 물론 finally 절에서는 return을 사용해서는 안 된다. 예제 1.17.2는 예제 1.17.1의 문제점을 보완한 방법이며, 그로 인해 내부에 발생한 예외가 그림 1.17.2와 같이 숨겨지지 않고 전달되므로 개발자는 정확한 문제 진단을 통해 필요한 조치를 취할 수 있다.

예제 1.17.2 불필요한 finally 절을 삭제

```
package com.software.basic.solution.fin;

public class FinallySample {

    public String test () throws Exception{
        try {
            throw new IOException("예외 발생!");

        } catch(IOException e) {
            throw e;
        }
    }
}
```

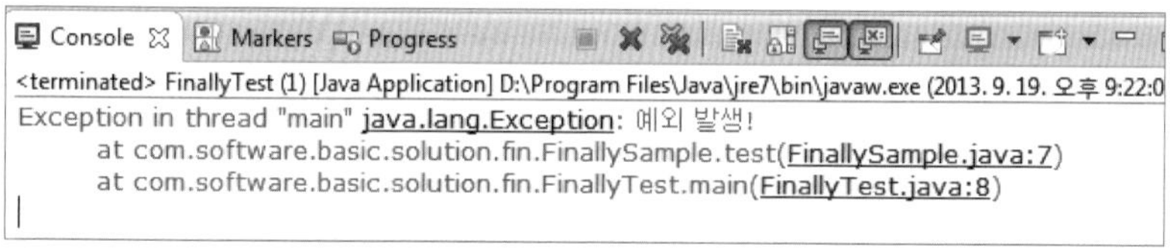

그림 1.17.2 예제 1.17.2에서 발생한 오류

참고로 많은 개발자가 finally 절에서 value = null; io.close() 등의 코드를 사용하는데, 우선 value = null 같은 코드를 사용하면 리소스가 즉시 반환된다는 것은 미신과 같다. 실제 지역변수는 해당 메서드의 실행이 종료되면 자동으로 정리되므로 강제로 가비지 컬렉터(Garbage Collector)가 빨리 인식하도록 null 값을 설정하는 것은 그리 좋은 방법이 아니다. 파일과 같은 리소스를 사용한 후 자원을 반환하기 위해 finally 절에서 close 메서드 등을 이용해 반환하는 것이 일반적인 방법이었다. 하지만 자바 7에서는 개선 사항으로 예제 1.17.3과 같이 try/catch만 사용해도 자동으로 리소스를 반환하게 돼 있으므로 불필요한 finally 사용을 최대한 줄일 수 있다.

예제 1.17.3 자바 7의 try-with-resource를 파일 리소스에 사용한 예

```
package com.software.basic.solution.fin;

import java.io.BufferedReader;
import java.io.FileReader;
import java.io.IOException;
```

```java
public class FileExample {
    public String getFileAsList(String path) {
        StringBuilder result = new StringBuilder();

        try (BufferedReader in = new BufferedReader(new FileReader(path))) {
            String line = null;
            while((line = in.readLine()) != null) {
                result.append(line);
            }
        } catch (IOException e) {
            // catch에는 좀 더 적절한 오류 처리가 필요하다.
            System.out.println(e);
        }

        return result.toString();
    }
}
```

1-18 복합 단항 연산은 가독성이 떨어진다

단항 연산자는 코드의 실이를 줄이고 가독성을 높이는 데 매우 유용하다. 하지만 단항 연산자를 여러 개 사용하면 오히려 가독성이 떨어지는 문제가 발생한다. 예제 1.18.1에서 볼 수 있듯이 단항 연산자를 복합적으로 사용하면 소스코드가 복잡해지고 혼동될 가능성이 높다.

예제 1.18.1 잘못된 단항 연산자의 사용

```
package com.software.basic.problem;

public class UnaryExample {
    public static void main(String[] args) {
        // 오타 혹은 불필요하게 복잡하고 혼동되는 코드
        int i = - -1;
        int j = + - + 1;
        int z = ~~2;

        boolean b = !!true;
        boolean c = !!!true;

        // 머리만 아프게 하는 코드
        int d = ~-2;
        int e = -~3;
    }
}
```

문제점 진단

복잡한 단항 연산자의 가독성 저해 문제를 진단하기 위해 PMD에서는 AvoidMultipleUnary Operators 룰을 제공해 문제점을 진단하고 수정하도록 권고한다. 그림 1.18.1은 이 룰을 사용해 진단한 결과다.

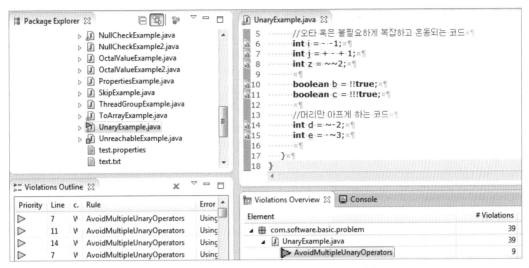

그림 1.18.1 AvoidMultipleUnaryOperators 룰을 이용해 복합 단항 연산자를 진단한 결과

해결 방안

복합 단항 연산자 사용의 문제점이 명확한 만큼 해결책도 명확하다. 특별한 경우가 아니면 단항 연산자를 두 개 이상 사용하지 않는 것으로 해결할 수 있다. 예제 1.18.2는 단항 연산자를 이해하기 쉽게 사용하는 예다.

예제 1.18.2 이해하기 쉬운 단항 연산자 사용

```
package com.software.basic.solution;

public class UnaryExample {
    public static void main(String[] args) {
        int i = 1;
        int j = -1;
        int z = 2;
        boolean b = true;
        boolean c = false;
    }
}
```

Boolean 값을 반환하는 코드는 단순하게

단순히 true/false의 Boolean 값을 반환하는 메서드에서 if-else를 이용해 결과 값을 반환하는 것은 불필요하고 비효율적이다. 예제 1.19.1에서는 value의 값이 짝수인지 홀수인지 비교하고 홀수이면 false를, 짝수이면 true를 반환한다.

예제 1.19.1 if 문을 이용해 boolean 값을 반환

```
package com.software.basic.problem;

public class SimplifyBooleanReturnsExample {

    public static void main(String[] args) {
        System.out.println(isEvenNumber(2));
    }

    public static boolean isEvenNumber(int value) {
        if(value % 2 ==0) {
            return true;
        } else {
            return false;
        }
    }
}
```

예제 1.19.1과 같은 코드는 언뜻 보기에는 아무런 문제가 없고 실행하는 데도 전혀 문제가 없다. 하지만 if 문 내에서 value % 2 == 0의 결과가 이미 true/false 값을 반환하고 그 값을 다시 if-else로 구분하므로 이는 "역전앞"이라는 표현처럼 이음동의어인 '전'과 '앞'을 동어반복하는 것과 같은 중복된 코드에 해당한다.

문제점 진단

PMD에서는 boolean 값을 반환할 때 이처럼 불필요하게 반복된 코드를 진단하기 위해 Simplify BooleanReturns 룰을 제공해서 문제점을 진단하고 수정하도록 권고한다. 그림 1.19.1은 이런 문제점을 PMD로 진단한 결과다.

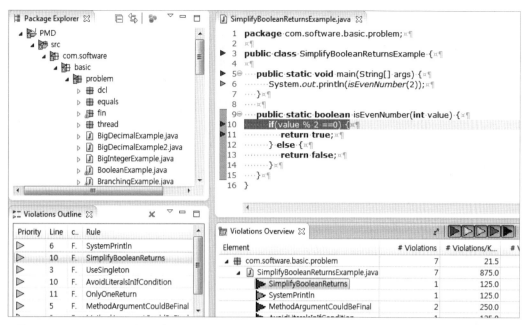

그림 1.19.1 중복된 boolean 값 비교를 SimplifyBooleanReturns 룰로 진단한 결과

해결 방안

이 문제의 해결 방안은 매우 간단하다. 예제 1.19.2와 같이 단순히 반복된 if-else 문을 제거하고 return 문에서 직접 비교하는 코드를 작성해 불필요한 코드를 제거하고 가독성과 효율성을 향상시킬 수 있다.

예제 1.19.2 반복된 boolean 값 비교를 제거하고 직접 반환

```java
package com.software.basic.solution;

public class SimplifyBooleanReturnsExample {

    public static void main(String[] args) {
        System.out.println(isEvenNumber(2));
    }

    public static boolean isEvenNumber(int value) {
        return value % 2 ==0;
    }
}
```

1-20 초기화 블록은 생성자와 혼동될 수 있다

일반적으로 클래스를 초기화하는 데 생성자를 사용하지만 예제 1.20.1과 같이 초기화 블록 (initialization block)을 사용해 초기화할 수도 있다. 이 초기화 절은 생성자보다 먼저 실행되며, 주로 클래스 멤버 변수의 값을 설정하는 데 사용된다.

예제 1.20.1 인스턴스 초기화 블록의 예

```
package com.software.basic.problem.initializer;

public class NonStaticInitializerExample {

    private int value = 1;
    {
        value = 2;
        System.out.println("초기화 블록을 먼저 실행");
    }

    public NonStaticInitializerExample() {
        System.out.println(value);
        System.out.println("생성자는 나중에 실행된다.");
    }
}
```

초기화 블록을 실행하는 클래스
```
package com.software.basic.problem.initializer;

public class NonStaticInitializerRunner {

    public static void main(String[] args) {
        NonStaticInitializerExample example = new NonStaticInitializerExample();
    }
}
```

이러한 초기화 블록은 클래스의 모든 인스턴스를 생성할 때 생성자보다 먼저 실행된다. 하지만 이 경우 생성자와 초기화 블록이 모두 인스턴스의 초기화를 담당하는데, 한 클래스에서 초기화 블록과 생성자가 동시에 존재하면 인스턴스를 초기화할 때 혼란이 발생할 가능성이 매우 높다.

문제점 진단

PMD에서는 이처럼 혼란스러운 인스턴스 초기화를 방지하기 위해 초기화 블록을 사용하는 것을 권고하지 않고, NonStaticInitializer 룰을 이용해 초기화 블록의 사용을 진단하고 신중히 사용하도록 권고한다. 그림 1.20.1은 PMD로 인스턴스 초기화 블록을 사용한 클래스를 진단한 결과다.

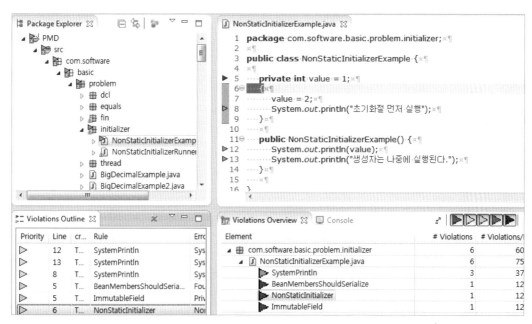

그림 1.20.1 NonStaticInitializer 룰로 인스턴스 초기화 블록의 사용을 진단한 결과

해결 방안

한 클래스에 같은 역할을 수행하는 생성자와 초기화 블록이 존재하는 것은 분명 혼란을 일으킬 여지가 있다. 따라서 클래스가 하나의 생성자만 소유하거나, 클래스 내의 각 생성자가 서로 연관성이 없다면 생성자와 중복된 기능인 초기화 블록은 사용하지 않는 것이 바람직하다. 하지만 한 클래스에 여러 개의 생성자가 있고, 같은 초기화 절차를 공유한다면 공통적인 절차를 초기화 블록으로 통일하는 것도 유용한 방법일 수 있다. PMD가 초기화 블록을 진단하고 경고하는 취지는 하나의 클래스에 초기화 블록과 생성자가 동시에 존재할 때 혼동을 방지하기 위해서다. 하지만 하나의 클래스에 다양한 생성자가 존재하고, 모든 생성자가 공통의 필드 초기화 기능을 요구한다면 필드 값을 초기화하는 초기화 블록이 제 역할을 할 수 있다. 예제 1.20.2는 이처럼 여러 생성자에 공통적인 절차를 초기화 블록으로 위임한 예다.

```java
package com.software.basic.solution.initializer;

public class NonStaticInitializerExample {
    private int value;
    private String str;
    private Integer num;
    {
        value = 2;
        System.out.println("초기화 블록 먼저 실행");
    }

    public NonStaticInitializerExample() {
        System.out.println(value);
    }

    public NonStaticInitializerExample(String str) {
        this.str = str;
        System.out.println(Integer.parseInt(this.str) - value);
    }

    public NonStaticInitializerExample(Integer num) {
        this.num = num;
        System.out.println(num - value);
    }
}
```

초기화 블록 예제를 실행하는 클래스

```java
package com.software.basic.solution.initializer;

public class NonStaticInitializerRunner {
    public static void main(String[] args) {
        NonStaticInitializerExample example = new NonStaticInitializerExample();
        NonStaticInitializerExample example1 = new NonStaticInitializerExample("3");
        NonStaticInitializerExample example2 = new NonStaticInitializerExample(Integer.MAX_VALUE);
    }
}
```

1-21 Double.NaN으로 값을 비교하지 않는다

Double 객체를 이용해 연산할 때 예외값인 NaN(Not A Number)를 진단하기 위해 Double 객체의 Double.NaN으로 비교하는 경우가 있는데, 안타깝게도 이 경우 개발자의 예측과는 다르게 동작하는 문제가 있다. 예제 1.21.1에서 볼 수 있듯이 errorValue가 Double.NaN 값으로 설정돼 있어도 Doubel.NaN과 같다고 인지하지 못하는 문제가 발생한다.

예제 1.21.1 잘못된 Double.NaN의 사용법

```
package com.software.basic.problem;

public class BadComparisonExample {

    public static void main(String[] args) {
        // 어떠한 이유로 숫자가 아닌 값(NaN; Not a Number)을 할당
        Double errorValue = Double.NaN;

        // 오류를 검증하기 위해 오류 값을 Double.NaN과 비교
        if(errorValue == Double.NaN) {
            System.out.println("오류 발생");
        } else {
            System.out.println("정상 처리");
        }
    }
}
```

실행 결과

정상 처리

문제점 진단

PMD에서는 이처럼 잘못된 값 비교를 방지하기 위해 BadComparison 룰을 제공해 Double.NaN으로 값을 비교하는 것을 경고하고 수정하도록 권고한다. 그림 1.21.1은 PMD를 이용해 Double.NaN으로 값을 비교한 코드를 진단한 결과다.

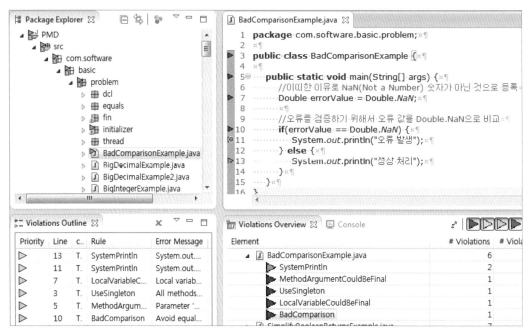

그림 1.21.1 Double.NaN으로 값을 비교한 코드를 BadComparison 룰로 진단한 결과

해결 방안

자바 언어 사양(JLS; Java Language Specification)에 따르면 NaN(Not a Number), 즉 숫자 아님은 정말 숫자가 아니어서 연산자를 이용한 NaN 간의 비교도 불가능하다고 설명한다. 따라서 예제 1.21.1과 같이 두 값이 모두 Double.NaN일 경우 errorValue == Double.NaN으로 비교하는 것은 무의미하다. 이러한 오류를 처리하려면 예제 1.21.2와 같이 isNaN 메서드를 이용해 비교해야 한다.

예제 1.21.2 올바른 Double.NaN 값의 비교 방법

```java
package com.software.basic.solution;

public class BadComparisonExample {
    public static void main(String[] args) {
        // 어떠한 이유로 숫자가 아닌 값(NaN; Not a Number)을 할당
        Double errorValue = Double.NaN;

        // 오류를 검증하기 위해 오류 값을 Double.NaN으로 비교
        if(Double.isNaN(errorValue)) {
```

```
            System.out.println("오류 발생");
        } else {
            System.out.println("정상 처리");
        }
    }
}
```

가독성과
명명 규칙

명명 규칙(naming convention)은 개발자가 작성한 코드를 더욱더 쉽게 읽고 이해하게 하며, 소스코드에서 각 코드가 의미하는 역할 또는 기능을 즉각적으로 인지할 수 있게 돕는다. 일부 개발자는 비용과 기간 등의 문제로 프로그램의 구현이 우선인 상황에서 명명 규칙과 같은 코딩 표준을 준수하는 것보다 프로그램 구현을 중요시하기도 하지만 실제 소프트웨어의 생명주기 관점에서 보면 소프트웨어의 구현은 초기의 일부분에 지나지 않으며, 이 소프트웨어를 유지보수하는 기간이 전체의 80%를 차지한다. 따라서 당장 구현에 급급해서 작성된 소스코드는 이후 소프트웨어가 동작하는 동안 소프트웨어의 생존에 커다란 위협으로 존재할 것이다. 더욱이 대부분 소프트웨어의 유지보수는 해당 소프트웨어를 만든 개발자가 아닌 유지보수를 담당하는 부서로 이관되거나 소프트웨어를 발주한 기관으로 납품되어 관리된다. 심지어 개발 기간 중에도 불분명한 명명 규칙으로 인해 개발자 간의 의사소통이 힘들어지고 코드 리뷰가 불가능한 상황도 종종 발생한다.

예를 들어, 다소 오래된 이야기이긴 하지만 국가부처에서 발주한 자바 기반 중장기 프로젝트에서 주요 기능을 담당하던 개발자가 자신의 모든 서비스 모듈을 C 언어에서 자주 사용하는 헝가리안 표기법에 따라 소스코드를 작성했고, 또 다른 개발자는 개발 편의를 위해 a, aa, bb와 같은 의미를 유추할 수 없는 이름을 사용하는 일이 동시에 발생했다. 그 결과, 이후의 고도화 및 성능 개선 사업에서 해당 모듈을 분석할 수 없어 재설계 및 재개발한 사례도 있다. 2장에서는 1999년 썬 마이크로시스템즈에서 배포한 코딩 표준 권고안(Code Conventions)의 명명 규칙(Naming Convention)을 토대로 2011년 지오테크니컬 소프트웨어(Geotechnical Software)에서 발표한 자바 개발 권고안(Java Programming Style Guidelines)을 참고해 올바른 코드의 명명 규칙을 설명한다.

모든 자바 코딩의 시작은 패키지 구조를 정의하는 것에서부터 출발한다. 패키지는 단순히 소스 파일을 계층형으로 관리하기 위한 것이 아니라 프로젝트의 설계 단계에서 정의한 소프트웨어의 전체적인 구조와 해당 구조의 골격을 구성할 MVC 또는 N-Tier 같은 아키텍처 패턴을 반영해 정의해야 한다. 이를 통해 프로젝트 팀원과 유지보수 담당자가 선제적인 소프트웨어의 구조를 손쉽게 파악할 수 있으며, 효율적인 업무 분담이 가능하다. 이러한 패키지 구조의 시작은 패키지명을 짓는 것부터이며, 패키지명은 패키지가 담당하는 기능의 정확한 의미를 나타내고, ASCII 코드에 포함된 소문자로 구성된 명사여야 한다. 또한 패키지의 최상위 부분은 반드시 소문자로 구성된 역순 도메인명이어야 하며, 그 아래의 컴포넌트명은 내부 명명 규칙에 따라 작성할 수 있다. 예제 2.1.1은 잘못된 패키지명의 예다.

예제 2.1.1 잘못된 패키지명의 예

```
package TEST;              // 대문자로 구성된 패키지명(X)
package wikibook.co.kr;    // 순서가 잘못된 패키지 도메인명(X)
package kr.co.wikiBook;    // 패키지명에 대문자를 사용(X)
package kr.co.testUnit;    // 한 단어 이상의 패키지명(X)
```

문제점 진단

PMD에서는 예제 2.1.1과 같은 잘못된 패키지명을 진단하기 위해 PackageCase 룰을 제공한다. 하지만 이 룰은 소문자가 아닌 패키지명만을 경고하며, 전체적인 패키지 명명 규칙이 반영돼 있지는 않다. 그러므로 이 룰에서 경고하는 것은 최소한의 가이드라인이라는 점을 염두에 두고 패키지 명명 규칙을 지켜서 코드를 작성하는 것이 좋다. 그림 2.1.1은 PMD로 진단한 잘못된 패키지명의 예다.

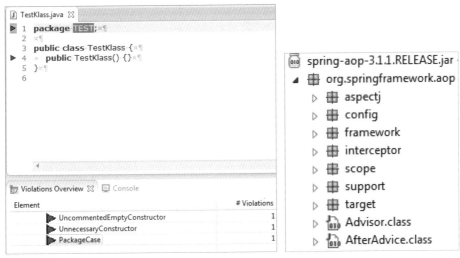

그림 2.1.1 PackageCase 룰로 진단한 잘못된 패키지명

그림 2.1.2 올바른 패키지 구조의 예

해결 방안

패키지 명명 규칙은 앞에서 설명한 바와 같이 소문자 한 단어로 정확한 의미 전달이 필수이며, 다음과 같이 다시 한번 정리할 수 있다.

- 패키지명은 ASCII 코드에 포함된 소문자로 구성한다.
- 패키지명은 패키지의 기능을 정확히 전달할 수 있는 한 단어의 명사여야 한다.
- 패키지의 최상위 부분은 소문자의 도메인명이어야 한다.
- 하위 컴포넌트명은 내부 명명 규칙을 따를 수 있다.
- 달러 기호($)를 패키지명으로 사용하지 않는다.

예제 2.1.2는 이러한 규칙에 따라 예제 2.1.1의 잘못된 패키지명을 올바른 명칭으로 수정한 예이며, 그림 2.1.2는 이런 올바른 패키지명을 바탕으로 구성된 패키지 구조의 예다.

예제 2.1.2 올바른 패키지명

```
package test;          // 소문자로 구성된 패키지명
package kr.co.wikibook;   // 도매인명을 사용한 올바른 순서의 패키지 구조
package org.apache.log4j; // 패키지명과 구조로 패키지의 정확한 의미를 표현
```

사바의 클래스와 인터페이스의 명명 규칙은 동일하며, 특정 프레임워크나 아키텍처 모델에 따라 클래스와 인터페이스를 구분하기 위해 특정 접두사나 접미사를 붙인다. 예를 들어, 스프링 프레임워크(Spring framework)에서는 3-tier 아키텍처 모델 중 비즈니스 티어(Business tier) 역할을 하는 Service의 명명 규칙에 따라 인터페이스에는 Service를 접미사로 붙이고, 클래스에는 서비스를 구현한다는 의미의 ServiceImpl를 접미사로 붙여야 한다. 참고로 여기서는 클래스를 기준으로 설명하겠다.

클래스의 명명 규칙은 소문자를 기본으로 하지만 클래스명에서 각 단어의 첫 글자를 대문자로 구성하는 파스칼 케이스(Pascal Case, 혹은 Upper Camel Case)를 기준으로 한다. 하지만 HTML, URL, VO 처럼 머릿글자를 사용하는 축약어는 모두 대문자로 표현해야 하고, 클래스명으로는 객체의 정확한 의미를 전달할 수 있는 명사의 조합으로만 사용해야 한다. 한 가지 더욱 조심할 점은 다섯 글자 이하의 클래스명은 의미가 불분명하다는 것이다. 예제 2.2.1은 잘못된 클래스명의 예다.

예제 2.2.1 잘못된 클래스명의 예

```
public class content    // 클래스명은 소문자로 시작해야 한다(X)
public class CONTENT    // 클래스명이 모두 대문자다(X)
public class Stringbuilder  // 두 번째 단어의 첫 글자가 소문자다(X)
public class HtmlUtil  // 축약어가 소문자로 구성돼 있다(X)
public class Doc;   // 다섯 글자 이하의 클래스명(X)
public class Order_Util;  // 클래스명에 밑줄(_)은 사용할 수 없다(X)
public class $erviceBuilder;  // 클래스명에 달러 기호($)는 사용할 수 없다(X)
```

문제점 진단

클래스명에 관해서도 PMD는 일반적인 클래스 명명 규칙에 대해 ClassNamingConventions 룰과 너무 짧은 클래스명에는 ShortClassName 룰을 제공해 잘못된 명칭을 진단하도록 돕고 있지만, 안타깝게도 패키지명과 같이 정확한 분석이 아닌 단순히 첫 글자가 대문자인지만 검증한다. 그러므로 클래스명도 정확한 클래스 명명 규칙에 따라 작성하는 노력이 필요하다. 그림 2.2.1은 PMD를 이용해 잘못된 클래스명을 진단한 결과다.

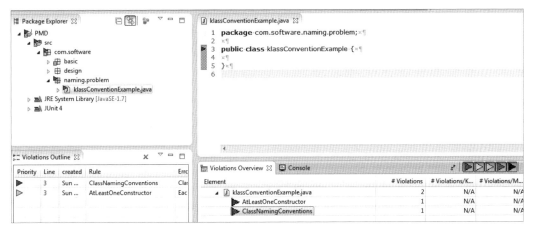

그림 2.2.1 ClassNamingConventions 룰과 ShortClassName 룰을 이용해 진단한 잘못된 클래스명

해결 방안

클래스 명명 규칙은 패키지 명명 규칙과 비슷한 점이 매우 많다. 하지만 가장 큰 차이점으로 하나 이상의 단어를 사용할 수 있고, 파스칼 표기법을 바탕으로 명명한다는 점이며, 이름을 지을 때 다음의 사항에 유의한다.

- 클래스명은 파스칼 표기법을 바탕으로 명명해야 한다.
- 클래스명에는 명사만 사용할 수 있다.
- 명사를 사용할 때 너무 긴 경우 축약해서 사용할 수 있지만 의미가 불분명한 너무 짧은 이름은 자제한다.
- 클래스명 내의 축약단어는 모두 대문자로 표현된다.
- 5글자 이하의 클래스명은 쓰지 않는다.
- 클래스명에 밑줄(_)은 사용할 수 없다.
- 클래스명에 달러 기호($)를 사용하지 않는다.

예제 2.2.2는 위의 사항을 바탕으로 예제 2.2.1의 잘못된 클래스명을 수정한 예다.

예제 2.2.2 올바른 클래스 명명 규칙

```
public class Content   // 클래스명은 대문자로 시작해야 한다.
public class Content   // 클래스명은 첫 글자와 연결 문자만 대문자다.
public class StringBuilder   // 복합 단어의 클래스명과 같은 경우 연결 문자는 대문자여야 한다.
public class HTMLUtil   // 잘 알려진 축약어는 대문자로 표현해야 한다.
public class Document   // 클래스명은 여섯 글자 이상이다.
public class ServiceBuilder   // 클래스명에는 밑줄 또는 달러 기호를 사용할 수 없다.
```

2-3 추상 클래스 명명 규칙

추상 클래스(abstract class)의 명명 규칙은 기본적으로 2.2의 클래스 명명 규칙과 동일하다. 유일한 차이점은 일반 클래스와 추상 클래스를 구분하기 위해 추상 클래스에는 접두사로 'Abstract'를 붙인다는 점이다. 예제 2.3.1은 잘못된 추상 클래스명의 예다.

예제 2.3.1 잘못된 추상 클래스명의 예

```
public abstract class Content   // 추상 클래스의 이름에는 Abstract를 접두사로 붙인다.
public class AbstractContent   // 일반 클래스에는 Abstract를 접두사로 사용할 수 없다.
```

문제점 진단

PMD에서는 추상 클래스의 이름을 올바르게 짓도록 지원하는 AbstractNaming 룰을 제공한다. 하지만 앞서 클래스 명명 규칙에서 언급한 바와 같이 PMD가 완벽하게 명명 규칙을 지원하지는 못하므로 개발자 스스로 명명 규칙을 유념해야 한다. 그림 2.3.1은 PMD로 진단한 잘못된 추상 클래스명의 예다.

그림 2.3.1 잘못된 추상 클래스명을 AbstractNaming 룰로 진단한 결과

일반 클래스와 추상 클래스의 명명 규칙은 기본적으로 동일하지만 한 가지 차이점은 추상 클래스에는 Abstract라는 접두사가 붙는다는 것이다. 추상화 클래스의 이름을 지을 때는 다음의 사항에 유의한다. 예제 2.3.2는 올바른 추상 클래스명의 예다.

- 추상 클래스명은 파스칼 표기법을 토대로 짓는다.

- 추상 클래스명에는 명사만 사용할 수 있다.

- 명사를 사용할 때 너무 긴 경우 축약해서 사용할 수 있지만 의미가 불분명한 너무 짧은 이름은 자제한다.

- 추상 클래스명 내의 축약어는 모두 대문자로 표현한다.

- 5글자 이하의 추상 클래스명은 쓰지 않는다.

- 클래스명에 밑줄(_)은 사용할 수 없다.

- 달러 기호($)를 추상화 클래스명에 사용하지 않는다.

- 추상 클래스명에는 접두사로 Abstract를 포함한다.

예제 2.3.2 올바른 추상 클래스명

```
public abstract class AbstrectContent  // 추상 클래스명에는 Abstract를 접두사로 붙인다.
public class Content  // 일반 클래스에는 Abstract를 접두사로 사용할 수 없다.
```

2-4 메서드 명명 규칙

메서드는 객체의 기능을 실제로 수행하는 역할을 하므로 메서드명은 주로 메서드의 기능을 정확히 표현하는 동사 혹은 동사와 명사의 조합으로 된 경우가 많다. 예를 들어, StringBuilder 클래스에는 새로운 문자열을 추가하는 append, 전체 문자열의 길이를 확인할 수 있는 length 등과 같이 이름만으로도 메서드의 정확한 역할과 의도를 파악할 수 있게 명명돼 있다.

기본적인 메서드 명명 규칙은 소문자를 기본으로 하며, 첫 글자는 소문자이고 이후 모든 단어의 첫 글자는 대문자로 구성하는 카멜 표기법(Camel Case)을 기초로 한다. 그리고 메서드명은 명사가 아닌 동사를 기준으로, 동사 또는 동사와 명사의 조합으로 짓는다. 예제 2.4.1은 잘못된 메서드명의 예다.

예제 2.4.1 잘못된 메서드명의 예

```
public void ParseInt()  // 메서드의 첫 글자가 대문자(X)
public void parseint()  // 단어의 구분이 없다(X)
public void PARSEint()  // 대문자로 구성된 단어(X)
public void parse_int()  // 메서드명에 밑줄(_)을 사용(X)
public void par$eInt()  // 메서드명에 달러 기($)를 사용(X)
public void pi()  // 메서드명의 의미가 불분명(X)
```

문제점 진단

PMD에서는 일반적인 메서드 명명 규칙을 준수하기 위해 MethodNamingConventions 룰과 너무 짧은 메서드명을 진단하기 위해 ShortMethodName을 제공한다. 그림 2.4.1은 이러한 룰로 진단한 잘못된 메서드명이다. 하지만 PMD에서는 메서드 명명 규칙에 대해 대소문자 구분과 메서드의 길이 같은 최소한의 가이드라인만을 제공한다.

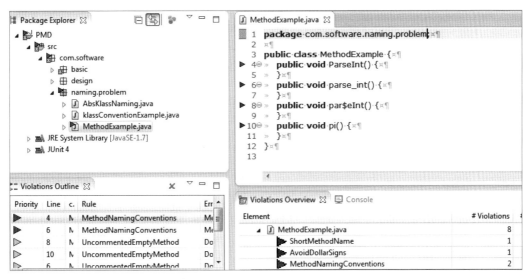

그림 2.4.1 잘못된 메서드명을 PMD로 진단한 결과

해결 방안

올바른 메서드의 명명 규칙을 준수하려면 다음 사항에 유의한다. 하지만 이 외에도 사용할 수 없는 메서드명이 있으며 이와 관련된 내용은 2.5절, "사용할 수 없는 메서드명"에서 설명하겠다. 예제 2.4.2는 올바른 메서드명의 예다.

- 메서드명은 카멜 표기법을 바탕으로 지어야 한다.
- 메서드명에는 동사 또는 동사와 명사의 조합을 사용할 수 있다.
- 명사를 사용할 때 너무 긴 경우 축약해서 사용할 수 있지만 의미가 불분명한 너무 짧은 이름은 자제한다.
- 메서드명 내의 축약어는 모두 대문자로 표현한다.
- 의미가 불분명한 세 글자 이하의 메서드명은 쓰지 않는다.
- 메서드명에는 밑줄(_)을 사용할 수 없다.
- 메서드명에는 달러 기호($)를 사용할 수 없다.

예제 2.4.2 올바른 메서드명의 예

```
public void append()    // 동사 한 단어로 이뤄진 메서드
public void parseInt()    // 동사와 명사로 이뤄진 메서드
public void decodeURL()  // 동사와 축약어로 이뤄진 메서드
```

2-5 사용할 수 없는 메서드명

2.4 기본 메서드 명명 규칙 말고도 메서드명으로 사용할 수 없는 몇 가지 예외사항이 있다. 우선 클래스명과 같은 메서드명은 생성자이므로 일반 메서드명으로 사용할 수 없다. 또한 Object 클래스에 정의돼모든 객체에 기본적으로 포함된 hashCode와 equals 메서드를 일반 메서드로 사용하지 않는 등 몇 가지 예외적인 경우가 있다. 예제 2.5.1은 사용할 수 없는 메서드명의 예다.

예제 2.5.1 사용할 수 없는 메서드명

```java
public class MethodTest {
    public MethodTest() {}  // 클래스의 생성자
    public void MethodTest() {}  // 일반 메서드와 클래스명이 같음(X)
    public void hashCode() {}  // 기본 메서드를 일반 메서드명으로 사용(X)
    public void equals() {}  // 기본 메서드를 일반 메서드명으로 사용(X)
    public boolean getReady() {}  // Boolean 값을 반환하는 메서드에 get을 접두사로 사용(X)
    public void $tart() {}  // 메서드명에 달러 기호($)를 사용(X)
}
```

예제 2.5.1과 같은 메서드 명명은 매우 위험하다. 이것은 객체의 정상적인 기본 기능을 방해하고 소프트웨어에 치명적인 버그를 발생할 수 있는 잠재적인 위험이 내포된 방식이다. 예를 들어, equals 메서드는 객체의 동일성을 확인하는 기본 메서드로, 사용 빈도가 높은 메서드인데 이 메서드가 잘못 정의되면 객체 간 동일성 비교 자체가 불가능해진다.

문제점 진단

PMD에서는 이처럼 사용이 금지된 메서드명을 진단하고 제한하기 위해 다음과 같은 룰을 제공한다.

PMD 룰	적용 범위
MethodWithSameNameAsEnclosingClass	클래스명과 같은 메서드명을 제한한다.
SuspiciousHashcodeMethodName	hashCode 메서드와 비슷한 메서드명을 금지한다.
SuspiciousEqualsMethodName	equals 메서드와 비슷한 메서드명을 금지한다.
AvoidDollarSigns	달러 기호($) 사용을 금지한다.
BooleanGetMethodName	접근 메서드(mutator)에 사용된 잘못된 접두사를 제한한다.

그림 2.5.1은 PMD를 이용해 사용이 금지된 메서드명을 진단한 결과다.

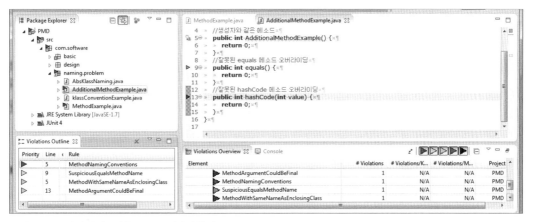

그림 2.5.1 금지된 메서드명을 PMD로 진단한 화면

해결 방안

메서드명을 지을 때 금지된 이름은 다음과 같이 정리할 수 있으며, 이러한 이름을 사용하는 것은 소프트 웨어에 치명적인 결함을 일으킬 수 있으므로 사용이 금지돼 있다.

- 오직 생성자만이 클래스와 같은 이름을 사용할 수 있다.
- hashCode와 equals는 객체 비교를 위한 기본 메서드로서 일반 메서드명으로 사용할 수 없다.
- boolean 값을 반환하는 메서드의 접두사는 get이 아닌 is를 사용한다.
- 달러 기호($)는 절대 사용하지 않는다.

예제 2.5.2는 위의 사항을 반영해서 예제 2.5.1의 잘못된 메서드명을 수정한 예다.

예제 2.5.2 올바른 메서드명의 예

```
public class MethodTest {
    public MethodTest() {}  // 클래스의 생성자
    // public void MethodTest() {} 일반 메서드와 클래스명이 같음(X)
    // public void hashCode() {} 기본 메서드를 일반 메서드명으로 사용 (X)
    // public void equals() {} 기본 메서드를 일반 메서드명으로 사용(X)
    public boolean isReady() {}  // Boolean 값을 반환하는 메서드에 is를 접두사로 사용
    public void start() {}  // 달러 기호($)는 메서드명에 사용할 수 없음
}
```

2-6 변수 명명 규칙

패키지명, 클래스명, 메서드명은 대부분 일정 수준 이상의 룰을 기준으로 잘 정의하지만, 개발사들이 가장 무심코 지나치는 부분이 바로 변수 명명 규칙이다. 특히 메서드 내부에 선언하는 지역 변수의 이름은 변수 명명 규칙을 위반할 때가 많다. 프로젝트 기간이 촉박하거나 기능 구현이 우선이라도 패키지명과 클래스명 등은 최소한 컴포넌트 명세서나 다이어ㄱ램과 같은 개발 산출물에 포함되어 가시적으로 나타나기 때문에 가이드라인을 가급적 준수하고 또 프로젝트 리더가 이를 검토한다. 하지만 변수명은 이런 문서나 다이어그램에 포함되지 않으며, 각 개발자가 통일되지 않은 방식을 사용하는 경우가 잦다.

예를 들어, 상태를 의미하는 status를 팀원에 따라 state 또는 축약어인 stt 또는 st와 같이 정확한 기준이 없이 각각 다르게 사용하거나, temp 혹은 swap과 같이 의미 없는 임시 변수명을 사용하기도 한다. 심지어 주요 변수명에 a나 b 같은 의미가 불분명한 변수명을 사용하는 경우도 자주 볼 수 있다. 이러한 코드는 개발 당시 개발 담당자 입장에서는 아무런 문제가 없는 코드일 수도 있겠지만 앞서 설명한 바와 같이 소프트웨어 생명주기 중 가장 긴 유지보수 단계에서는 소스코드가 여러 유지보수 담당자의 손을 거치며 수정되고 개선돼야 하는데 위와 같은 부적절한 변수명의 사용으로 전체적인 소스코드의 흐름을 파악하는 데 많은 노력과 시간을 허비하게 된다. 결국 전체적인 소프트웨어 품질 관리 관점에서 이 같은 부적절한 변수명의 사용은 가독성을 저해하는 치명적인 요소에 해당한다.

일반적으로 변수명은 변수의 의미를 명확하게 전달할 수 있는 짧고 간결한 명칭을 사용해야 한다. 이를 위해 메서드의 명명 규칙과 같이 카멜 표기법을 기본으로 하고, 의미가 불분명해지는 너무 짧거나 너무 긴 변수명의 사용을 피해야 한다. 하지만 반복문의 증감변수 같이 임시로 사용되고 버려지는 경우에는 한 글자로 된 변수명을 사용할 수 있다. 마지막으로 클래스와 메서드처럼 밑줄과 달러 기호의 사용을 자제해야 한다. 예제 2.6.1은 잘못된 변수명의 예다.

예제 2.6.1 잘못된 변수명의 예

```
String Value;  // 대문자로 시작하는 변수명(X)
String VALUE;  // 대문자로 된 변수명(X)
String groupname;  // 단어의 구분이 부정확한 변수명(X)
String Pneumonoultramicroscopicsilicovolcanoconiosis;  // 너무 긴 변수명(X)
int a;  // 무의미한 한 글자로 된 너무 짧은 변수명(X)
```

```
int temp;  // 무의미한 임시 변수명(X)
String numValue;  // 의미가 부정확한 변수명(X)
boolean statu$;  // 달러 기호를 사용한 변수명(X)
boolean group_name;  // 밑줄을 사용한 변수명(X)
```

문제점 진단

잘못된 변수명을 진단하기 위해 PMD에서는 기본적으로 변수명의 대소문자를 진단하기 위한 VariableNamingConventions 룰과 변수명의 길이를 권고하는 ShortVariable 룰과 LongVariable 룰을 비롯해 달러 기호에 관한 AvoidDollarSigns 룰도 제공한다. 그림 2.6.1은 PMD로 잘못된 변수명을 진단한 결과다.

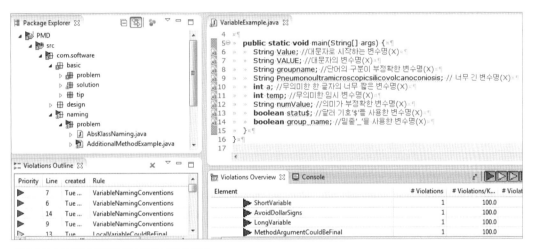

그림 2.6.1 PMD로 잘못된 변수명을 진단한 결과

해결 방안

변수명을 올바르게 지으려면 다음과 같은 사항을 준수해야 한다.

- 변수명은 카멜 표기법을 바탕으로 지어야 한다.
- 변수명 내의 축약어는 모두 대문자로 표현한다.
- 반복문의 증감변수 등 임시 변수가 아니면 의미가 불분명한 세 글자 이하의 변수명은 쓰지 않는다.
- 너무 긴 변수명은 사용하지 않는다.

- 변수명에 밑줄(_)를 사용할 수 없다.

- 변수명에 달러 기호($)를 사용할 수 없다.

- 공통 사전을 만들어 변수명에 사용되는 공통적인 단어를 정의한다.

예제 2.6.2는 위의 명명 규칙을 적용해 2.6.1의 잘못된 변수명을 올바르게 수정한 예다.

예제 2.6.2 올바른 변수명의 예

```
String groupName;  // 카멜 표기법을 준수한 변수명
int userName;  // 무의미한 한 글자로 된 너무 짧은 변수명이 아닌 적정 길이의 유의미한 변수명
boolean groupName;  // 카멜 표기법을 준수한 변수명
```

앞의 2.6절, "변수 명명 규칙" 말고도 변수명을 선택할 때 유의해야 할 몇 가지 예외 사항이 있다. 변수명은 클래스명 또는 메서드명과 같거나 비슷하면 매우 혼란스러울 수 있다. 특히 자바는 String String = "a";와 같이 박스화 기본 자료형과 같은 변수명을 쓸 수 있도록 허용하지만, 이는 코드의 의미 파악을 위해 불필요한 시간을 많이 소비하게 한다. 그리고 일반적으로 타입 매개변수(Type Parameter)의 명확한 구분을 위해 T처럼 한 글자로 된 대문자를 사용해야 한다. 예제 2.7.1은 변수명이 메서드명이나 자료형과 비슷한 예이며, 2.7.2는 잘못된 타입 매개변수명을 사용하는 예다.

예제 2.7.1 변수명이 메서드명이나 자료형과 비슷한 예

```
package com.software.naming.problem;

public class WrongVariableExample {
    private String wrongVariableExample;  // 클래스명과 같은 변수명(X)
    private String doWhatever;    // 메서드와 같은 변수명(X)
    private String String;              // 자료형과 같은 변수명(X)
    public void doWhatever() {
        this.String = "test";
        System.out.println(String);
    }
    public static void main(String[] args) {
        WrongVariableExample wvExample = new WrongVariableExample();
        wvExample.doWhatever();
    }
}
```

예제 2.7.2 타입 매개변수명이 잘못된 예

```
package com.software.naming.problem;
public class GenericsExample<Template> {
    private Template templateValue;
    public Template get(){
```

```
            return this.templateValue;
        }

        public void set(Template value){
            this.templateValue = value;
        }

        public static void main(String args[]){
            GenericsExample<String> type = new GenericsExample<>();
            type.set("test");   // 허용

            GenericsExample type1 = new GenericsExample(); //raw type
            type1.set("Pankaj");  // 허용
            type1.set(10);   //오토박싱 지원

            System.out.println(type1.get());
        }
    }
```

문제점 진단

PMD에서는 잘못된 변수명의 사용을 방지하기 위해 클래스명과 같은 변수명을 진단하기 위한
AvoidFieldNameMatchingTypeName 룰과 메서드명과 같은 변수명을 진단하기 위한 AvoidField
NameMatchingMethodName 룰, 제네릭 변수명을 진단하기 위한 GenericsNaming 룰을 제공한
다. 하지만 아쉽게도 자료형을 변수명으로 사용하는 실수는 PMD가 검출하지 못하므로 특히 더욱 조심
해야 한다. 그림 2.7.1은 PMD 룰로 잘못된 변수명을 진단한 결과다.

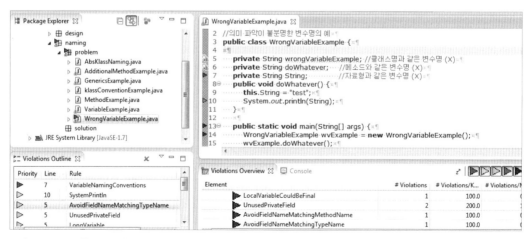

그림 2.7.1 PMD 룰로 진단한 잘못된 변수명

해결 방안

이처럼 변수명 사용을 제한한 가장 큰 이유는 명확한 변수명을 사용하도록 유도함으로써 불필요한 시간 낭비를 방지하고 가독성을 높이는 데 있다. 이를 위해 다음과 같은 사항을 준수해야 한다.

- 클래스명과 동일하거나 비슷한 변수명은 사용하지 않는다.
- 메서드명과 같은 변수명은 사용하지 않는다.
- 자료형과 같은 변수명은 사용하지 않는다.
- 제네릭 변수명은 한 글자로 된 대문자다.

올바른 변수명을 사용하려면 예제 2.6.2의 설명을 참고한다. 예제 2.7.3은 올바른 변수명을 사용하는 예 이며, 2.7.4는 제네릭 변수명을 사용하는 예다.

예제 2.7.3 올바른 변수명의 예

```
package com.software.naming.solution;

public class WrongVariableExample {
    //private String wrongVariableExample;   // 클래스명과 같은 변수명은 사용하지 않는다
    //private String doWhatever;              // 메서드와 같은 변수명은 사용하지 않는다.
    //private String string;                  // 자료형과 같은 변수명은 사용하지 않는다.
    private String name;
    public void doWhatever() {
        this.name = "test";
        System.out.println(name);
    }

    public static void main(String[] args) {
        WrongVariableExample wvExample = new WrongVariableExample();
        wvExample.doWhatever();
    }
}
```

```
package com.software.naming.solution;

public class GenericsExample<T> {

    private T t;

    public T get(){
        return this.t;
    }

    public void set(T value){
        this.t = value;
    }

    public static void main(String args[]){
        GenericsExample<String> type = new GenericsExample<>();
        type.set("test"); // 허용

        GenericsExample type1 = new GenericsExample(); // 타입을 지정하지 않은 경우
        type1.set("Pankaj"); // 허용
        type1.set(10);  // 오토박싱 지원

        System.out.println(type1.get());
    }
}
```

2-8 상수 명명 규칙

상수는 소프트웨어 내에서 사용 범위가 넓고 변경 가능성이 매우 낮은 중요 설정 값을 저장하는 용도로 주로 사용된다. 예를 들어 int의 최댓값인 MAX_INT와 객체를 구분하는 유일 값인 serialVersionUID 와 같이 고정된 유일한 값을 주로 상수로 사용할 수 있다. 하지만 잘못된 상수 사용은 불필요한 객체 간의 결합도를 높이고 보안상 치명적인 결함으로 작용할 수 있으므로 소프트웨어의 품질을 높이기 위해서는 상수의 무분별하게 사용하는 습관을 자제하는 것이 좋다. 1.13절, "잘못 하드코딩된 IP는 위험하다" 에서 설명한 것과 같이 데이터베이스의 IP, ID 그리고 password 또는 암호화에 사용된 password 등을 상수로 소스코드 상에 하드코딩하는 것은 매우 위험한 방식이다. 이런 소스코드가 외부로 유출된다면 디컴파일링을 통하여 매우 손쉽게 노출될 수 있기 때문이다. 공통 코드와 같이 변경되지 않는 설정 값을 상수로 사용하는 것 또한 그리 좋은 방법은 아니다. 한 카드사의 쇼핑몰을 예로 들어 설명하면, 이 쇼핑몰에서는 업무 단위의 공통 코드가 차후 변경되지 않으며 빈번히 호출될 것으로 예측하여, 각 비즈니스 레이어의 클래스에 상수로 담겨 있었다. 즉 주문과 관련된 공통 코드는 OrderBiz라는 클래스에 모두 상수로 등록돼 있으며, 주문 관련 코드를 사용하는 클래스는 이 OrderBiz 클래스를 참조하여 사용하는 구조였다. 초기의 분석 설계 단계에서는 이런 업무 단위의 구분의 명확할 것으로 추측했지만 안타깝게도 프로젝트가 진행될수록 이런 예측과는 정반대로 주문 업무는 정산, 통계 그리고 회원 등의 업무와 연계되면서 수많은 연관 클래스가 이 하나의 클래스를 바라보게 됐고, 객체 간의 결합도는 끝없이 상승했으며, OrderBiz라는 클래스에서 단 몇 줄을 수정하려고 해도 이와 연관된 모든 클래스를 확인해야 하는 상황까지 발생했다. 따라서 상수를 사용할 때는 언제나 그 필요성을 재차 확인하고 사용해야만 한다. 예제 2.8.1은 잘못된 상수명의 예다.

예제 2.8.1 잘못된 상수명의 예

```
package com.software.naming.problem;

public class WrongConstantExample {
    private static final String name      = "name"; // 상수명에 소문자 사용(X)
    private static final String USERnAME  = "name"; // 잘못된 단어 간 구분 (X)
    private static final String U$ER_NAME = "name"; // 달러 기호($) 사용(X)
    private String USER_NAME = "name";  // 클래스 멤버 변수에 상수명을 사용(X)
}
```

문제점 진단

올바른 상수명의 사용을 권고하기 위해 PMD에서는 SuspiciousConstantFieldName 룰을 제공하지만 정확하게 모든 잘못된 상수명을 이 룰로 진단하지는 못한다. 다만 상수를 변수명으로 잘못 등록한 것은 VariableNamingConventions 룰로 진단되며 일반 변수의 명칭을 상수 명명 규칙에 따라 생성한 경우만 SuspiciousConstantFieldName 룰로 진단된다. 이 룰로 진단한 화면은 그림 2.8.1과 같다.

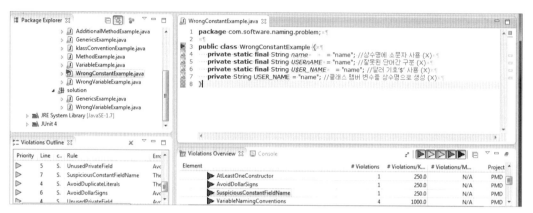

그림 2.8.1 잘못된 상수명을 진단한 결과

해결 방안

올바른 상수 명명 규칙의 사용은 변수와 상수를 구분하기 쉽게 해서 개발자가 변수와 상수의 용도를 오인해서 생기는 오류를 미리 방지할 수 있다. 그러므로 다음의 상수 명명 규칙을 준수해 상수명을 정하는 것이 좋다.

- 상수명은 모두 대문자와 밑줄(_)로 구성한다.
- 상수명에는 달러 기호($) 등의 특수 문자를 사용할 수 없다.
- 상수명 또한, 공통 사전을 만들어 상수명의 일관성을 유지해야 한다.

예제 2.8.2는 위의 사항을 적용해 예제 2.8.1의 문제점을 수정한 올바른 상수명의 예다.

예제 2.8.2 올바른 상수명의 예

```
package com.software.naming.solution;

public class WrongConstantExample {
    private static final String NAME = "name"; // 올바른 상수 명명 규칙
    private static final String USER_NAME = "name"; // 올바른 상수 명명 규칙
}
```

헝가리안 표기법은 마이크로소프트의 헝가리인 개발자가 사용한 변수 표기법으로서, 모든 변수명의 접두사로 변수의 자료형을 붙여서 변수의 시인성을 높여주는 표기법이다. 예제 2.9.1과 같이 int 형 변수에는 접두사로 n을, float 형 변수에는 접두사로 f를 붙이는 식으로 nValue, fValue 또는 n_value, f_value와 같은 변수명으로 변수의 자료형을 유추할 수 있게 도와주는 표기법이다.

예제 2.9.1 일반적인 헝가리안 표기법의 예

```
package com.software.naming.problem;

public class HungarianNotationExample {
    private String m_strValue;    // 헝가리안 표기법을 따른 클래스 멤버 변수
    public static void main(String[] args) {
        int nValue;         // 헝가리안 표기법을 따른 변수
        float fValue;     // 헝가리안 표기법을 따른 변수
    }
}
```

현재는 마이크로소프트의 내부 코딩 가이드라인에서도 헝가리안 표기법을 사용하지 않도록 권고하고 있다. 가장 큰 이유로는 가독성을 높이는 것이 목적인 헝가리안 표기법이 모순되게도 변수의 가독성을 저해한다는 의견이 더 많이 제시됐기 때문이다. 예제 2.9.2의 m_nLength라는 변수명에서 m_은 클래스의 멤버 변수라는 의미이며, n은 int 형 변수, 그리고 length가 실제 변수명이지만 사실상 length라는 변수명과 변수의 위치로 이런 의미를 전부 파악할 수 있으며, n과 m_은 의미상 중복된 접두사다. 또한 strName에서 str은 String 자료형을 의미하며, name이 실제 변수명인데 name은 그 자체로 String 형임을 의미하므로 이 또한 의미상 중복으로 여겨질 수 있다. 그러므로 헝가리안 표기법이 원래의 목적과는 반대로 가독성을 저해하는 문제가 발생해서 현재는 사용을 자제하고 있다.

예제 2.9.2 헝가리안 표기법의 문제점

```
package com.software.naming.problem;

public class HungarianProblemExample {
    private int m_nLength;            // 의미가 중복된 변수명
    public static void main(String[] args) {
        String strName;               // 의미가 중복된 변수명
    }
}
```

괄호 규칙

모든 언어마다 각기 다른 괄호 규칙을 사용하지만 기본적으로 괄호를 사용하는 목적은 코드를 구역별로 구분해서 가독성을 향상시키기 위해서다. 초기 C 언어의 괄호 규칙은 ANSI 스타일로 잘못 알려진 올맨 (Allman) 스타일(에릭 올맨(Eric Allman)의 이름을 따서 만든)을 기준으로 했다. 예제 3.1에서는 올맨 스타일을 확인할 수 있는데, 제어문 바로 아랫줄에 괄호를 열고 괄호 안에 포함되는 소스코드는 들여쓰기로 구분하고 마지막으로 열린 괄호와 같은 수준에서 괄호를 닫는 것으로 마무리한다.

예제 3.1 올맨 스타일의 괄호 규칙

```
package com.software.braces;

public class AllManStyleExample
{
    private void AllManStyleExample(int x, int y)
    {
        while (x == y)
        {
            something();
            somethingelse();
        }

        finalthing();
    }
}
```

이후 브라이언 커니핸(Brian Kernighan)과 데니스 리치(Denis Ritchie)가 쓴 『The C Programming Language』에서 사용한 K&R 스타일 또는 BSD(Berkley Software Distribution) 스타일이 C 프로그래밍의 기준으로 자리 잡았고, 다른 여러 언어에서 이 괄호 규칙을 채택했다. BSD 스타일은 올맨 스타일과 같이 모든 괄호를 제어문 다음 줄에서 시작한다. 하지만 K&R 스타일은 제어문 바로 다음에 괄호를 열어서 불필요한 공간을 줄이고 가독성을 높이지만 네임스페이스, 클래스, 구조체 그리고 함수에서는 올맨 스타일을 그대로 따라서 통일성에서 문제점이 있다.

BSD 스타일	K&R 스타일

`while (x == y)`
`{`
`    something();`
`    somethingelse();`
`}`
	`while (x == y) {`
	`    something();`
	`    somethingelse();`
	`}`

또한 else 절에 한 줄의 코드만 있으면 괄호를 생략할 수 있지만 이 또한 코드 일관성 면에서 문제가 있다. 예제 3.2는 K&R 스타일의 괄호 규칙이다.

예제 3.2 K&R 스타일의 괄호 규칙

```
package com.software.braces;

public class KnRStyleExample
{
    public KnRStyleExample(boolean status, int x, int y)
    {
        // 메서드 내의 모든 괄호는 제어문과 같은 줄에 위치한다.
        while (x == y) {
            something();
            somethingelse();

            if (status) {
                do_correct();
            } else
                continue_as_usual(); // else가 한 줄의 코드만 포함하면 괄호를 생략할 수 있다.
        }

        finalthing();

    }
}
```

썬 마이크로시스템즈에서는 초기 자바의 괄호 규칙으로 K&R 스타일을 선택했지만, 이후 자바 API의 많은 소스코드가 1TBS(the one true brace style)를 기준으로 작성되어 현재는 자바와 액션스크립트, 그리고 자바스크립트가 이 스타일을 기준으로 코드를 작성한다. 1TBS의 특징은 예제 3.3과 같이 모든 괄호는 시작 문장과 같은 줄에 있어야 하고, 제어문에 포함되는 코드가 단 한 줄이라도 괄호로 묶어야 한다고 정의할 수 있다. 이는 불필요한 공백을 삭제하고, 코드의 구역을 명확하게 구분할 수 있으므로 가독성 관점에서 매우 유용한 방식이다. 이 장에서는 제어문별 괄호 사용법을 설명하겠다.

```
package com.software.braces;

public class OTBSExample {

    public OTBSExample(boolean status, int x, int y) {
        // 메서드 내의 모든 괄호는 제어문과 같은 줄에 위치한다.
        while (x == y) {
            something();
            somethingelse();

            if (status) {
                do_correct();
            } else {
                // else에 코드가 한 줄만 있더라도 무조건  괄호를 사용한다.
                continue_as_usual();
            }
        }
        finalthing();
    }
}
```

3-1 if 문 괄호 규칙

조건문 내에 코드가 많을 경우 대부분의 개발자가 괄호 규칙을 잘 준수해서 작성하지만, 조건문에 코드가 단 한 줄만 있는 경우에는 자주 괄호를 무시하는 경향이 있다. 예제 3.1.1은 1TBS를 벗어나는 조건문의 예다.

예제 3.1.1 잘못된 조건문의 예

```
package com.software.braces;

public class IfExample {

    public static void main(String[] args) {

        int size = 0;

        if(size != 0)
            size++;
        size++;

        if(size < 2) {
            size++;
        } else
            size++;
        size++;
    }
}
```

예제 3.1.1과 같이 괄호를 사용하지 않는 조건문은 이후 이어지는 코드와 명확하게 구분되지 않으므로 소스코드가 복잡할 경우 이런 습관은 매우 혼란스러운 방식이며, 소스코드의 의미와 흐름을 파악하기 어렵게 만든다.

문제점 진단

PMD에서는 잘못된 조건문의 괄호 규칙을 진단하기 위해 if 문을 진단하는 IfStmtsMustUseBraces 룰과 if-else 문을 진단하는 IfElseStmtsMustUseBraces 룰을 제공해 올바른 괄호 규칙을 따르도록 권고한다. 그림 3.1.1은 PMD로 조건문의 잘못된 괄호 규칙을 진단한 결과다.

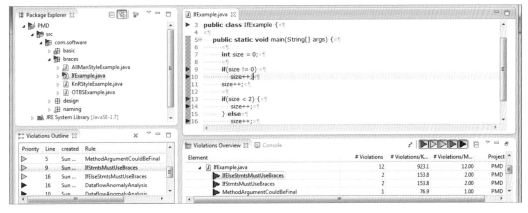

그림 3.1.1 조건문의 잘못된 괄호 규칙을 진단한 결과

해결 방안

조건문의 괄호 규칙은 1TBS를 기준으로 모든 조건문에는 코드가 단 한 줄만 있어도 괄호로 구역을 확실하게 구분하는 것이다. 예제 3.1.2는 조건문의 올바른 괄호 규칙을 적용한 예다.

예제 3.1.2 조건문의 올바른 괄호 규칙

```
package com.software.braces.solution;

public class IfExample {

    public static void main(String[] args) {

        int size = 0;
        // 단 한 줄의 코드라도 괄호로 처리한다.
        if(size != 0) {
            size++;
        }
        size++;

        if(size < 2) {
            size++;
        // 단 한 줄의 코드라도 괄호로 처리한다.
        } else {
            size++;
        }
        size++;

    }
}
```

for와 while 문의 괄호 규칙

앞서 설명한 바와 같이 반복문의 괄호 또한 가독성을 위해 1TBS를 기준으로 작성해야 하지만 반복문에 코드가 단 한 줄만 있을 경우 빈번히 괄호가 무시된다. 이는 소스코드가 복잡할 경우 코드의 구역을 제대로 구분하기 어렵게 만든다. 예제 3.2.1은 반복문의 괄호를 잘못 사용하는 예다.

예제 3.2.1 반복문의 잘못된 괄호 규칙

```
package com.software.braces.problem;

public class LoopExample {

    public static void main(String[] args) {
        int size =0;
        for(int i = 0; i < 10; i++)
            size++;

        while(size < 20)
            size++;
    }
}
```

문제점 진단

PMD에서는 반복문의 괄호 규칙을 진단하기 위해 for 문의 괄호에 대한 ForLoopsMustUseBraces 룰과 while 문에 대한 WhileLoopsMustUseBraces 룰을 제공함으로써 반복문의 잘못된 괄호 사용을 진단하고 올바른 괄호 사용을 권고한다. 그림 3.2.1은 PMD로 반복문의 잘못된 괄호 사용을 진단한 결과다.

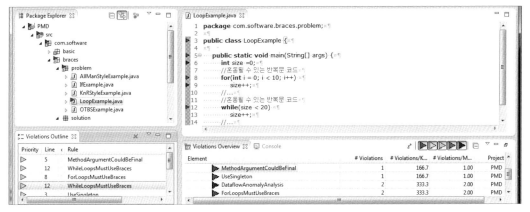

그림 3.2.1 반복문의 잘못된 괄호 사용을 진단한 결과

해결 방안

반복문의 괄호 규칙도 마찬가지로 코드가 단 한 줄이라도 1TBS를 기준으로 작성해야 하며, 이는 코드의 가독성을 보장하는 가장 쉬운 방법이다. 예제 3.2.2는 올바른 반복문 괄호 규칙의 예다.

예제 3.2.2 반복문의 올바른 괄호 규칙

```
package com.software.braces.solution;

public class LoopExample {

    public static void main(String[] args) {

        int size =0;

        for(int i = 0; i < 10; i++) {
            size++;
        }
        //...

        while(size < 20) {
            size++;
        }
        //...

    }
}
```

올바른
문자열 처리

소프트웨어 개발에서 가장 자주 사용하면서도 빈번히 문제를 일으키는 요소 가운데 하나가 바로 문자열(String)이다. 초기의 프로그래밍 언어에 비해 자바의 문자열은 사용하기가 용이하고 여러 유용한 기능을 제공하지만 그와 비례해 많은 수의 개발자가 잘못된 방식으로 문자열을 처리함으로써 전체적인 소프트웨어의 성능과 품질을 떨어트리고 있다. 예를 들어, 문자열을 조합할 때 유용하게 활용할 수 있는 StringBuffer나 StringBuilder 클래스가 있는데도 여전히 대량의 문자열을 조합할 때 + 연산자를 이용해 단순 결합한다거나, 대소문자가 포함된 문자열을 비교하기 위해 불필요하게 toUpperCase 메서드나 toLowerCase 메서드를 호출한 이후에 equals 메서드를 호출하는 개발자도 많다. 그러므로 이 장에서는 문자열을 더욱더 효율적으로 처리하는 방안을 설명한다.

TIP

문자열을 결합하는 데 걸리는 시간 비교

연산자를 이용한 문자열 결합

```java
package com.software.braces.problem;

public class StringExample {
    public static void main(String[] args) {
        String text = "0123456789";
        String result = "";
        // 시작 시간
        long startTime = System.currentTimeMillis();

        for(int i=0; i < 100000; i++) {
            result += text;
        }
        // 종료 시간
        long endTime = System.currentTimeMillis();

        // 시간 출력
        System.out.println("##  실행시간(초.0f) : " + ( endTime - startTime )/1000.0f +"초");
    }
}
```

실행 결과

실행시간(초.0f) : 35.504초

StringBuffer는 분명 위 예제와 같이 + 연산자보다 10배 많은 연산을 했지만 비교할 수 없을 정도로 빠르다. 하지만 String-Buffer는 자바 초기에 추가되어 동기화를 지원하는 객체이므로 비동기화된 StringBuilder보다는 스레드 동기화가 필요한 상황이 아니면 다소 비효율적이다.

연산자를 이용한 문자열 결합

```
package com.software.braces.problem;

public class StringBufferExample {
    public static void main(String[] args) {
        String text = "0123456789";
        StringBuffer result = new StringBuffer(10000000);

        // 시작 시간
        long startTime = System.currentTimeMillis();

        // + 연산자보다 10배 많은 연산
        for(int i=0; i < 1000000; i++) {
            result.append(text);
        }
        // 종료 시간
        long endTime = System.currentTimeMillis();

        // 시간 출력
        System.out.println("##  실행시간(초.0f) : " + ( endTime - startTime )/1000.0f +"초");
    }
}
```

실행 결과

실행시간(초.0f) : 0.039초

StringBuilder를 이용한 문자열 결합

```
package com.software.braces.problem;

public class StringBuilderExample {
    public static void main(String[] args) {
        String text = "0123456789";
        StringBuilder result = new StringBuilder(10000000);
```

```
// 시작 시간
long startTime = System.currentTimeMillis();

// + 연산자보다 10배 많은 연산
for(int i=0; i < 1000000; i++) {
    result.append(text);
}

// 종료 시간
long endTime = System.currentTimeMillis();

// 시간 출력
System.out.println("##  실행시간(초.0f) : " + ( endTime - startTime )/1000.0f +"초");
    }
}
```

실행 결과

실행시간(초.0f) : 0.019초

StringBuilder는 자바 1.5부터 추가된 클래스로, StringBuffer와 같은 기능을 제공하지만 비동기화 객체라서 일반적인 상황에서 StringBuffer보다 빠르게 동작한다.

문자열을 사용할 때 많은 개발자가 귀찮아하고 자주 무시하는 부분이 바로 중복된 문자열을 계속해서 사용하는 것이다. 대부분의 개발자는 별 의미 없이 중복된 문자열을 사용하지만, 이는 치명적인 오류를 만들어낼 수 있다. 예를 들어, 보통 사용자 관리를 위해 로그인, 로그아웃, 회원가입 등의 기능이 유기적으로 연결돼 있는데, 예제 4.1.1과 같이 사용자의 권한 유형 정보를 각 메서드마다 문자열로 관리한다면 단순히 권한 유형을 추가하거나 수정하기 위해 중복된 모든 문자열을 수정해야 한다면 수정 시 단순한 실수로도 심각한 오류가 발생할 가능성이 높다.

예제 4.1.1 중복된 문자열을 사용하는 잘못된 코딩 습관의 예

```java
package com.software.string.problem;

public class DuplicatedLiteralsExample {

    private String userId;
    private String password;
    private String role;

    public String getRoleName(String role) {
        if("R01".equals(role)) {
            return "관리자";
        } else if("R02".equals(role)) {
            return "사용자";
        } else {
            return "미등록";
        }
    }

    public boolean changeRole(String role) {
        boolean result;
        if("R01".equals(role) && "R02".equals(role)) {
            result = false;
        } else {
            this.role = role;
            result = true;
        }
```

```
            return result;
    }

    public void createUser(String userId, String password) {
        if("admin".equals(userId)) {
            this.role = "R01";
        } else {
            this.role = "R02";
        }
        this.userId = userId;
        this.password = password;
    }

    public boolean updateUser(String userId, String password, String role) {
        boolean result;
        if("R01".equals(role) && "R02".equals(role)) {
            result = false;
        } else {
            this.userId = userId;
            this.password = password;
            this.role = role;
            result = true;
        }
        return result;
    }
}
```

문제점 진단

PMD에서는 기본적으로 4번 이상 반복된 문자열을 중복된 문자열로 진단하고 개발자에게 수정하도록 권고하기 위해 AvoidDuplicateLiterals 룰을 제공한다. 하지만 최근 애노테이션(Annotation) 기반의 스프링 프레임워크 같은 프레임워크가 주류를 이루는 상황에서 애노테이션에 사용된 문자열도 변수의 문자열로 인식해 오진하는 문제가 있긴 하지만 이는 AvoidDuplicateLiterals 룰의 옵션에서 skipAnnotation을 지정해 해결할 수 있으며, 최대 허용 중복 문자열의 개수는 maxDuplicateLiterals 옵션을 이용해 수정할 수 있다. 그림 4.1.1은 중복된 문자열을 진단한 결과다.

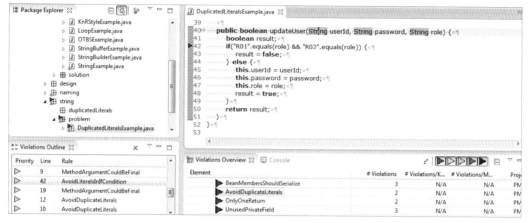

그림 4.1.1 AvoidDuplicateLiterals 룰로 중복된 문자열을 진단한 결과

해결 방안

소수의 중복된 문자열은 소스코드 상에서 그리 큰 문제를 일으키지 않을 수도 있지만 소스코드가 복잡한 경우에는 중복된 문자열을 쉽게 발견하기 어렵기에 치명적인 문제가 발생할 가능성이 높다. 그러므로 자주 사용되거나 중요 문자열은 하나의 상수로 정의해서 관리하는 편이 더욱더 효율적이다. 예제 4.1.2는 중복된 문자열을 상수로 정의한 예다.

예제 4.1.2 중복된 문자열을 상수로 정의한 예

```java
package com.software.string.solution;

public class DuplicatedLiteralsExample {

    private String userId;
    private String password;
    private String role;

    private static final String ROLE_ADMIN = "R01";
    private static final String ROLE_USER = "R02";

    public String getRoleName(String role) {
        if(ROLE_ADMIN.equals(role)) {
            return "관리자";
        } else if(ROLE_USER.equals(role)) {
            return "사용자";
```

```java
        } else {
            return "미등록";
        }
    }

    public boolean changeRole(String role) {
        boolean result;
        if(ROLE_ADMIN.equals(role) || ROLE_USER.equals(role)) {
            result = false;
        } else {
            this.role = role;
            result = true;
        }
        return result;
    }

    public void createUser(String userId, String password) {
        if("admin".equals(userId)) {
            this.role = ROLE_ADMIN;
        } else {
            this.role = ROLE_USER;
        }
        this.userId = userId;
        this.password = password;
    }

    public boolean updateUser(String userId, String password, String role) {
        boolean result;
        if(ROLE_ADMIN.equals(role) || OLE_USER.equals(role)) {
            result = false;
        } else {
            this.userId = userId;
            this.password = password;
            this.role = role;
            result = true;
        }
        return result;
    }
}
```

4-2 올바른 문자열 객체 사용법

문자열을 사용할 때 잘못된 코딩 습관으로 종종 불필요한 인스턴스를 생성할 때가 있다. 예제 4.2.1에서 보다시피 단순히 큰따옴표("")로 문자열을 생성하는 것이 아니라 불필요하게 문자열을 인스턴스화하거나 문자열에서 toString 메서드를 호출하거나 불필요한 valueOf 메서드의 사용하는 것 등이 있다.

예제 4.2.1 잘못된 String 객체 사용

```
package com.software.string.problem;

public class WrongStringExample {
    public static void main(String[] args) {
        // 불필요한 인스턴스화
        String value = new String("test");
        // 불필요한 toString 메서드 사용
        String value2 = value.toString();
        // 문자열에 숫자를 결합할 때 불필요한 valueOf 메서드를 사용
        String calValue = "1 + 1 = " + String.valueOf(2);
    }
}
```

문제점 진단

잘못된 문자열 객체 사용을 방지하기 위해 PMD에서는 불필요한 문자열 인스턴스화를 진단하기 위한 StringInstantiation 룰과 불필요한 toString 메서드 호출을 제한하기 위한 StringToString 룰, 그리고 불필요하게 문자열로 형변환하는 valueOf 메서드의 사용을 제한하기 위한 UselessStringValueOf 룰을 제공한다. 그림 4.2.1은 이처럼 잘못된 문자열 객체의 사용을 진단한 결과다.

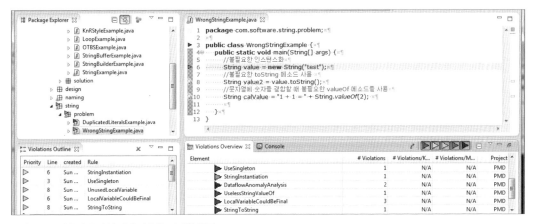

그림 4.2.1 잘못된 문자열 객체 사용을 진단한 화면

해결 방안

문자열은 박스화 기본 자료형이기 때문에 일반 객체를 생성하는 것처럼 new String()을 이용해 생성할 필요 없이 큰따옴표를 이용해 생성할 수 있다. 단 예제 4.2.2와 같이 현재 사용하고 있는 문자열의 인코딩을 다른 인코딩으로 바꿔야 할 때는 new String을 사용할 수 있다.

예제 4.2.2 new String을 이용해 문자열의 인코딩을 지정

```
String utfValue = new String("안녕하세요", "UTF-8");
String eucValue = new String("안녕하세요", "EUC-KR");
```

또한 문자열이 문자열을 반환하도록 toString 메서드를 사용하는 것은 문자열 자신을 다시 호출하는 무의미한 절차이므로 사용하지 않는다. 마지막으로 valueOf 메서드는 매우 유용한 기능이지만 문자열에 int, float과 같은 숫자값을 덧붙일 때는 자동으로 문자열로 형변환되기 때문에 valueOf 메서드를 호출하는 것은 무의미하다. 예제 4.2.2는 문자열 객체를 올바르게 사용하는 예다.

예제 4.2.3 올바른 문자열 객체 사용법

```
package com.software.string.solution;

public class WrongStringExample {
    public static void main(String[] args) {
        // 큰따옴표를 이용한 문자열 생성
        String value = "test";
        // 문자열에 숫자를 결합하는 올바른 방법
        String calValue = "1 + 1 = " + 2;
    }
}
```

4-3 비효율적인 StringBuffer/StringBuilder 사용

StringBuffer 또는 StringBuilder를 사용하는 목적 중 하나는 문자열을 결합할 때 + 연산자를 사용하지 않음으로써 불필요한 인스턴스의 생성을 방지하는 것이다. 하지만 예제 4.3.1과 같이 잘못된 방식으로 객체를 생성하거나 append 메서드 안에서 + 연산자를 사용하면 이런 장점이 무의미해진다.

예제 4.3.1 StringBuffer와 StringBuilder의 비효율적인 사용법

```
package com.software.string.problem;

public class WrongStringBufferExample {

    public static void main(String[] args) {
        StringBuffer testBuffer = new StringBuffer("String" + System.getProperty("java.
io.tmpdir"));
        testBuffer.append("String" + "Buffer");
        StringBuilder testBuilder = new StringBuilder("String" + System.getProperty("java.
io.tmpdir"));
        testBuilder.append("String" + "Builder");
    }
}
```

문제점 진단

불필요한 인스턴스를 생성하는 StringBuffer와 StringBuilder의 잘못된 사용법을 진단하기 위해 PMD에서는 InefficientStringBuffering 룰을 제공한다. 그림 4.3.1는 이 룰을 이용해 StringBuffer와 StringBuilder의 잘못된 사용을 진단한 결과다.

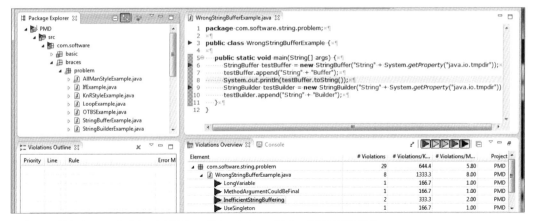

그림 4.3.1 잘못된 append 메서드의 사용을 InefficientStringBuffering 룰로 진단한 결과

해결 방안

앞서 이 절의 서두에서 설명한 바와 같이 StringBuffer나 StringBuilder를 사용하는 주된 목적은 + 연산자를 사용하지 않고 효율적으로 문자열 처리하는 데 있다. 하지만 생성자와 append 메서드의 전달인자에 + 연산자를 사용한다면 불필요한 인스턴스가 생성되고 실행 속도 또한 저하되어 이러한 객체를 사용하는 이유가 무의미해진다. 따라서 추가해야 하는 값이 있을 때는 +가 아닌 예제 4.3.2와 같이 append 메서드를 적극적으로 활용해야 한다.

예제 4.3.2 올바른 StringBuffer/StringBuilder 사용법

```
package com.software.string.solution;

public class WrongStringBufferExample {

    public static void main(String[] args) {
        StringBuffer testBuffer = new StringBuffer("String");
        testBuffer.append(System.getProperty("java.io.tmpdir"));
        testBuffer.append("String");
        testBuffer.append("Buffer");
        StringBuilder testBuilder = new StringBuilder("String");
        testBuilder.append(System.getProperty("java.io.tmpdir"));
        testBuilder.append("String");
        testBuilder.append("Builder");
    }
}
```

대소문자가 포함된 두 문자열이 같은지 비교할 때 흔히 쓰는 방법은 예제 4.4.1과 같이 비교 대상 문자열을 toUpperCase나 toLowerCase 메서드를 이용해 대문자나 소문자로 변경한 후 equlas 메서드를 사용해서 두 문자열이 같은지 비교하는 것이다. 하지만 이런 방식은 그리 유용한 방식은 아니다.

사실 toUpperCase와 toLowerCase 메서드는 문자열을 대문자 또는 소문자 문자열로 변환할 때 각 문자를 변경하기 위해 메서드 내부에서 임시 char 배열과 같은 인스턴스를 생성한다. 따라서 개발자가 단순히 대소문자 구분 없이 문자열을 비교하기 위해 toUpperCase/toLowerCase 메서드를 사용할 때마다 그만큼의 임시 인스턴스가 생성되어 메모리 낭비가 발생한다. 이는 시스템의 규모가 작은 경우에는 그리 큰 문제로 번지지 않지만 대규모 시스템에서는 메모리가 낭비될 여지를 준다. 예제 4.4.1에서 보다시피 문자열 비교라는 하나의 기능을 수행하기 위해 복합적인 메서드를 사용해야 하므로 코드의 길이가 길어져 가독성 측면에서도 좋지 않다. 이런 방식의 복잡한 코드는 개발자의 실수를 유발할 가능성이 높다.

예제 4.4.1 toUpperCase 또는 toLowerCase 메서드를 이용한 문자열 비교

```
package com.software.string.problem;

public class WrongCaseCompareExample {

    public static void main(String[] args) {
        String value1 = "abcDEF";

        String value2 = "ABCdef";

        // 모든 글자를 대문자로 변환한 후 비교
        if(value1.toUpperCase().equals(value2.toUpperCase())) {
            System.out.println("value1 & value2는 같다");
        } else {
            System.out.println("value1 & value2는 다르다");
        }

        // 모든 글자를 소문자로 변환한 후 비교
        if(value1.toLowerCase().equals(value2.toLowerCase())) {
            System.out.println("value1 & value2는 같다");
```

```
        } else {
            System.out.println("value1 & value2는 다르다");
        }
    }
}
```

문제점 진단

PMD에서는 두 문자열이 동일한지 비교할 때 toUpperCase/toLowerCase 메서드로 호출함으로써 불필요한 대소문자 변환이 발생하는 문제를 방지하기 위해 UnnecessaryCaseChange 룰을 제공해 개발자에게 소스코드를 수정하기를 권고한다. 그림 4.4.1은 UnnecessaryCaseChange 룰로 잘못된 문자열 비교를 진단한 결과다.

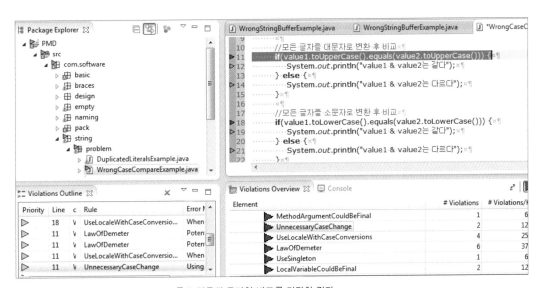

그림 4.4.1 UnnecessaryCaseChange 룰로 잘못된 문자열 비교를 진단한 결과

해결 방안

자바에서는 이처럼 대소문자가 포함된 문자열 비교를 위해 대소문자의 구분 없이 문자열의 동일성을 확인할 수 있는 equalsIgnoreCase를 String 객체의 기본 메서드로 제공한다. 실제 이 메서드의 내부 구현에서는 문자열을 toLowerCase를 변경해서 비교하지만 불필요한 인스턴스는 생성되지 않으며, 성능상 약간 더 빠르다. 또한 메서드명에 정확한 의미가 부여돼 있어 가독성 측면에서도 더 나은 방법이다. 예제 2.4.2는 올바른 문자열 비교 방법이다.

예제 4.4.2 올바른 문자열 비교 방법

```java
package com.software.string.solution;

public class WrongCaseCompareExample {

    public static void main(String[] args) {
        String value1 = "abcDEF";

        String value2 = "ABCdef";

        if(value1.equalsIgnoreCase(value2)) {
            System.out.println("value1 & value2는 같다");
        } else {
            System.out.println("value1 & value2는 다르다");
        }
    }
}
```

StringBuffer와 StringBuilder는 다양한 형태의 생성자를 제공하며, 이를 통해 개발자는 원하는 형태의 인스턴스를 간편하게 생성할 수 있다. 하지만 때로는 이처럼 다양한 생성자가 혼란을 일으키기도 한다. 대표적인 예가 예제 4.5.1과 같이 인스턴스를 초기화할 때 잘못된 길이를 설정하거나 char 형의 인자를 사용하는 것이다.

예제 4.5.1 잘못된 StringBuffer/StringBuilder 초기화의 예

```java
package com.software.string.problem;

public class WrongStringBuilderExample {

    public static void main(String[] args) {
        // StringBuilder의 최적화를 위해 StringBuilder의 길이를 설정할 수 있지만
        // 잘못된 길이, 즉 문자열의 길이보다 짧은 길이를 설명하면
        // 오히려 StringBuilder의 성능이 저하된다.
        StringBuilder builderWithWrongSize = new StringBuilder(10);
        StringBuffer bufferWithWrongSize = new StringBuffer(10);

        // 이렇게 원래 예상한 StringBuilder/StringBuffer의 길이보다 더 긴 문자열이 입력되면
        // 내부 문자열 길이를 변경하는 작업이 빈번하게 발생한다.
        String tempStr = "0123456789";
        for(int i=0; i < 10; i++) {
            builderWithWrongSize.append(tempStr);
            bufferWithWrongSize.append(tempStr);
        }

        // StringBuilder의 값을 문자 a로 설정해 등록하려는 목적으로
        // char 형의 문자를 입력하면 StringBuilder는 이 문자를 ASCII 코드 값으로
        // 변경해 StringBuilder의 길이로 설정한다.
        // 즉, a는 ASCII 코드 값으로 97이므로
        // StringBuilder builder = new StringBuilder(97);과 동일하다.
        StringBuilder builderWithCase = new StringBuilder('a');
        StringBuffer bufferWithCase = new StringBuffer('a');
    }
}
```

예제 4.5.1과 같이 입력될 문자열의 길이보다 짧은 길이로 생성된 인스턴스는 초기에 설정된 길이보다 짧은 문자열이 입력될 때는 문제가 없지만 설정된 길이를 넘어서는 순간부터 계속 내부 문자열의 길이를 변경하는 작업이 빈번하게 발생한다.

즉, StringBuffer나 StringBuilder 객체를 초기화할 때 생성자의 인자로 char 자료형을 전달하면 개발자의 의도와 달리 한 글자가 등록된 인스턴스가 생성되는 것이 아니라 char 자료형의 인자를 자동으로 int 형으로 받아들여 객체가 생성된다. 그러므로 char 인자의 값이 담긴 인스턴스가 아닌 char 인자의 값에 해당하는 ASCII 코드의 값을 문자열의 길이로 설정한 객체가 만들어진다. 가령, 'a'를 인자로 전달하면 97로 변환되어 문자열의 길이가 97인 인스턴스가 생성된다.

문제점 진단

StringBuffer 또는 StringBuilder의 잘못된 생성자 사용을 진단하기 위해 PMD에서는 잘못된 길이를 진단하는 InsufficientStringBufferDeclaration 룰과 생성자의 인자로 char 자료형을 전달하지 못하도록 제한하는 AppendCharacterWithChar 룰을 제공한다. 그림 4.5.1은 이러한 룰로 잘못된 생성자 사용을 진단한 결과다.

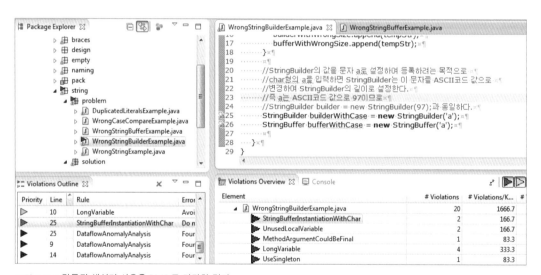

그림 4.5.1 잘못된 생성자 사용을 PMD로 진단한 결과

해결 방안

이 문제를 해결하려면 부적절한 길이는 최소한 예상 문자열의 길이를 고려해 적절한 값으로 변경해야 한다. char 값으로 인스턴스를 초기화하는 방식은 오인할 수 있으므로 사용을 자제해야 하며, char 값이 담긴 인스턴스를 생성하고 싶다면 String 형의 인자를 사용한다. 예제 4.5.2는 인스턴스를 올바르게 생성하는 예다.

예제 4.5.2 올바른 StringBuffer와 StringBuilder 객체의 생성자 사용

```
package com.software.string.solution;

public class WrongStringBuilderExample {

    public static void main(String[] args) {

        // StringBuffer/StringBuilder의 길이는 필요한 만큼 충분히 설정하는 것이 좋다.
        StringBuilder builderWithSize = new StringBuilder(100);
        StringBuffer bufferWithSize = new StringBuffer(100);

        String tempStr = "0123456789";

        for(int i=0; i < 10; i++) {
            builderWithSize.append(tempStr);
            bufferWithSize.append(tempStr);
        }

        // StringBuffer/StringBuilder를 문자가 아닌 문자열로 초기화해야 한다.
        StringBuilder builderWithChar = new StringBuilder("a");
        StringBuffer bufferWithChar = new StringBuffer("a");
    }
}
```

StringBuffer와 StringBuilder를 사용할 때 정확한 사용법을 몰라서 흔히 범하는 실수가 존재하며, 이런 실수 때문에 작게는 성능 저하부터 크게는 소프트웨어의 치명적인 결함으로 연결되기도 한다. 대표적인 실수는 StringBuffer와 StringBuilder 객체의 문자열 길이를 측정할 때 toString으로 불필요한 인스턴스를 생성하는 것, append 메서드를 연결해서 호출하는 방식과 클래스 멤버 변수로 StringBuffer/StringBuilder를 사용하는 것이 있다. 예제 4.6.1은 StringBuffer와 StringBuilder를 사용할 때 범하는 다양한 실수의 예다.

예제 4.6.1 잘못된 StringBuffer/StringBuilder 객체의 사용 예

```
package com.software.string.problem;

public class WrongStringBuilderUseExample {

    // StringBuffer와 StringBuilder를 클래스 멤버 변수로 사용하면
    // 장시간 클래스 인스턴스가 생존할수록 메모리 누수의 가능성도 높아진다.
    private StringBuilder strBuilder = new StringBuilder();
    private StringBuffer strBuffer = new StringBuffer();

    public static void main(String[] args) {
        StringBuilder builder = new StringBuilder();

        // append를 연결해서 사용하면 메서드 체인이 발생해 메모리 누수가 발생할 가능성이 있다.
        builder.append("abc").append("def").append("123");

        // StringBuilder에서도 자체적인 length 메서드를 제공한다
        // toString은 불필요한 인스턴스만 생성한다.
        System.out.println("StringBuilder의 길이는 : " +builder.toString().length());

        StringBuffer buffer = new StringBuffer();
        // append를 연결해서 사용하면 메서드 체인이 발생해서 메모리 누수의 가능성이 존재한다.
        buffer.append("<xml>").append("<head>").append(httpRequest.getHeaderInfo()).append("</
head><data>").append(dataDao.getList());
        // 연관된 문자열을 분리해서 입력하는 것은 비효율적이다.
        buffer.append("Hello").append(" ").append("World");
```

```
        //StringBuilder 자체의 length 메서드가 존재한다.
        //toString은 불필요한 인스턴스만 생성한다.
        System.out.println("StringBuffer의 길이는 : " +buffer.toString().length());
    }
}
```

첫 번째 실수는 StringBuffer나 StringBuilder 객체의 길이를 확인하기 위해 toString 메서드로 형변환하는 것인데, 단순히 길이를 확인하는 toString 메서드를 사용하면 불필요한 인스턴스가 생성된다. 그리고 StringBuffer와 StringBuilder에도 문자열의 길이를 반환하는 length 메서드가 있으므로 가급적 이 메서드를 사용하는 것이 바람직하다.

두 번째 실수로는 append 메서드를 연속으로 호출하는 것인데, 이런 방식은 모든 메서드가 하나의 체인으로 연결되며 이 메서드에 사용된 모든 인자도 연결되므로 비효율적인 메모리 점유가 발생하며, 성능상 그리 좋은 방식이 아니다. 메서드 체인은 빌더 패턴(Builder Pattern)에서 사용되는 것과 같이 단순 반복되는 인스턴스 선언과 재사용을 방지해 가독성과 사용성을 향상시킬 수 있다. 하지만 메서드 체인으로 서로 연결된 메서드는 결국 연결된 모든 메서드의 스택이 종료되기 전까지 점유한 메모리를 반환하지 않으며, 메서드에 전달된 인자 또한 모든 메서드가 종료되기 전까지 메모리 상에 유지된다. 예를 들어, sb.append("a").append("b").append("c")와 같이 메서드 체인의 길이와 인자의 크기가 작다면 소프트웨어의 성능에 유의미한 영향이 없다. 하지만 sb.append("⟨xml⟩").append("⟨head⟩").append(httpRequest.getHeaderInfo()).append("⟨/head⟩⟨data⟩").append(dataDao.getList())…와 같이 복잡하고 다양한 인자, 예측할 수 없는 응답 시간 그리고 이 모든 것을 연결하는 메서드 체인은 하나의 메서드 응답 속도가 늦어지면 나머지 연관된 메서드와 인자가 모두 생존하면서 메모리를 점유할 가능성이 높다. 즉, 메서드 체인을 이용해 가독성과 사용성은 향상시켰지만 각 메서드의 과도한 의존관계가 형성되어 소프트웨어의 성능은 하락한다.

마지막 세 번째 문제점은 StringBuffer 또는 StringBuilder를 클래스의 멤버 변수로 사용하는 것이다. 언뜻 보면 그리 큰 문제가 아닐 수 있지만 해당 클래스가 오랫동안 생존하거나 객체가 정상적으로 관리되지 않아 불필요하게 크기가 커진다면 메모리 누수의 주된 원인이 될 수 있다.

문제점 진단

PMD에서는 잘못된 StringBuffer 또는 StringBuilder 객체 사용을 방지하기 위해 다음과 같은 룰을 제공한다. 먼저 문자열의 잘못된 길이 확인을 제한하기 위한 UseStringBufferLength 룰, 올바른 append 메서드 사용을 위한 ConsecutiveLiteralAppends 룰, 그리고 클래스 멤버 변수로 StringBuffer/StringBuilder를 사용하는 것을 방지하기 위한 AvoidStringBufferField 룰이 있다. 그림 4.6.1은 예제 4.6.1의 잘못된 사용법을 이와 같은 룰로 진단한 결과다.

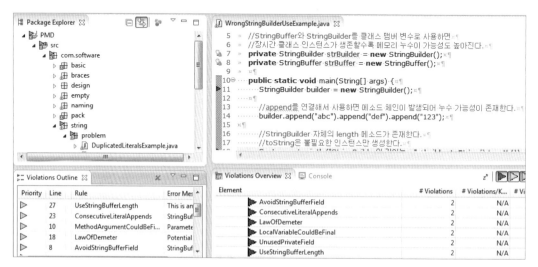

그림 4.6.1 잘못된 StringBuffer/StringBuilder 객체의 사용을 진단한 결과

해결 방안

이러한 문제는 소규모 소프트웨어에서는 그리 큰 문제를 발생시킬 가능성이 적지만 대규모 엔터프라이즈 소프트웨어에서는 치명적인 결함의 요인으로 작용할 수 있다. 하지만 개발할 때 다음과 같은 사항에 유의한다면 비교적 간단하게 문제를 해결할 수 있다.

- StringBuffer와 StringBuilder도 length 메서드를 제공하므로 불필요한 toString 메서드를 사용하지 않는다.
- 연관된 문자열을 추가할 때는 하나의 append 메서드를 이용해서 추가한다.
- append 메서드에 전달인자의 크기가 크거나 메서드를 인자로 전달할 때에는 과도한 메서드 체인을 피하기 위해서 append 메서드를 각각 사용한다.
- StringBuffer와 StringBuilder를 클래스의 멤버 변수로 사용하지 않는다.

예제 4.6.2는 위의 수정사항을 반영한 예다.

```java
package com.software.string.solution;

public class WrongStringBuilderUseExample {

    // 가급적 StringBuffer와 StringBuilder를 클래스 멤버 변수로 사용하지 않는다.
    // private StringBuilder strBuilder = new StringBuilder();
    // private StringBuffer strBuffer = new StringBuffer();

    public static void main(String[] args) {
        StringBuilder builder = new StringBuilder();

        // append를 연결해서 호출하는 메서드 체인이 발생하지 않도록
        // append를 연속해서 사용하지 않는다.
        buffer.append(httpRequest.getHeaderInfo());
        buffer.append("</head><data>");
        buffer.append(dataDao.getList());

        // StringBuilder 자체의 length 메서드를 사용한다.
        System.out.println("StringBuilder의 길이는 : " +builder.length());

        StringBuffer buffer = new StringBuffer();
        // 연관된 문자열은 한번에 추가한다.
        buffer.append("Hello World");
        StringBuffer buffer = new StringBuffer();

        // StringBuilder 자체의 length 메서드를 사용한다.
        System.out.println("StringBuffer의 길이는 : " +buffer.length());
    }
}
```

자바에서는 문자열에서 특정 문자나 문자열을 찾기 위한 indexOf 메서드를 제공한다. 특히 이 메서드는 다양한 형태로 오버로딩(overloading)돼 있어 다양한 문자열 검색을 위한 개발 편의성을 보장한다. 예제 4.7.1은 indexOf 메서드의 일반적인 사용법이다.

예제 4.7.1 일반적인 indexOf 메서드의 다양한 사용법

```
package com.software.string.problem;

public class IndexOfExample {

    public static void main(String[] args) {
        String str = "0123456789abcdef0123456789abcdef";

        // 다양한 indexOf 메서드 사용법의 예
        System.out.println("문자 a는 " + str.indexOf("a") + "번째에 위치한다.");
        System.out.println("문자열 abc는 " + str.indexOf("abc") + "번째에 위치한다.");
        System.out.println("15번째 문자 이후부터 찾은 문자 a는 " + str.indexOf("a", 15) + "번째에
위치한다.");
        System.out.println("15번째 문자 이후부터 찾은 문자열 abc는 " + str.indexOf("abc", 15) + "
번째에 위치한다.");
    }
}
```

예제 4.7.1은 문자열에서 특정 문자열을 찾는 데 사용되는 일반적인 코드다. 하지만 이 예제에서처럼 한 글자인 a를 "a"와 같이 문자열로 취급해서 indexOf 메서드를 호출하는 방법은 그리 바람직하지 않다. 자바의 java.lang.String 소스코드를 확인해보면 indexOf 메서드는 char와 String에 대해 별도의 메서드를 제공하며, 그에 따른 처리 절차 또한 각각 최적화되어 구현돼 있다. 한 글자로 구성되는 char 자료형을 String 형 인자로 전달하면 char 자료형에 대한 메서드가 아닌 String 자료형에 대한 메서드가 실행되어 비효율적인 연산이 이뤄진다.

문제점 진단

PMD에서는 비효율적인 indexOf 메서드의 사용을 방지하기 위해 UseIndexOfChar 룰을 제공함으로써 더욱 최적화된 indexOf 메서드를 사용하기를 권고한다. 그림 4.7.1은 이 룰로 부적절한 indexOf 메서드 사용을 진단한 결과다.

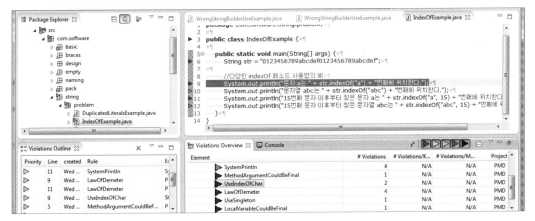

그림 4.7.1 부적절한 indexOf 메서드 사용을 진단한 결과

해결 방안

이 문제의 해결 방안은 매우 간단하다. 예제 4.7.2와 같이 char 형의 데이터는 작은따옴표로 감싸서 indexOf 메서드로 전달하는 것으로 해결할 수 있다.

예제 4.7.2 올바른 indexOf 메서드 사용법

```
package com.software.string.solution;

public class IndexOfExample {

    public static void main(String[] args) {
        String str = "0123456789abcdef0123456789abcdef";

        // 다양한 indexOf 메서드 사용법의 예
        // char 형 데이터는 작은따옴표로 감싸서 전달한다.
        System.out.println("문자 a는 " + str.indexOf('a') + "번째에 위치한다.");
        System.out.println("문자열 abc는 " + str.indexOf("abc") + "번째에 위치한다.");

        // char 형을 나타낼 때는 작은따옴표를 사용해야 한다.
        System.out.println("15번째 문자 이후부터 찾은 문자 a는 " + str.indexOf('a', 15) + "번째에
위치한다.");
        System.out.println("15번째 문자 이후부터 찾은 문자열 abc는 " + str.indexOf("abc", 15) + "
번째에 위치한다.");
    }
}
```

빈 문자열을 확인할 때 사용하는 방법 중 가장 비효율적인 방식은 trim 메서드를 이용해 공백문자 (whitespace)를 제거한 후 length 메서드를 사용해 문자열의 길이가 0인지 확인하는 방법이다. 실제 trim 메서드의 내부를 들여다보면 공백문자를 확인하기 위해 내부에 새로운 인스턴스를 생성하고, 오로지 공백문자('')만을 비교하며 공백으로 간주될 수 있는 다른 특수문자는 확인하지 않는다. 이러한 방식으로 공백문자를 확인하는 일이 잦아진다면 불필요한 인스턴스 생성도 많아지고 정확한 빈 문자열 확인도 불가능하다. 예제 4.8.1은 일반적인 trim 메서드를 사용해 빈 문자열을 확인하는 예다.

예제 4.8.1 trim 메서드를 이용한 빈 문자열 확인

```java
package com.software.string.problem;

public class EmptyStringExample {

    public static void main(String[] args) {
        String emptyString = " ";
        // trim과 length 메서드를 이용한 방식은 불필요한 인스턴스가 생성될뿐더러
        // isWhiteSpace 메서드보다 정확도가 떨어진다.
        if(emptyString.trim().length() == 0) {
            System.out.println("emptyString은 비어있다.");
        } else {
            System.out.println("emptyString은 비어있지 않다.");
        }
    }
}
```

문제점 진단

PMD에서는 trim 메서드와 length 메서드를 이용해 빈 문자열을 검사하는 것을 제한하기 위해 InefficientEmptyStringCheck 룰을 제공한다. 그림 4.8.1은 PMD를 이용해 잘못된 빈 문자열 검사 코드를 진단한 결과다.

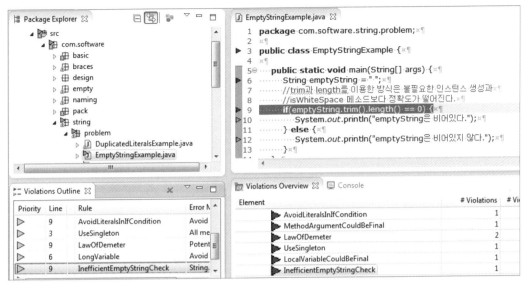

그림 4.8.1 trim 메서드를 이용한 빈 문자열 검사를 InefficientEmptyStringCheck 룰로 진단한 결과

해결 방안

trim 메서드가 불필요한 인스턴스를 생성하고 공백문자를 정확하게 검사할 수 없다는 문제점을 해결하기 위해 Character 클래스의 isWhitespace 메서드를 이용할 수 있다. 이 메서드는 문자 단위로 명확하게 공백 문자인지 판단하는 메서드로서 불필요한 인스턴스를 생성하지는 않지만 예제 4.8.2와 같이 단일 문자만을 처리하는 메서드라서 문자열을 처리하기 위해 약간의 코드를 작성해야 한다.

예제 4.8.2 isWhitespace 메서드를 이용한 빈 문자열 확인

```java
package com.software.string.solution;

public class EmptyStringExample {

    public static void main(String[] args) {

        String emptyString = " ";

        if(isBlank(emptyString)) {
            System.out.println("emptyString은 비어있다.");
        } else {
            System.out.println("emptyString은 비어있지 않다.");
        }
    }
```

```
// isWhitespace를 활용하면 불필요한 인스턴스 생성을 피하고
// 더욱 정확한 공백문자를 확인할 수 있다.
public static boolean isBlank(final String str) {
    int strLen;
    boolean result = true;
    if (str == null || str.length() == 0) {
        result = true;
    } else {
        strLen = str.length();
        for (int i = 0; i < strLen; i++) {
            if (!Character.isWhitespace(str.charAt(i))) {
                result = false;
                break;
            }
        }
    }
    return result;
}
```

문자열의 시작 문자를 검사할 때는 startsWith가 아닌 chartAt을 활용하자

어떤 문자열이 특정 문자열로 시작하는지 검사할 때는 startsWith가 매우 유용하다. 특히 메시지 코드나 이벤트 코드 등과 같이 의미가 함축된 문자열을 분류하는 데 매우 유용하게 사용된다. 예를 들어, UPD00001, DEL00001, CRT00001처럼 명령어[UPD/DEL/CRT]와 일련번호로 구성되어 접두사에 특별한 의미가 부여된 문자열을 검사할 때는 startsWith 메서드가 불특정 위치의 문자열을 검사하는 indexOf 메서드에 비해 사용 범위가 제한돼 있긴 하지만 더욱 빠르고 불필요한 인스턴스가 생성되는 것을 방지할 수 있다는 장점이 있다. 예제 4.9.1은 이러한 startsWith 메서드와 indexOf의 실행 시간을 비교한 예다.

예제 4.9.1 startsWith와 indexOf로 접두사를 비교한 예

```java
package com.software.string.problem;

public class StartWithExample {
    public static void main(String[] args) {
        StartWithExample example = new StartWithExample();

        example.doStartsWith();
        example.doIndexOf();

    }

    public void doStartsWith() {
        String str = "UPD00001";

        // 시작 시간
        long startTime = System.currentTimeMillis();
        // startsWith 메서드로 접두사를 100만 번 비교
        for(int i=0; i < 1000000; i++) {
            if(str.startsWith("UPD")) {
                // System.out.println("상품 정보를 수정합니다.");
            }
        }
        // 종료 시간
        long endTime = System.currentTimeMillis();

        // 시간 출력
        System.out.println("##startWith  실행시간(초.0f) : " + ( endTime - startTime )/1000.0f
+"초");
    }
```

```java
public void doIndexOf() {
    String str = "UPD00001";

    // 시작 시간
    long startTime = System.currentTimeMillis();
    // indexOf로 접두사를 100만 번 비교
    for(int i=0; i < 1000000; i++) {
        if(str.indexOf("UPD") == 0) {
            // System.out.println("상품 정보를 수정합니다.");
        }
    }
    // 종료 시간
    long endTime = System.currentTimeMillis();

    // 시간 출력
    System.out.println("##indexOf  실행시간(초.0f) : " + ( endTime - startTime )/1000.0f
+"초");
    }
}
```

실행 결과

```
Console ⅔   Markers ⅊ Progress  Search  Jᴜ JUnit  Spring Explorer
<terminated> StartWithExample [Java Application] D:\Program Files\Java\jre7\bin\javaw.exe
##startWith  실행시간(초.0f) : 0.008초
##indexOf  실행시간(초.0f) : 0.012초
```

위와 같이 문자열의 접두사를 비교할 때는 indexOf 메서드를 이용하는 방법보다 startsWith 메서드를 이용하는 방법이 더욱 빠르다. 하지만 예제 4.9.2와 같이 접두사가 단 한 글자로 구성된 문자라면 startsWith보다 해당 위치의 문자를 찾는 charAt을 활용하는 편이 더욱더 빠른 방법이다.

예제 4.9.1 startsWith와 charAt을 이용해 한 글자로 구성된 접두사를 비교한 예

```java
package com.software.string.problem;

public class StartWithExample {
    public static void main(String[] args) {
        StartWithExample example = new StartWithExample();

        example.doStartsWith();
```

```
            example.doCharAt();

    }

    public void doStartsWith() {
        String str = "U00001";

        // 시작 시간
            long startTime = System.currentTimeMillis();
            // startsWith로 접두사를 100만 번 비교
            for(int i=0; i < 1000000; i++) {
                if(str.startsWith("U")) {
                    // System.out.println("상품 정보를 수정합니다.");
                }
            }
            // 종료 시간
            long endTime = System.currentTimeMillis();

            // 시간 출력
            System.out.println("##startWith  실행시간(초.0f) : " + ( endTime - startTime )/1000.0f
+"초");
    }

    public void doCharAt() {
        String str = "U00001";

        // 시작 시간
            long startTime = System.currentTimeMillis();
            // charAt으로 접두사를 100만 번 비교
            for(int i=0; i < 1000000; i++) {
                if(str.charAt(0) == 'U') {
                    // System.out.println("상품 정보를 수정합니다.");
                }
            }
            // 종료 시간
            long endTime = System.currentTimeMillis();

            // 시간 출력
            System.out.println("##charAt  실행시간(초.0f) : " + ( endTime - startTime )/1000.0f +"
초");
    }
}
```

실행 결과

🖳 Console ⌧ 📋 Markers 📇 Progress 🔍 Search Ju JUnit 📇 Spring Explorer
<terminated> StartWithExample (1) [Java Application] D:\Program Files\Java\jre7\bin\javaw.exe
##startWith 실행시간(초.0f) : 0.007초
##charAt 실행시간(초.0f) : 0.003초

문제점 진단

PMD에서는 이처럼 indexOf와 startsWith, 그리고 chartAt 메서드의 전체적인 속도나 효율성 비교는 할 수 없지만, indexOf의 경우 4.7에서 설명한 룰을 이용해 대응하고 있으며, startsWith와 chartAt의 경우에는 한 글자로 구성된 접두사를 검사할 때는 chartAt 메서드를 사용하도록 SimplifyStartsWith 룰을 이용해 권고하고 있다. 그림 4.9.1은 이 룰을 이용해 startsWith의 사용을 진단한 결과다.

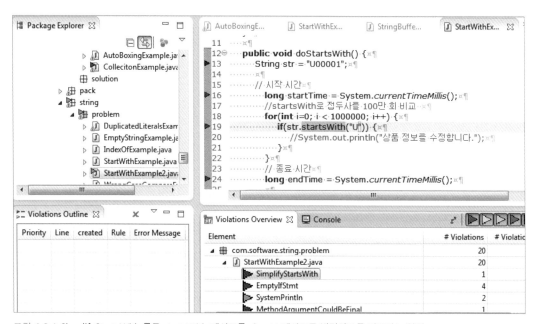

그림 4.9.1 SimplifyStartsWith 룰로 startsWith 메서드를 charAt 메서드로 변경하도록 권고하는 화면

해결 방안

이 문제의 가장 적합한 해결 방안은 어떠한 목적으로 문자열의 검색을 사용하는가와 그에 따라 사용되는 메서드의 활용법을 정확히 아는 것이다. 우선 주로 사용되는 indexOf와 startsWith, charAt의 차이점을 이해하고 활용하는 것이 중요하다. 특히 물류 시스템 또는 쿠폰 시스템 같은 대량 메시지의 빠른 처리가 요구되는 시스템에서 문자열을 잘못 처리하는 것은 시스템 자원을 낭비하고 성능을 저해하는 가장 큰 주범이다. 예제 4.9.3은 indexOf, startsWith, charAt 메서드의 차이점을 비교한 예다.

예제 4.9.3 indexOf, startsWith, charAt 메서드의 차이점

```java
package com.software.string.solution;

public class StartWithExample {
    public static void main(String[] args) {
        String strIndexOf = "0000UPD001";
        String strStartsWith = "UPD00001";
        String strChartAt = "U00001";

        // indexOf 메서드는 문자열 중 불특정 위치의 문자열을 찾을 때 유용하다.
        System.out.println("UPD는 0000UPD001 문자열의 " + strIndexOf.indexOf("UPD") + "번째에
위치하고 있다.");

        // startsWith는 문자열의 접두사가 되는 문자열을 찾을 때 유용하다.
        System.out.println("UPD는 UPD00001 문자열의  접두사다? " + strStartsWith.
startsWith("UPD"));

        // chartAt은 문자열에서 한 글자만 가져오기 때문에 문자열의 첫 문자를 찾을 때 유용하다.
        System.out.println("U는 UPD00001 문자열의  첫 글자다? " + (strChartAt.charAt(0) == 'U'));
    }
}
```

올바른
주석 사용법

자바의 주석은 구현 주석과 문서 주석의 두 가지 형태로 나뉜다. 구현 주석은 /*…*/과 //과 같이 C++의 주석과 동일하며, 문서 주석(document comments)은 /**…*/과 같은 형태로 자바에서만 사용되고 javadoc 툴을 통해 HTML 형태의 문서를 자동으로 생성하는 데 활용된다. 일반적으로 구현 주석은 개별적인 구현과 관련된 부가적인 정보를 제공하는 용도로 사용되며, 문서 주석은 내부 구현에 종속되지 않은 프로그램의 명세서 역할을 한다.

주석은 소스코드의 개요와 소스코드와 연관된 부가적인 정보만을 제공해야 하며, 프로그램과 관련 없는 정보는 배제해야 한다. 예를 들어, 패키지 생성 규칙, 파일을 저장할 디렉터리와 같은 불필요한 정보는 넣지 않는다. 또한 사소하더라도 프로그램의 설계상 중요한 정보는 포함해야 하며, 중복된 주석은 피해야 한다.

주석이 많은 코드가 곧 좋은 코드를 의미하지는 않는다. 반대로 주석이 불필요하게 많으면 코드의 품질과 가독성이 낮을 가능성이 높다. 예를 들어, 코드가 복잡하고 길수록 이를 설명하기 위한 주석 또한 길고 장황하게 작성되며, 전체적인 소스코드의 가독성은 오히려 저하된다. 소스코드의 주석이 자주 변경되고 길어진다고 판단되면 코드를 재작성해서 가독성을 높이고 복잡도를 낮추는 방안을 고려해야 한다. 즉, 주석은 코드의 흠결을 보완하기 위해 사용되는 것이 아니라 소스코드의 이해도를 높이기 위한 수단으로만 사용해야 한다.

모든 주석에는 비속어나 보안상 금지된 단어 등의 부적절한 언어를 사용해서는 안 된다. 대부분의 개발자는 자신이 작성한 주석이 자신 혹은 업무에 직접적으로 관련된 개발자만 참고한다고 생각하지만 개발자가 작성한 주석은 자신만이 아닌 다른 모든 프로젝트 참여자가 참고할 수 있으며, 소프트웨어의 생명주기가 끝날 때까지 생존해 있을 가능성도 매우 높다. 예를 들어, 주요 설정 정보와 소스코드는 보안을 위해 일반적으로 각각 분리해서 관리한다. 하지만 일부 개발자는 프로세스 테스트를 위해 종종 데이터베이스 접속 정보 또는 관리자 아이디/비밀번호와 같은 주요 정보를 하드코딩해서 사용하고, 차후 개발 편의를 위해 이런 정보를 주석으로 처리해서 남겨두기도 한다. 이는 정상적인 보안 절차를 무시한 행위이며, 소프트웨어의 소스코드가 유출되면 이런 주석으로 인해 더욱더 치명적인 결함을 유발할 수 있다. 더욱이 주석에 다른 팀 멤버를 비난하거나 비하하는 문구를 장난으로라도 삽입하면 전체 팀워크를 저해할 수 있다.

문제점 진단

PMD에서는 개발자가 올바른 주석을 작성하도록 권고하는 몇 가지 룰을 제공하며, 이런 룰을 통해 올바른 주석을 작성하는 데 도움을 받을 수 있다. 우선 PMD에서는 CommentRequired 룰을 제공해 주석이 필요한 소스코드를 진단해서 주석의 첨삭을 권고하며, 주석의 길이가 너무 긴 경우에 대해 CommentSize 룰을 통해 주석의 내용을 수정하거나 소스코드의 복잡도나 가독성을 고려하도록 권고한다. 또한 CommentContent 룰은 주석에 사용 금지된 문자를 관리할 수 있게 도와준다. 그림 5.1은 PMD 룰로 잘못된 주석을 진단한 결과다.

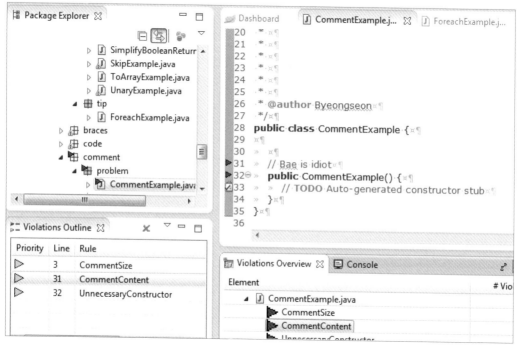

그림 5.1 PMD로 잘못된 주석을 진단한 결과

해결 방안

주석의 올바른 사용법은 자바 코드 규약에 이미 정의돼 있지만 대부분의 프로젝트에서 이런 절차를 무시하고 각자의 코드 이해도에 따라 주석을 작성한다. 그러므로 소스코드를 직접 작성한 개발자가 아니면 주석을 토대로 코드를 이해하기 힘든 상황이 종종 발생한다. 한 예로, 오버로딩된 메서드의 최초 버전에는 명확한 설명이 있지만 이후 오버로딩된 메서드에는 주석이 없거나 매개변수에 대해 상세한 주석을 작성하지 않을 때가 있다. 이는 재정의된 메서드를 사용하는 개발자가 메서드를 잘못 이해하고 잘못된 방식으로 사용하게 함으로써 소프트웨어에 치명적인 결함을 불러올 수 있다. 또한 종종 개발 중 참고용으로 작성한 주석을 개발이 완료된 이후에도 삭제하지 않아 유지보수할 때 많은 혼란을 발생시킨다.

소스코드의 주석은 자바 코드 규약을 바탕으로 용도에 따라 구현 주석과 문서 주석으로 구분해서 필요한 사항만 작성하는 것이 매우 중요하다. 그리고 모든 주석의 샘플은 이 책으로만 확인하는 것보다 실제 자바 기본 라이브러리의 소스코드를 참고하는 것이 좋다. 시간이 없다면 최소한 자바 코드 규약의 11.1 Java Source File Example만이라도 확인하자.

1. 구현 주석

A. 블록 주석(Block): 파일, 메서드, 자료구조, 알고리즘에 사용되며, 아래와 같이 구역 주석은 대상이 되는 코드와 같은 레벨로 들여쓰기해야 한다.

```
/*-
 *
 *
 *
 * one
 * two
 * three
 */
```

B. 한 줄 주석(Single-line): 구역 주석과 형태는 같지만 짧은 주석을 작성할 때 사용하며, 해당 소스코드 바로 위에 작성한다.

```
/* 연계 그룹 아이디별 대상 테이블 불러오기 */
```

C. 꼬리말 주석(Trailing): 매우 짧은 주석을 코드와 같은 줄에 작성하며, 코드와 구별될 만큼 충분한 여백을 유지해야 한다.

```
private GisConfigurator config;     /* 설정 정보 */
```

D. 종단 주석(End-of-line): 한 줄 전체 혹은 일부분을 주석 처리하는 데 사용하며, 연속된 여러 줄을 주석으로 처리하는 데 사용하지 않는다. 단 코드의 구역을 구분하기 위해 사용할 수는 있다.

```
// 변경된 자료가 있으면 자동화 프로시저 호출
// if(count > 0){
```

```
//    log.info("자동화 프로시저 호출 => SP_BLDG_MATCH_MAIN:" +relGrpId );
//    syncDAO.autoProcedure(relGrpId);
//    log.info("자동화 프로시저 호출 END => SP_BLDG_MATCH_MAIN END" + relGrpId);
//}
```

2. 문서 주석

문서 주석은 자바 클래스, 인터페이스, 생성자, 메서드 그리고 필드를 설명하며 /**···*/와 같은 형태로 작성한다. 그리고 각 문서 주석은 클래스, 인터페이스 그리고 멤버별로 작성한다. 문서 주석의 들여쓰기 형태는 최고 레벨의 클래스와 인터페이스는 들여 쓰지 않고, 하위 멤버는 들여 쓴다. 또한 주석의 첫 줄(/**)은 들여 쓰지 않으며 이후의 모든 줄은 한 개의 공백으로 들여 쓴다.

```
/**
 * @Class Name :couponServiceImpl.java
 * @Description : 쿠폰 기능 XXXXX
 * @Modification Information
 * @
 * @  수정일      수정자           수정내용
 * @ 2013.09.09  배병선           최초 생성
 *
 *  @author 배병선
 *  @since 2013.09.09
 *  @version 1.0
 */
```

특히 문서 주석은 프로그램의 명세서 역할을 수행해야 하므로 상세 소스코드와 연관된 주석은 모두 구현 주석으로 작성해야 한다.

이클립스에서 Javadoc 기능을 활용해 자동으로 API 문서 만들기

주석을 명확하게 작성하는 이점 중 하나는 API 문서를 자동으로 생성할 수 있기 때문이다. 주석을 각 클래스와 메서드, 필요한 위치에 작성했다면 다음과 같은 절차를 통해 비교적 간편하게 API 문서를 자동으로 만들어낼 수 있다.

1 이클립스 메뉴에서 Project → Generate Javadoc…을 선택한다.

2 자바 문서 생성 창에서 다음과 같은 문서 생성을 위한 몇 가지 정보를 입력하고 Next 버튼을 클릭한다. 하지만 대부분 여기서 Finish를 선택해도 문서를 생성할 수 있다.

    A. Javadoc command: 실행파일인 javadoc.exe의 위치

    B. Select types for which Javadoc will be generated: 문서를 생성하고 싶은 패키지

    C. Create javadoc for members with visibility: 클래스 멤버의 공개 범위. 일반적으로 public으로 공개된 항목만을 선택.

    D. Use standard doclet: 자바 문서의 표준 형태

    E. Use custom doclet: 특별한 doclet을 만들어서 사용할 때 선택

3 자바 문서 생성을 위해 다음과 같은 상세 정보를 입력할 수 있다.

A. Document title: 문서의 제목

B. Basic Options: 생성될 문서의 페이지 정보

C. Document these tag: 문서 생성에 사용할 태그 정보

D. Select referenced archives and projects to which links should be generated: 문서를 생성할 때 필요한 라이브러리

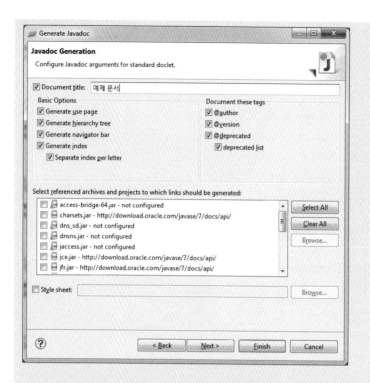

④ javadoc.exe가 실행될 때 부가적인 JVM 옵션을 설정하고 Finish 버튼을 클릭한다. 생성된 문서를 바로 확인하려면 하단의 Open generated index file in browser 항목을 선택한다.

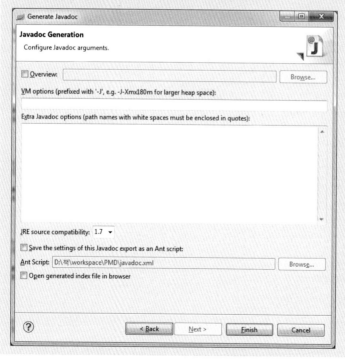

⑤ 모든 작업이 완료되면 해당 프로젝트의 doc 폴더에 API 문서가 생성된 것을 확인할 수 있다.

⑥ API 문서를 웹 브라우저에서 확인한 결과

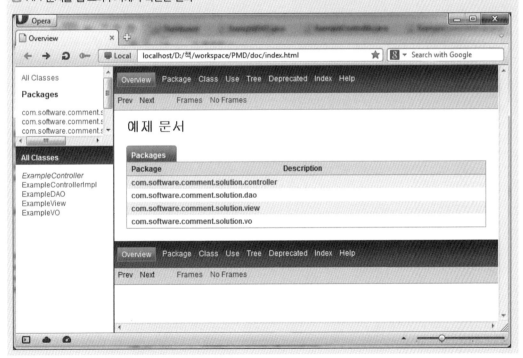

패키지 참조

디른 패키지에 속한 클래스나 인터페이스를 사용하기 위한 참조 (import)의 경우 최근에 향상된 IDE를 통해 자동으로 생성하고 관리하기 때문에 그리 많이 고민할 필요는 없다. 또한 가변적인 객체 또는 사용 빈도가 낮은 객체를 불필요하게 정적 참조(static import)하는 것은 불필요한 메모리 점유를 발생시키지만 특별한 경우가 아니면 성능상 유의미한 차이를 만들지 않는다. 하지만 소스 코드의 가독성과 품질 향상을 위해서는 다음과 같은 몇 가지 사항에 주의해야 한다.

java.util.*과 같이 와일드카드(wildcard)를 이용한 패키지 단위의 참조를 사용하더라도 컴파일하는데 오래 걸리거나 실행 시간이 길어지지는 않는다. 하지만 서로 다른 패키지에 있는 개별 객체를 중복해서 참조할 가능성이 높다는 문제점이 있다. 즉, 가장 큰 결함이 발생할 수 있는 경우는 한 개 이상의 패키지를 와일드카드로 동시에 참조했을 때 각 패키지 하위에 있는 객체가 충돌할 가능성이 매우 높다. 예를 들어, 예제 6.1.1과 같이 Panel 클래스와 List 인터페이스를 사용하기 위해 java.awt와 java.util 패키지를 와일드카드를 이용해 동시에 모든 객체를 참조하면 각 패키지에 동시에 존재하는 List 객체로 인해컴파일 오류가 발생한다.

```
package com.software.pack.problem;

import java.util.*;
import java.awt.*;

public class DuplicatedPackageExample {

    public static void main(String[] args) {
        Map<String, String> map = new HashMap<String, String>();
        Panel panel = new Panel();
        List<String> a = new ArrayList<String>();
    }
}
```

발생 오류

예제 6.1.1 중복된 List 객체 참조의 예

예제 6.1.1에서는 List라는 이름이 java.awt와 java.util에 각각 클래스와 인터페이스로 포함돼 있어 두 명칭 간의 충돌이 발생한다.

문제점 진단

이러한 문제점을 진단하기 위해 PMD에서는 DuplicateImports 룰을 통해 중복된 import를 진단하고 개발자에게 수정하기를 권고한다. 그림 6.1.1은 이 룰로 잘못된 참조를 진단한 결과다.

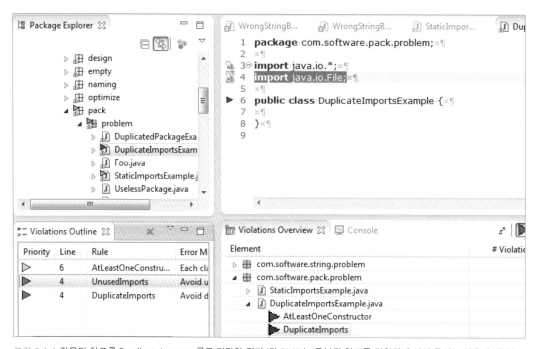

그림 6.1.1 잘못된 참조를 DuplicateImports 룰로 진단한 결과 (단 PMD는 중복된 참조를 명확하게 인식 못하는 경우가 있다)

해결 방안

자바에서 참조를 할 때 가장 유의해야 할 점은 필요한 객체만 필요한 위치에 참조해야 한다는 것이다. 최소한 패키지 단위의 참조를 피하고, 각 객체를 참조하는 것이 가독성 면에서 더욱 나은 방법이다. 단, 참조할 패키지 내의 객체를 대부분 참조해야 한다면 와일드카드를 이용해 전체 패키지를 참조할 수 있다. 예제 6.1.2는 예제 6.1.1의 잘못된 패키지 참조를 올바르게 수정한 예다.

```java
package com.software.pack.solution;

import java.awt.Panel;
import java.util.ArrayList;
import java.util.HashMap;
import java.util.List;
import java.util.Map;

public class DuplicatedPackageExample {

    public static void main(String[] args) {
        Map<String, String> map = new HashMap<String, String>();
        Panel panel = new Panel();
        List<String> a = new ArrayList<String>();
    }
}
```

앞서 이 장의 서론에서도 언급한 바와 같이 최신 IDE에서 제공하는 기능을 이용하면 참조와 관련된 문제를 손쉽게 예방할 수 있지만 단순 개발자의 실수로 java.lang의 객체나 사용하지 않는 객체, 그리고 같은 패키지 내의 객체를 불필요한 참조하는 경우가 생길 수 있다. 이런 실수는 성능상 아주 미미한 차이를 유발하지만 소스코드의 가독성 측면에서는 제거하는 것이 좋다. 예제 6.2.1은 불필요한 참조의 예다.

예제 6.2.1 불필요한 참조의 예

```
package com.software.pack.problem;

import java.lang.String; // java.lang 패키지는 참조할 필요가 없다.
import java.io.File;      // 사용하지 않는 참조는 삭제하자.

public class WrongImport {

}
```

문제점 진단

불필요한 참조를 진단하기 위해 PMD에서는 DontImportJavaLang 룰로 Java.lang 하위 객체를 참조하지 않도록 권고하며, UnusedImports 룰로 사용하지 않는 참조는 삭제하도록 제안하며, 마지막으로 같은 패키지 내의 객체를 참조하는 경우에 대해 ImportFromSamePackage 룰을 제공한다. 그림 6.2.1은 이런 불필요한 참조를 PMD로 진단한 결과다.

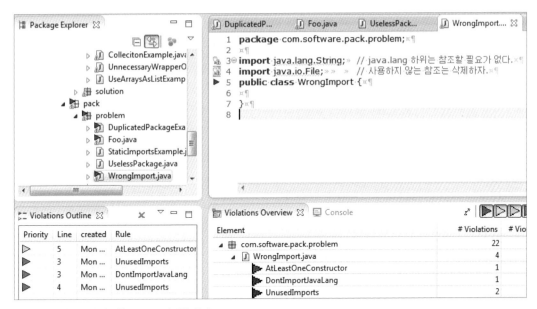

그림 6.2.1 불필요한 참조를 PMD로 진단한 화면

해결 방안

이러한 불필요한 참조는 소스코드의 가독성을 향상시키기 위해 근본적으로 하지 않는 것이 원칙이다. java.lang 패키지에 포함된 객체는 가장 기본적인 구성요소로, 자동으로 참조되는 객체다. 또한 참조는 다른 패키지에 포함된 객체를 사용하기 위한 것으로 같은 패키지 내의 객체는 참조하지 않아도 된다. 마지막으로 사용하지 않는 참조는 소스코드의 가독성을 위해 반드시 제거해야 한다.

6-3 너무 많은 정적 참조는 불필요하다

자바 1.5에서 추가된 정적 참조(static import)를 이용하면 자주 사용하는 유틸리티 객체 등을 예제 6.3.1과 같이 클래스명 없이 메서드나 상수명만으로 사용할 수 있다. 일반적으로 아래 예제와 같이 Math 객체를 주로 정적 참조를 통해 사용한다.

예제 6.3.1 정적 참조의 사용

```
package com.software.pack.problem;

// Math 객체의 PI를 직접 사용하기 위해 정적 참조를 사용
import static java.lang.Math.PI;
// 달력 객체에서 제공하는 요소를 직접 사용하기 위해 정적 참조를 사용
import static java.util.Calendar.*;

public class StaticImportsExample {

    public static void main(String[] args) {
        System.out.println(PI);
        System.out.println(YEAR + "-" + (MONTH +1)  + "-" + DATE);
    }

}
```

하지만 이러한 정적 참조는 자주 사용되는 일부 객체를 참조하는 데 유용하지만, 사용하지 않는 객체를 너무 많이 참조하면 시스템 성능 저하의 원인이 될 수 있다. 또한 다양한 객체를 동시에 정적 참조하면 이름 충돌이 발생할 가능성이 매우 높다.

문제점 진단

PMD에서는 이러한 과도한 정적 참조 문제를 진단하기 위해 TooManyStaticImports 룰을 제공하며, 정적 참조가 4개 이상인 경우에 대해 이를 경고하고 개발자가 수정하도록 권고한다. 그림 6.3.1은 PMD 로 과도한 정적 참조를 진단한 결과다.

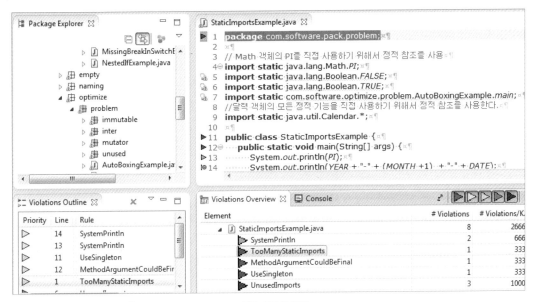

그림 6.3.1 과도한 정적 참조를 TooManyStaticImports 룰로 진단한 결과

해결 방안

무작정 정적 참조를 불필요하고 사용해서는 안 되는 기능으로 간주하는 것은 옳지 않다. 앞서 설명한 바와 같이 정적 참조는 자주 사용되는 Math 객체의 메서드 혹은 상수를 간편하게 사용할 수 있는 매우 유용한 기능이다. 그러므로 정적 참조는 가독성과 성능에 문제가 생기지 않는 적정 수준, 이를테면 PMD에서 제안하는 객체당 4개 미만으로 사용하는 것이 바람직하다.

빈 코드

소스코드에서 빈 코드를 어렵지 않게 발견할 수 있는데, 이것은 명백한 잘못이다. 빈 코드가 만들어지는 주된 원인은 대부분의 개발자가 빈 코드에 그다지 신경 쓰지 않고 내버려두는 경향이 있기 때문이다. 하지만 빈 코드는 그리 쉽게 무시할 만한 사항이 아니다. 빈 코드로 인해 불필요한 시스템 자원이 낭비되거나 가독성이 저해되며, 심지어 오류가 무시되어 결함이 있음에도 소프트웨어가 정상적으로 실행하는 것으로 비칠 수도 있다. 소스코드의 의미 파악을 방해하고 코드의 의도를 숨기고 싶다면 이런 의미 없는 빈 코드를 삽입하는 방법이 유용하겠지만 그렇게 해야 할 이유는 없을 것이다. 이 장에서는 빈 코드의 예와 그와 관련된 문제점을 해결하는 방안을 설명한다.

비어있는 예외 처리는 치명적인 결함을 무시한다

빈 코드는 대부분 잘못된 코드이지만 그 중에서 최악의 경우는 예외 처리 부분이 비어 있는 경우다. 대부분의 개발자가 외면하는 한 가지 진리는 바로 개발자가 작성한 소스코드는 언제나 개발자가 의도한 방향으로만 실행되지는 않는다는 것이다. 아무리 잘 작성된 코드라고 해도 개발자가 전혀 상상할 수 없는 비정상적인 접근으로 인해 언제든지 예외 사항이 발생할 수 있으며, 이런 모든 예외 사항을 예측하기란 불가능에 가깝다. 따라서 예외 처리가 비어있는 경우가 많을수록 소프트웨어의 품질은 그에 반비례한다.

catch 절의 목적은 try 절에서 발생한 예외를 처리하는 데 있다. catch 절이 비어 있다면 try 절에서 발생한 예외는 모두 무시되고, 소프트웨어는 이를 인지할 수 없다. 예제 7.1.1에서 보다시피 str의 값이 null인 상태에서 substring 메서드를 실행하는 것은 명백한 결함이며, 정상적인 시스템이라면 이를 인지하고 적절하게 처리해야 한다. 하지만 첫 번째 substring 메서드는 비어있는 catch 절로 둘러싸여 있어 예외 정보를 전달받지만 정작 아무런 행위도 하지 않아 결과적으로 해당 예외는 무시되고 소프트웨어는 정상적으로 작동하는 척 가장할 것이다. 이 문제점은 관리자가 인지하지 못하도록 방해하고 어떠한 징후도 발생하지 않으므로 수십 수백만 줄의 소스코드에서 문제가 발생한 원인을 파악하기란 매우 어렵다.

특히 은행이나 쇼핑몰과 같이 동시에 대량의 트랜잭션을 처리하는 시스템에서는 사소한 예외가 시스템 전체에 걸쳐 치명적인 문제를 일으킬 위험성이 매우 높은데, 이처럼 예외를 무시한다면 문제가 더욱더 크게 번질 수 있다. 예를 들어, 상품 결제 절차에서 어떤 예외가 발생했지만 catch 절이 비어 있어 예외가 무시되고 문제를 일으키는 부분을 발견하기까지 많은 시간을 허비한다면 이 문제로 발생하는 피해액은 어마어마할 것이다.

예제 7.1.1 잘못된 예외 처리의 예

```
package com.software.empty;

public class EmptyExceptionExample {

    public static void main(String[] args) {

        String str = null;
```

```
    try {

        System.out.println(str.substring(0,2));

    // catch 절이 비어 있어 NullPointerException이 무시된다.

    } catch(Exception e) {


    }

    // 정상적으로 오류가 발생한다.

    System.out.println(str.substring(0,2));

    }

}
```

문제점 진단

예외 처리가 비어 있는 경우를 진단하기 위해 PMD에서는 EmptyCatchBlock 룰을 통해 문제점을 수
정하도록 권고한다. 그림 7.1.1은 비어있는 예외 처리를 EmptyCatchBlock 룰로 진단한 결과다.

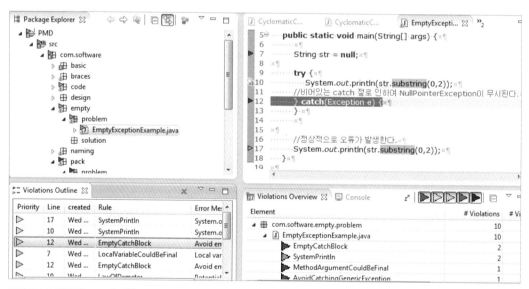

그림 7.1.1 비어있는 catch 절을 EmptyCatchBlock 룰로 진단한 결과

catch 절의 가장 중요한 목적은 소프트웨어의 비정상적인 실행을 감지하고 경고함으로써 예외 상황을 해결하도록 돕는 것이다. 하지만 catch 절이 비어 있으면 예외 처리 자체가 불가능해진다. catch 절에서는 최소한 오류가 발생했을 때 오류가 어느 위치에서, 어떠한 상황에서 발생했는지 알려야 이를 통해 문제점을 진단하고 해결할 수 있다. 또는 throws를 사용해 상위 메서드로 오류 정보를 전달해야 한다. 예제 7.1.2는 catch 절에서 최소한 해야 하는 일들을 보여준다.

예제 7.1.2 catch 절에서 기본적으로 수행해야 할 역할

```java
package com.software.empty.solution;

public class EmptyExceptionExample {

    public static Logger log = Logger.getLogger(EmptyExceptionExample.class);

    public static void main(String[] args) {

        String str = null;

        try {
            // IO 예외가 발생할 수 있는 절차
        } catch(IOException e) {
            // 최소한 오류가 발생했음을 알리는 로그를 출력해야 한다.
            logger.error(e);
        }

        // 정상적으로 오류가 발생한다.
        System.out.println(str.substring(0,2));
    }
}
```

참고로 예외 처리를 정상적인 프로세스의 일부분으로 이용하는 것은 매우 위험한 발상이다. 일부 개발자들은 예외 처리를 if-else처럼 분기점으로 사용하는 경향이 있는데, 이런 코드는 개발자가 설정한 특정 예외 사항만 처리할 수 있다. 개발자가 예상하지 못한 예외가 발생하면 프로세스 전체가 붕괴할 수 있다는 위험이 있다. 더 자세한 예외 처리에 관해서는 13장, "예외 처리"에서 더 자세히 설명하겠다.

7-2 비어있는 finally 블록은 시스템 자원을 낭비할 수 있다.

finally 절은 try 절이 실행되면 무조건 실행되도록 설계돼 있으며, 단순히 오류 처리를 위한 기능보다 많은 기능을 수행할 수 있다. 특히 finally 절은 일반적으로 try에서 사용한 자원을 반환하는 용도로 자주 사용된다.

예를 들어, 예제 7.2.1과 같이 데이터베이스에 접속해 질의문(query)을 요청하는 상황을 가정해보자. 이 예제에서는 질의문 내의 FROM을 FORM으로 쓴 사소한 오타로 인해 예외가 발생하고 해당 예외가 catch 절로 전달되어 보고될 것이다. 하지만 오류가 발생한 시점은 데이터베이스로 질의문을 요청하고 결과를 받는 시점이라서 안정적으로 데이터베이스의 접속을 종료할 수 없으므로 데이터베이스에서는 소프트웨어가 아직도 접속을 유지하고 있는 것으로 인식하고 강제로 접속이 끊어지기 전까지 다른 요청을 처리하지 못할 것이다.

예제 7.2.1 잘못된 질의문으로 오류가 발생한 예

```
package com.software.empty.problem;

import java.sql.*;

public class EmptyFinallyBlockExample {

    public static void main(String args[]){
        // 접속 정보
        String connectionURL = "jdbc:postgresql://localhost:5432/movies;user=java;password=sampl
es";

        Connection con = null;
        Statement stmt = null;
        ResultSet rs = null;
        try {
            // 드라이버 로드
            Class.forName("org.postgresql.Driver");

            // 연결 생성
            con = DriverManager.getConnection(connectionURL);
```

```
            // 쿼리 실행 클래스 생성
            stmt = con.createStatement();

            // 쿼리 실행 후 결과 반환
            rs = stmt.executeQuery("select moviename, releasedate form movies");

            // 쿼리 결과 처리
            while (rs.next()) {
                System.out.println("Name= " + rs.getString("moviename")+ " Date= " +
rs.getString("releasedate"));
            }

            // 이 코드에 도달하기 전에 오류가 발생한다면 디비 접속이 정상적으로 종료될까?
            if (rs!=null)rs.close();
            if(stmt!=null) stmt.close();
            if(con!=null) con.close();

        } catch (SQLException e) {
            e.printStackTrace();
        } catch (Exception e) {
            e.printStackTrace();
        } finally {

        }
    }
}
```

사실 이처럼 사소한 오타뿐 아니라 네트워크 및 데이터베이스를 포함한 내/외부적인 상황에 의해 오류가
발생할 가능성은 얼마든지 있으며, 이런 오류가 발생할 경우 데이터베이스 접속을 정상적으로 종료할 수
없는 상황이 발생한다. 이럴 때 안정적으로 자원을 반환할 수 있게 하는 것이 바로 finally 절이다. 다시
말해, finally 절은 try 절의 프로세스에 대한 예외 처리가 아닌 try 절에서 사용한 자원을 반환하는 등의
try 절을 마무리하는 용도로 사용해야 하며, finally 절이 비어 있다면 try 절에서 사용한 자원을 반환하
지 않았는지, finally 절이 잘못 사용되지는 않았는지 확인해야 한다.

문제점 진단

PMD에서는 이처럼 잘못된 finally 절의 사용을 진단하기 위해 EmptyFinallyBlock 룰을 제공하며, 비어 있는 finally 절을 진단하고 수정하도록 권고한다. 그림 7.2.1은 EmptyFinallyBlock 룰로 잘못된 finally 절을 진단한 결과다.

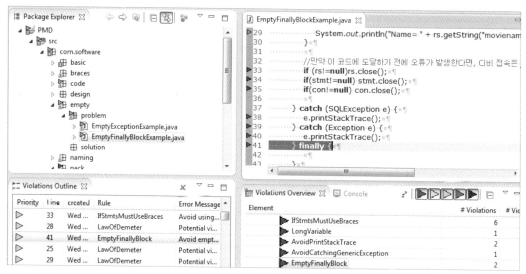

그림 7.2.1 비어있는 finally 절을 EmptyFinallyBlock 룰로 진단한 결과

해결 방안

비어있는 finally 절의 해결 방안은 try 절을 검토하는 것에서 출발해야 한다. try 절에서 어떤 특정 자원을 사용하고 반환해야 하는 등의 마무리 절차기 필요하지 않다면 굳이 finally 절을 사용할 필요가 없으므로 비어있는 finally 절을 삭제해서 나중에 이 소스코드로 인해 혼동하는 문제를 방지해야 한다. 하지만 try 절 내에서 데이터베이스나 소켓에 연결하거나 파일 등의 자원을 사용했다면 예제 7.2.2과 같이 finally 절을 사용해서 명확하게 자원을 반환해야 한다.

예제 7.2.2 정상적인 데이터베이스 종료를 위한 finally 절의 예

```
package com.software.empty.solution;

import java.sql.*;

public class EmptyFinallyBlockExample {
```

```java
public static void main(String args[]) {
    // 접속 정보
    String connectionURL = "jdbc:postgresql://localhost:5432/movies;user=java;password=sampl
es";
    Connection con = null;
    Statement stmt = null;
    ResultSet rs = null;
    try {
        // 드라이버 로드
        Class.forName("org.postgresql.Driver");

        // 연결 생성
        con = DriverManager.getConnection(connectionURL);

        // 쿼리 실행 클래스 생성
        stmt = con.createStatement();

        // 쿼리 실행 후 결과 반환
        rs = stmt.executeQuery("select moviename, releasedate from movies");

        // 쿼리 결과 처리
        while (rs.next()) {
            System.out.println("Name= " + rs.getString("moviename") + " Date= " +
rs.getString("releasedate"));
        }

    } catch (SQLException e) {
        e.printStackTrace();
    } catch (Exception e) {
        e.printStackTrace();
    } finally {
        if (rs != null) {
            try {
                rs.close();
            } catch (SQLException e) {
                e.printStackTrace();
            }
        }

        if (stmt != null) {
            try {
```

```
                    stmt.close();
                } catch (SQLException e) {
                    e.printStackTrace();
                }
            }

            if (con != null) {
                try {
                    con.close();
                } catch (SQLException e) {
                    e.printStackTrace();
                }
            }
        }
    }
}
```

비어있는 반복문은 불필요한 시스템 자원을 소비한다

스레드(Thread)에 관한 개념이 명확하게 정의되지 않은 초창기에는 프로세스 실행을 지연시킬 용도로 빈 for 문이나 while 문 등의 반복문을 사용했고, 일부 개발자는 여전히 이런 방식을 이용하곤 한다. 이처럼 프로세스의 실행을 지연시키는 목적은 주로 소켓 통신에서 원격지의 처리가 끝날 때까지 대기하거나 특정 스레드만 반복적으로 사용되는 것을 방지하는 데 있다.

하지만 이는 매우 비효율적이고 부정확한 방식이다. 이런 코드가 실행되면 CPU는 실제로 아무런 일도 하지 않고 단순히 실행시간을 지연시킬 목적으로 불필요한 연산을 수행해야 하며, CPU의 성능에 따라서 지연시간도 각기 다르다. 그뿐만 아니라 불필요한 CPU 사용으로 전력낭비도 발생하는데, 일반적인 소규모 소프트웨어에서는 그리 큰 문제가 아니지만 대규모 서버 시스템에서는 무시할 수 없는 비용이 들게 하는 주된 원인으로 작용할 수 있다. 예제 7.3.1은 이러한 시간 지연을 목적으로 구현한 비어있는 반복문의 예다.

예제 7.3.1 시간 지연을 위한 비어있는 반복문의 예

```java
package com.software.empty.problem;

public class EmptyWhileStmtExample {

    public static void main(String[] args) {
        // 시작 시간
        System.out.println("시작");
        long startTime = System.currentTimeMillis();
        int i=0;
        while(i++ < 100000000) {
        }

        long endTime = System.currentTimeMillis();
        long time = endTime - startTime;
        System.out.println("종료[소요시간 : " + time + "ms]");
        //두 번째 실행
        System.out.println("시작");
        startTime = System.currentTimeMillis();
        i=0;
        while(i++ < 100000000) {
```

```
        }
        endTime = System.currentTimeMillis();
        time = endTime - startTime;
        System.out.println("종료[소요시간 : " + time + "ms]");
    }
}
```

실행 결과

시작
종료[소요시간 : 30ms]

시작
종료[소요시간 : 29ms]

이처럼 시간 지연을 위해 같은 구조의 반복문을 사용하더라도 수많은 환경적인 요소로 같은 지연 시간을
확보하기란 불가능에 가깝다.

문제점 진단

비어있는 반복문의 사용을 진단하기 위해 PMD에서는 EmptyWhileStmt 룰을 통해 문제점을 진단하고
수정하도록 권고한다. 그림 7.3.1은 이 룰로 비어있는 반복문을 진단한 결과다.

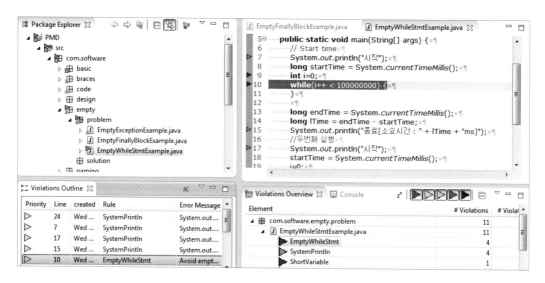

그림 7.3.1 EmptyWhileStmt 룰을 이용해 비어있는 반복문을 진단한 결과

해결 방안

비어있는 반복문은 시스템 자원을 비효율적으로 소모하므로 절대 사용해서는 안 된다. 비어있는 반복문의 용도가 단순히 임의로 시간을 지연시키는 데 있다면 Thread.sleep() 메서드를 사용하는 편이 바람직하다. 예제 7.3.2는 Thread.sleep 메서드를 사용해 실행을 지연시키는 예다.

예제 7.3.2 Thread.sleep 메서드를 이용한 시간 지연

```java
package com.software.empty.solution;

public class EmptyWhileStmtExample {

    public static void main(String[] args) throws Exception {
        // 시작 시간
        System.out.println("시작");
        long startTime = System.currentTimeMillis();
        // 시간 지연을 위해서는 Thread.sleep을 사용하자.
        Thread.sleep(10);

        long endTime = System.currentTimeMillis();
        long lTime = endTime - startTime;
        System.out.println("종료[소요시간 : " + lTime + "ms]");
        // 두 번째 실행
        System.out.println("시작");
        startTime = System.currentTimeMillis();

        Thread.sleep(10);

        endTime = System.currentTimeMillis();
        lTime = endTime - startTime;
        System.out.println("종료[소요시간 : " + lTime + "ms]");
    }
}
```

7-4 과도한 스레드 동기화는 병목현상을 유발한다

다중 스레드(multi-thread) 기반 소프트웨어에서 가장 큰 골칫거리는 언제나 충돌(collision)이다. 멀티 스레딩은 동시에 여러 작업을 실행해 실행 속도를 향상시킬 수 있지만 반대로 주요 자원을 공유하는 경우 세심한 주의를 기울이지 않으면 언제나 충돌의 가능성이 있다.

예를 들어, 은행에 예치된 예금을 여러 사람이 동시에 출금 요청하는 프로세스를 구현한다고 가정해보자. 이 구조를 예제 7.4.1과 같이 방식으로 멀티 스레드를 활용해 동시에 출금 요청을 처리하도록 구현하면 과연 정상적인 출금 처리가 가능할까? 안타깝게도 그렇지 않다. 그 이유는 예금(saving)이라는 공유 자원에 접근하는 것과 관련이 있다. 예제에서는 스레드가 어떠한 제약사항도 없이 직접 예금에 접근할 수 있게 설계돼 있다. 이는 은행에서 예금을 출금할 때 창구 직원이 없이 여러 사람이 예금을 직접 인출하는 것과 같다. 심지어 현실에서는 예금이 바닥나면 더는 인출할 수 없지만 이 예제의 경우에는 마이너스 예금 인출까지 가능하다.

예제 7.4.1 스레드를 이용해 동시예 예금을 출금했을 때 발생하는 충돌 현상

예금 인출 스레드

```java
package com.software.empty.problem.sync;

import java.security.NoSuchAlgorithmException;

import java.security.SecureRandom;

public class WithdrawThread extends Thread {
    private int withdraw;
    private int index;

    public WithdrawThread(int index, int withdraw) {
        this.withdraw = withdraw;
        this.index = index;
    }

    @Override
    public void run(){
        // 예금 한도를 초과하는 금액은 인출하지 못하도록 방지
        if(EmptySynchronizedBlockExample.saving -withdraw >= 0) {
```

```
        try {
            // 출금과 프로세스의 소요 시간을 가정한 지연 시간
            SecureRandom random = SecureRandom.getInstance("SHA1PRNG");
            int randInt = random.nextInt(400);
            Thread.sleep(randInt);
        } catch (NoSuchAlgorithmException e1) {
            e1.printStackTrace();
        } catch (InterruptedException e) {
            e.printStackTrace();
        }
        // 예금을 인출
        EmptySynchronizedBlockExample.saving -= withdraw;
        System.out.println("Thread["+ index + "] 잔액: " + EmptySynchronizedBlockExample.
saving + " (출금: " + withdraw + ")");
    } else {
        System.out.println("Thread["+ index + "] 잔액이 부족합니다. ["
+EmptySynchronizedBlockExample.saving+"] (출금 요청: " + withdraw + ")");
    }
  }
 }
}
```

메인 클래스

```
package com.software.empty.problem.sync;

public class EmptySynchronizedBlockExample {

    public static int saving = 9000;

    public static void main(String[] args) {
        // 예금을 동시에 인출할 스레드를 생성한다.
        WithdrawThread thread0 = new WithdrawThread(0, 1000);
        WithdrawThread thread1 = new WithdrawThread(1, 2000);
        WithdrawThread thread2 = new WithdrawThread(2, 4000);
        WithdrawThread thread3 = new WithdrawThread(3, 3000);
        WithdrawThread thread4 = new WithdrawThread(4, 5000);

        // 예금을 동시에 인출할 스레드를 실행한다.
        thread0.start();
        thread1.start();
```

```
        thread2.start();
        thread3.start();
        thread4.start();
    }
}
```

실행 결과

Thread[0] 잔액: 8000 (출금: 1000)

Thread[1] 잔액: 6000 (출금: 2000)

Thread[4] 잔액: 1000 (출금: 5000)

Thread[2] 잔액: -3000 (출금: 4000)

Thread[3] 잔액: -6000 (출금: 3000)

스레드 충돌을 방지하기 위해 은행 창구 직원처럼 자원에 접근하는 것을 관리하는 것이 바로 자바의 동기화(synchronized)다. 이 방식은 스레드의 요청을 직렬화해서, 즉 요청된 순서대로 한 번에 하나의 요청을 처리하게 만든다. 동기화를 이용하면 하나의 자원에 여러 스레드가 동시에 접근하는 상황에서도 충돌을 방지할 수 있지만 이 방식은 그림 7.4.1과 같이 모든 요청이 하나의 통로로 처리되는, 즉 병목현상이 발생한다는 문제점을 동시에 내포하고 있다.

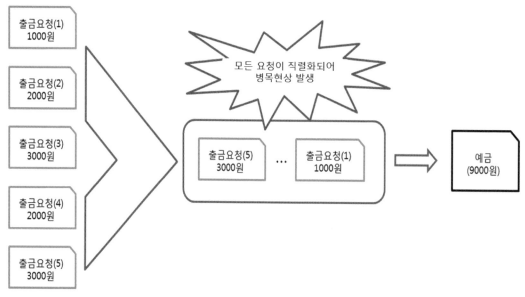

그림 7.4.1 동기화로 발생되는 병목현상의 예

동기화 구역은 필연적으로 병목현상을 만들어내므로 매우 신중히 결정해야 한다. 더욱이 적정 수준 이상의 동기화 구역은 그만큼의 병목 구간을 의미하므로 소프트웨어의 성능을 저하하는 주요 원인으로 작용할 수 있다. 불필요한 동기화는 가급적 자제해야 하며, 이 가운데 비어 있는 동기화 구역은 가독성뿐만 아니라 잘못된 사용을 방지하기 위해 꼭 삭제해야 한다.

문제점 진단

불필요한 동기화 구역을 자동으로 진단하는 기능이 있으면 매우 편리하겠지만 안타깝게도 PMD에는 어떤 동기화 구역이 올바르거나 잘못됐는지 구분하는 기능은 없으며 단지 비어있는 동기화 구역을 진단하기 위해 EmptySynchronizedBlock 룰을 통해 문제점을 수정하도록 권고한다. 그림 7.4.2는 비어 있는 동기화 구역을 진단한 결과다.

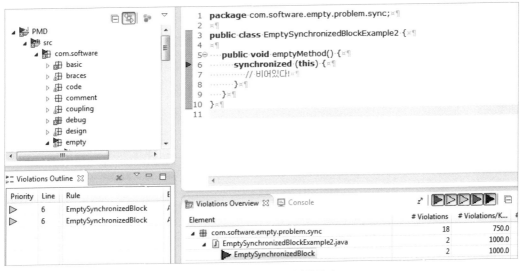

그림 7.4.2 비어 있는 동기화 구역을 EmptySynchronizedBlock 룰로 진단한 결과

멀티 스레딩 환경에서 공유 자원에 안정적으로 접근하기 위해 동기화 구역을 사용하는 것은 매우 유용한 방안이지만, 그렇다고 불필요한 부분까지 동기화 구역을 사용하면 소프트웨어 성능 저하의 주요 원인이 될 수 있다. 다중 스레드 처리의 주목적은 개별 작업을 병렬로 처리하는 데 있으므로 공유 자원에 직접 접근하는 경우가 많을수록 동기화 구역을 사용하는 본래의 목적이 무의미해진다. 한 가지 명심해야 할 사항은 공유 자원은 전역변수와도 같다는 것이다. 그러므로 공유 자원과 해당 공유 자원에 대한 동기화 구역을 최소한으로 유지해야 한다. 물론 비어있는 동기화 구역은 당연히 삭제해야 한다.

참고

동기화 구역에 관한 더 자세한 설명은 8.7절, "static 메서드로만 구성된 클래스는 싱글톤 패턴으로 변환한다."에서 더욱더 자세히 설명하겠다.

설계에
도움이 되는
가이드라인

기본 프로그래밍 가이드라인은 자바 프로그래밍에서 흔히 실수하고 잘못 사용되는 기초적이고 필수적인 가이드라인과 가독성과 명명규칙 그리고 가장 빈번히 사용되며 소프트웨어의 성능에 꽤 비중 높은 문자열 처리에 관해서 설명하고 있다. 이 장에서 설명하는 규칙은 사용 빈도가 높지만 대부분 매우 간단하고 단순한 실수라 빈번히 무시되고 지나칠 수 있는 부분이지만 이처럼 잘못된 사용이 모여서 치명적인 결함으로 발전할 수 있다. 예를 들어, 잘못된 문자열 결합은 소규모의 소프트웨어에서는 유의미한 현상이 발생하지 않지만 대규모 소프트웨어에서는 메모리 낭비의 주요 원인이 될 수 있다.

코드 길이와
복잡도

길고 복잡한 코드의 문제점

> 프로그래밍이란 문제의 복잡도를 해결하는 것이다.
> 브루스 에켈(Bruce Eckel)

프로그래밍이란 문제를 해결하기 위해 수학 공식처럼 명확하고 논리적인 체계를 설계하고 만들어가는 것을 의미한다. 언어와 환경에 관계없이 대부분의 소프트웨어 개발과 유지보수의 실패 원인은 소프트웨어의 복잡도를 관리하지 못하는 데 있다. 하지만 많은 소프트웨어 개발 프로젝트에서 문제의 해결 방안으로 원래의 문제보다 더욱 복잡한 미로를 프로그래밍하고 프로젝트 말미에 이 미로에서 나온 미노타우로스와 마주하는 상황이 종종 발생한다. 그러므로 프로젝트를 성공적으로 수행하려면 필연적으로 소프트웨어의 복잡도를 관리해야 한다.

의외로 많은 개발자가 코드의 길이와 복잡도에 대해 잘못된 관념을 가지고 있다. 실제로 많은 현장에서 코드의 길이가 길수록 자신이 최선을 다해서 일했다고 믿거나, 반대로 코드의 길이를 최대한 줄여서 복잡도를 올릴수록 최적화된 코드를 작성했다고 믿는 개발자를 만날 수 있다.

몇 년 전, 한 정부부처에서 발주한 중장기 프로젝트에 참여한 적이 있는데, 이 프로젝트에서는 기존에 각 시도별로 관리되던 지리 관련 데이터를 통합 관리하는 전국 규모의 시스템 구축을 목표로 했다. 전체 프로젝트 기간은 5년이었고, 2년간 전체적인 시스템의 구조를 정의하고 핵심 기능의 가능성을 실증하는 프로토타입을 개발하고, 이후 3년간 전체 시스템을 개발하는 것으로 목표를 설정했다.

지금도 그렇지만 그 당시에도 소프트웨어 품질관리에 관한 인식은 그리 높지 않아서 단순히 지침서 작성과 사후 감리가 품질관리를 위한 최선의 방안이었다. 그로 인해 분명 프로젝트의 규모가 작지 않고 많은 개발자가 참여하고 있었지만 안타깝게도 전체 시스템의 구조를 담당하는 관리자 외에는 소프트웨어의 품질을 관리하는 담당자가 없었고, 개발 지침서도 일반적인 사항 이외의 소프트웨어 품질과 관련된 사항은 많지 않았다. 심지어 이 개발 지침서마저도 제대로 지켜지지 않았다. 그 결과, 2년간 개발된 프로토타입 시스템은 설계자가 프로젝트 초기에 설계한 피상적인 큰 틀을 제외하고 모든 소스코드에 불필요하거나 중복된 코드가 무분별하게 작성됐고, 코드의 세부적인 단계에서는 엄청난 혼란이 야기됐다.

이 문제의 원인으로 각 개발자가 개발 지침서를 무시하고 개인의 입맛에 맞는 코드를 작성했다는 것도 있지만, 그보다 더 큰 원인은 앞에서 설명한 바와 같이 소프트웨어의 품질을 담당하는 관리자가 없다는 점이었다. 실제 이 프로젝트에서는 설계자가 전체적인 구조만 설정하고 상세 기능 개발은 각 담당 개발자에게 위임한 이후, 누구도 각 개발자가 만들어낸 결과물의 품질을 검증하지 않았다. 대부분의 개발자가 자신만의 개발 편의를 위해 각자의 스타일로 기능을 개발했고, 미리 개발된 공통 기능 또한 직접적으로 활용하기보다는 각자의 스타일에 맞게 수정해서 사용했지만 이를 아무도 막지 못했다.

안타깝게도 이처럼 잘못된 개발 방식의 결과는 즉각적으로 나타나지 않고 많은 개발자의 작은 잘못이 누적되어 눈덩이처럼 불거졌을 때야 가시적으로 나타난다. 이 프로젝트에서도 이 문제를 발견했을 때는 주요 코드에서부터 웹 서비스 페이지까지 개발 중 작성됐다가 용도 폐기된 소스코드가 그대로 존재하거나 문자열 유틸리티와 같이 자주 쓰이는 기능을 개발자마다 약간의 세부 기능이 다른 객체와 메서드를 생성해서 광범위하게 비슷한 기능들이 난립했으며, 스크립트 파일 하나의 길이가 10,000여 줄을 넘는 등 걷잡을 수 없는 상태로 번져나간 상태였다. 그로 인해 단순히 화면상의 콤보박스 하나를 수정하더라도 수만 줄을 확인하고 검토해야 하는 상황으로 발전했다.

안타깝게도 이미 이 프로젝트의 전체 기간인 5년 중 2년을 프로토타입을 구현하는 데 소요해버려서 남은 3년 동안 다시 프로토타입을 재개발하고 나머지 기능을 개발하기에는 너무나 먼 길을 걸어온 상태였다. 결국, 기존에 개발된 프로토타입을 유지하면서 불필요한 코드를 최대한 제거하고 소스코드의 통일성을 유지하는 쪽으로 방향을 잡고 힘겹게 프로젝트를 진행했지만 시스템 개발이 완료되는 시점까지 재개발을 고민하는 악순환이 계속됐다.

해결 방안

문제의 해결 방안으로 단순히 소스코드의 길이를 줄이기 위해 공백을 삭제하거나 변수명을 단순화하거나 꼭 필요한 검증 기능을 제거하는 등의 수박 겉핥기 식의 접근법은 아무런 도움을 줄 수 없으며, 오히려 소프트웨어의 품질을 떨어트리고 스파게티 코드가 만들어지는 지름길이다. 이 같은 문제는 소스코드의 길이가 길고 복잡하다는 증상을 보이는데, 근본적인 원인은 개발자가 객체 지향 프로그래밍의 개념을 이해하지 못했다는 데 있다. 그러므로 이러한 소스코드의 복잡도를 해결하기 위한 근본적인 해결책은 객체 지향 프로그래밍의 원리를 바탕으로 객체를 모듈화(Modularize)하고, 객체의 응집도는 높이고 (High Cohesion) 결합도는 낮게(Loose Coupling) 유지하는 것이다.

먼저 모든 객체의 모듈화를 고려해야 하는데, 이를 위해서는 객체 지향 프로그래밍의 4가지 기본 원칙인 추상화(Abstraction), 캡슐화(Encapsulation), 상속(Inheritance), 다형성(Polymorphism)을 고려해 소프트웨어를 설계하고 개발해야 한다. 일반적으로 추상화, 상속, 다형성의 경우 구조 설계자 또는 분석가가 소프트웨어의 바탕이 되는 프레임워크를 참고해 초기에 일정 품질 이상의 골격을 만들지만 상세 클래스의 구현과 직접적으로 연관된 캡슐화의 원칙에 관해서는 대부분 각 개발자의 몫으로 남겨진다.

하지만 안타깝게도 많은 개발자가 상세 클래스를 구현하는 단계에서 이러한 원칙을 준수해서 개발하는 것을 제대로 이해하지 못하거나 이 같은 개발 방법을 번거로워한다.

여기서 말하는 캡슐화란 클래스 내부의 데이터와 구현을 숨기고 외부 접근을 제한함으로써 객체를 모듈화(modularize)하는 것을 의미한다. 이를 위해 데이터에 직접적으로 접근하는 것을 제한하며, 접근자/설정자 메서드(getter/setter)를 이용한 간접적인 접근만을 제공하며, 접근자는 내부에서 데이터 검증(validation) 절차 등을 구현하고 필요한 데이터에만 접근을 허용해 데이터를 더욱더 안전하게 보호할 수 있는 정보은닉(Information Hiding)을 보장한다. 모듈화된 객체는 외부 객체와 분리되어 외부의 기능 변경이 내부 구현에 아무런 영향을 끼치지 못한다. 더욱이 사용자도 클래스의 내부 구현을 이해하지 않고도 클래스의 기능을 사용할 수 있다.

캡슐화, 즉 클래스를 모듈화했으면 그다음 단계로 객체의 응집도와 결합도를 고려해야 한다. 응집도란 하나의 모듈화된 객체가 해당 객체의 목적에 맞는 기능으로만 구성돼 있는 정도를 의미하며, 결합도란 객체 간 상호 의존도의 정도를 의미한다.

이러한 응집도와 결합도를 모래성과 레고 블록으로 비유할 수 있다. 이 둘은 하나의 모형을 만든다는 목적은 같지만 결과물의 구조는 전혀 다른 형태로 구성돼 있다. 아이들이 놀이터에 모여서 만드는 모래성은 구성 요소의 가장 작은 단위인 모래 한 알 한 알이 엉켜서 하나의 유의미한 구조를 형성한다. 이 모래성의 구조는 수많은 모래 알갱이가 뭉쳐서 이뤄진 구조로서, 높은 상호 의존성 없이는 만들어질 수 없다. 따라서 모래성의 일부분을 구역화해서 명확하게 구분하기란 매우 어렵고 이 일부분을 수정하려면 해당 구역과 연결된 모든 부분을 변경해야만 한다. 반면 레고 블록은 미리 일정 규격에 따라 만들어진 블록과 블록을 요철을 통해 연결해 새로운 구조물을 만들 수 있다. 이렇게 만들어진 구조는 각 구역으로 구분될 수 있으며, 각 구역의 연결 또한 견고하다.

응집도와 결합도의 관점에서 다시 말하자면 모래성의 결합도는 매우 높고, 반대로 응집도는 매우 낮은 불안정한 구조다. 반대로 레고 블록의 결합도는 매우 낮고, 응집도는 높은 안정적인 구조로 볼 수 있다. 그뿐만 아니라 모래성은 모래알이라는 아주 작은 구성요소로 이뤄져서 명확하게 구분할 수 없는데, 이것은 모듈화된 객체로 구분하는 것이 불가능해서 응집도가 가장 낮은 단계에 해당한다는 의미이기도 하다. 또한 객체 간의 결합도 측면에서는 각 모래알이 무수히 많은 연결관계를 맺고 있으므로 결합도가 무한히 늘어난다. 특히 모래성은 어느 한 부분이 무너지면 연쇄반응으로 다른 부분까지 영향을 주며, 최악의 경우 모래성 전체가 붕괴될 수 있으며, 이런 식으로 구성된 소프트웨어에서도 작은 오류가 치명적인 결함으로 발전할 가능성이 매우 높다.

반대로 레고 블록은 모든 블록이 각기 고유한 모양으로 모듈화돼 있으며, 용도에 따라 필요한 블록을 사용할 수 있는데, 이는 블록의 용도에 맞는 기능만 응집돼 있다는 것을 의미한다. 또한 각 블록의 모양과 관계없이 모든 블록이 서로 요철로 연결되어 매우 안정적인 결합을 보장한다. 이는 블록 간, 즉 객체 간 결합도가 매우 낮다는 의미다.

결합도가 높을수록 모래성과 같이 객체와 객체 간의 상호 의존도가 높아서 서로 명확하게 구분할 수 없고, 한쪽 객체의 내부를 수정하면 다른 연결된 객체도 수정해야 하는 상황이 발생한다. 반대로 결합도가 낮으면 레고 블록과 같이 각 객체가 고유한 속성을 가지고 구분되고, 요철이라는 특정한 인터페이스를 통해 결합할 수 있어서 블록의 모양을 어떻게 만들어도, 즉 각 객체의 내부 구현이 변경돼도 서로 연결되는 인터페이스만 같다면 객체를 연결해서 사용될 수 있다.

팀워크 측면에서 모래성은 모든 구성요소가 연결돼 있어 어느 한 부분을 특정하기 어려워서 한 사람의 개발자가 개발하는 것은 가능하지만 구역화해서 팀 단위로 일하는 것은 불가능하다. 반대로 레고는 각 구역별로 구분이 명확하고 연결이 쉽기 때문에 팀 단위의 작업에 적합하다.

응집도는 하나의 객체가 얼마나 유기적으로 구성되느냐를 가늠하는 척도이며, 응집도가 높을수록 객체가 더욱더 하나의 목적을 위해 필요한 기능만으로 구성됐음을 의미한다. 반대로 응집도가 낮을수록 무의미한 관계의 구성요소가 객체에 많이 포함돼 있다. 예를 들어, 모래성은 모든 구성요소가 하나의 거대한 객체 덩어리로 묶여있는데, 이는 모래성이라는 전체 구조가 구분되지 않고 하나의 객체 안에 모든 기능이 뒤엉켜서 구역별로 어떤 요소가 필요하고 불필요한지를 구분하기가 불가능에 가까워 응집도가 매우 낮은 구조라 볼 수 있다. 반대로 레고 블록은 모든 블록이 특정 목적에 맞는 기능의 집합으로 구성돼 있어 응집도가 매우 높다.

표 8.1은 응집도의 단계를 보여주며, 표 8.2는 결합도의 단계를 설명한다.

응집도	응집도의 종류
낮음	우연적 응집도(Coincidental Cohesion) 이 단계의 모듈은 서로 의미 없는 관계의 구성요소로 이뤄진다.
	논리적 응집도(Logical Cohesion) 이 단계의 모듈은 같은 범주나 종류의 주로 외부에서 호출되는 기능을 포함한다.
	시간적 응집도(Temporal Cohesion) 초기화와 같이 특정 시기에 특정 기능을 수행하는 기능으로 구성된 모듈

	절차적 응집도(Procedural Cohesion)
	모듈 내의 각 구성요소가 연결되어 절차에 따라 연속적으로 수행되는 모듈
	통신적 응집도(Communication Cohesion)
	모듈 내의 기능이 같은 입력 값을 사용하지만 각 처리 절차가 완전히 다르고 서로 관계가 없다.
	순차적 응집도(Sequential Cohesion)
	하나의 기능에서 생성된 출력값이 다른 기능의 입력값으로 사용되는 순서를 갖는 모듈
높음	기능적 응집도(Functional Cohesion)
	하나의 온전한 기능을 수행을 위한 필수 요소만 포함한 모듈

표 8.1 응집도의 단계

결합도	결합도의 종류
	절차적 프로그래밍
	소프트웨어가 여러 개의 서브 루틴으로 이뤄져 모든 소스코드가 연결돼 있음
	내용 결합도(Content coupling, Pathological coupling)
	객체 간 의존성이 매우 높으며, 하나의 객체를 수정하면 연관된 다른 객체의 내부 동작을 수정해야 한다.
	공통 결합도(Common coupling, Global coupling)
	전역 변수를 사용해 여러 개의 객체가 공유 자원을 공유하는 상태로, 공유된 자원을 변경하면 모든 객체를 변경해야 한다.
높음	**외부 결합도(External coupling)**
	여러 개의 객체가 외부의 데이터 포맷, 통신 프로토콜, 또는 디바이스 인터페이스를 공유하는 것을 의미하며, 이런 규약이 변경되면 해당 객체를 모두 변경해야 한다.
	제어 결합도(Control coupling)
	하나의 객체 또는 모듈이 다른 객체의 흐름을 제어한다. 객체를 추가하거나 수정할 때 제어 객체를 수정해야 한다.
	자료 결합도(Data coupling)
	매개변수 등을 통해 객체 간 데이터 공유를 하는 경우로서 꼭 필요한 데이터만 공유하고, 이외의 어떠한 데이터도 공유해서는 안 된다.
낮음	**메시지 결합도(Message coupling)**
	객체 간에 직접적인 의존관계를 만들지 않고 공용 인터페이스를 통한 메시지 혹은 이벤트 전달을 통해 연결된다.
없음	**결합도 없음(No coupling)**
	객체 간에 어떠한 통신도 하지 않는다.

표 8.2 결합도의 단계

응집도와 결합도의 단계를 정리한 표를 바탕으로 보면 모래성은 모든 요소가 하나의 덩어리로 이뤄져서 우연적 응집도와 절차적 프로그래밍 단계로 표현할 수 있다. 반대로 레고 블록은 하나의 기능을 수행하기 위한 블록 단위의 객체를 구성하므로 기능적 응집도라 할 수 있으며, 결합도 측면에서는 객체 간 공통 인터페이스를 통해 연결되므로 메시지 결합도 단계라 할 수 있다. 단 결합도와 관련해서 한 가지 조심해야 할 점은 구조의 복잡도를 해결하기 위해 결합도를 낮추려고 과도하게 노력하다가 객체 간의 연결 관계가 단절되는 경우도 있다는 것이다.

이 장에서는 지나치게 긴 코드와 코드의 복잡성에 대해 경고하고 이러한 복잡성을 해결하는 방법을 설명했지만 그렇다고 단순히 소스코드의 일부분을 추가하거나 삭제, 변경하는 식으로 소스코드를 간결하게 만들고 가독성을 높이는 데서 끝나서는 안 된다. 앞서 설명했듯이 이러한 피상적인 문제의 근원은 구조적인 문제일 가능성이 매우 높기 때문이다. 그러므로 소스코드가 과도하게 길고 복잡하면 소스코드의 구조를 재고할 필요가 있다.

8-1 길고 복잡한 코드는 단순하게

복잡하고 긴 소스코드는 대부분 응집도가 낮고 결합도는 높다. 따라서 소프트웨어의 품질을 현저히 떨어트리고 가독성을 저해하는 주요 요인 중 하나다. 이러한 소스코드를 살펴보면 대부분 클래스 내부에 관련 없는 메서드와 클래스 멤버 변수가 많이 채워져 있어 응집도가 매우 낮은 경우가 많다. 개발 편의를 위해 한 메서드에 다른 객체나 메서드로 위임해야 할 모든 기능들이 포함된 경우도 있다. 그림 8.1.1은 실제 프로젝트에서 관련 없는 메서드가 한 클래스에 과도하게 밀집돼 있고 한 클래스에 모든 기능이 모여있는 잘못된 클래스 설계의 예다.

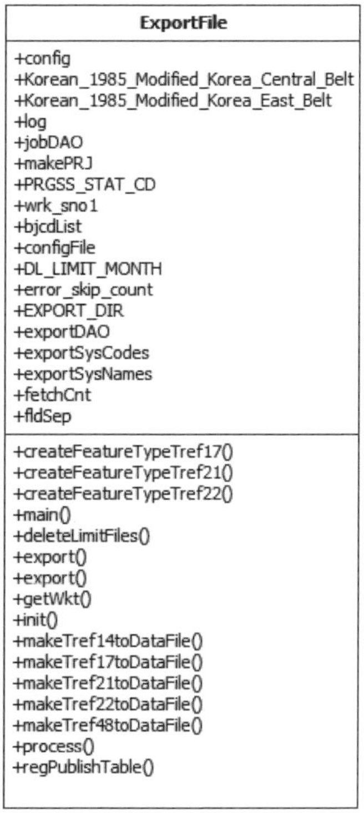

```
                ExportFile
+config
+Korean_1985_Modified_Korea_Central_Belt
+Korean_1985_Modified_Korea_East_Belt
+log
+jobDAO
+makePRJ
+PRGSS_STAT_CD
+wrk_sno1
+bjcdList
+configFile
+DL_LIMIT_MONTH
+error_skip_count
+EXPORT_DIR
+exportDAO
+exportSysCodes
+exportSysNames
+fetchCnt
+fldSep
+createFeatureTypeTref17()
+createFeatureTypeTref21()
+createFeatureTypeTref22()
+main()
+deleteLimitFiles()
+export()
+export()
+getWkt()
+init()
+makeTref14toDataFile()
+makeTref17toDataFile()
+makeTref21toDataFile()
+makeTref22toDataFile()
+makeTref48toDataFile()
+process()
+regPublishTable()
```

그림 8.1.1 기능이 과도하게 구현돼 있는 잘못된 클래스 설계의 예

그림 8.1.1의 클래스의 실제 코드는 2,000여 줄을 넘고, 각 메서드 안에 과도한 기능이 밀집돼 있다. 이처럼 소스코드가 비효율적으로 설계돼 있으면 문제를 파악하는 데 소비하는 시간이 문제를 해결하는 시간보다 오래 걸린다. 복잡하고 긴 소스를 파악하는 일이 사막에서 바늘 찾기와 같다. 위 클래스는 지리

자료 수집을 위한 배치 프로세스를 구현한 것이지만 클래스에 포함된 요소와 메서드로는 전혀 그 목적을 파악할 수 없다. 모든 기능이 main 메서드에서 시작해 차례대로 실행되는 절차적인 구조를 유지함으로써 특정 기능을 즉시 파악하고 유지하기가 불가능할 정도로 모든 요소와 기능이 거미줄처럼 엉켜 있어 최악의 응집도를 나타낸다. 결국 이 소스코드는 작성된 이후로 단 한 번도 실 서버에서 사용되지 못하고 리팩터링되어 10개가 넘는 객체로 분리된 후 적정 수준의 응집도와 결합도를 유지하도록 수정됐다.

문제점 진단

PMD에서는 길고 복잡한 코드를 진단하기 위해 많은 룰을 제공한다. 우선 클래스의 실제 코드 길이를 진단하기 위한 NcssTypeCount 룰을 비롯해 메서드의 복잡도를 진단하기 위한 NPathComplexity 룰, 메서드의 길이를 진단하기 위한 NcssMethodCount 룰, 생성자의 길이를 진단하기 위한 NcssConstructorCount 룰을 제공하며, 마지막으로 메서드 내에서 같은 코드가 과도하게 반복적으로 실행되는 것을 막기 위한 ExcessiveMethodLength 룰을 제공한다. 또한 한 객체에 과도하게 많은 객체가 포함된 것을 진단하기 위한 CouplingBetweenObjects 룰과 과도한 객체 참조를 진단하는 ExcessiveImports 룰을 제공한다. 그림 8.1.2는 이처럼 복잡한 소스코드를 PMD로 진단한 결과다.

* Ncss(Non Commenting Source Statements 주석을 제외한 줄 수)

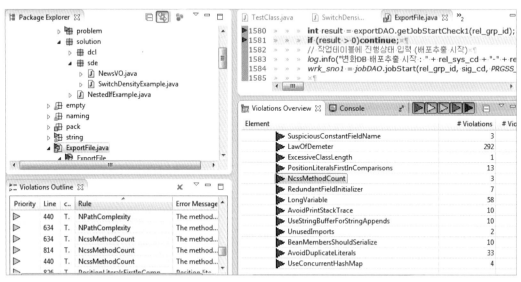

그림 8.1.2 복잡한 소스코드를 진단한 결과

해결 방안

최적의 해결 방안은 응집도와 결합도를 고려해 객체를 재구성하는 것이겠지만 이처럼 근본적인 해결 방안을 적용할 수 없는 상황이라면 최소한 소스코드를 가독성 있는 단계까지는 정리해야 하며, 이는 차후 성능 개선과 유지보수를 위해 매우 중요하다.

사실 가독성이 가장 높은 코드의 길이는 정해진 바가 없지만 일반적으로 메서드의 길이는 모니터 화면에서 한 번에 볼 수 있는 길이를 최적의 길이로 간주한다. 메서드는 고유한 기능을 하나의 흐름으로 구성하므로 소스코드의 길이가 모니터 화면의 크기를 벗어나면 그만큼 소스코드의 흐름을 파악하기 어렵고 가독성이 떨어진다. 소스코드가 이 범위를 넘어선다면 불필요한 코드가 포함돼 있거나 다른 메서드로 위임해야 하는 코드로 구성된 경우가 많다. 그러므로 PMD에서는 메서드와 생성자의 순수 소스코드의 길이가 100줄을 넘지 않도록 권고하며, 이런 메서드의 집합인 클래스의 순수 소스코드의 길이는 1,500줄을 넘지 않도록 권고한다.

그림 8.1.1에 나온 클래스는 2,000여 줄에 가까운 메서드를 비롯해 전체 클래스의 길이가 5,000여 줄에 가깝다. 따라서 다음과 같은 순서로 이 소스코드의 복잡도를 조절해야만 한다.

1. 한 화면을 넘는 메서드는 단일한 고유의 기능이 아닌 부수적인 기능이 섞여 있을 가능성이 높으므로 메서드 내의 소스코드를 기능별로 분리해야 한다.
2. 각 특성에 맞게 새로 작성된 메서드를 유사성을 비교해 응집도가 높은 객체로 묶는다.
3. 분류된 객체 사이에는 최소한의 결합도를 유지하도록 결합도를 조절한다.

그림 8.1.3은 그림 8.1.1의 잘못된 구조를 올바른 구조로 변경한 예로, 긴 메서드를 기능별로 분류하고 객체로 묶은 다음 마지막으로 각 객체 간의 결합도를 재조정한 예다. 기존에는 데이터베이스에서 지리 정보를 불러와 압축된 도형 파일로 만드는 과정을 makeTref22toShapeFile1이라는 단일한 메서드로 구현했지만, 리팩터링한 구조에서는 데이터베이스에서 지리 정보를 불러오는 loadTref22, 도형 정보를 설정하는 setFeatureType, 도형 정보를 저장하는 storeFeature, 도형 정보를 저장하는 파일을 생성하는 makeShapeFile, 마지막으로 생성된 파일을 압축하는 zipFile 메서드로 분류하고, 이와 연관된 하위 기능을 각 유형에 따라 새로운 객체를 생성해 전체적인 가독성을 개선하고 지속적으로 관리할 수 있는 구조로 리팩터링했다.

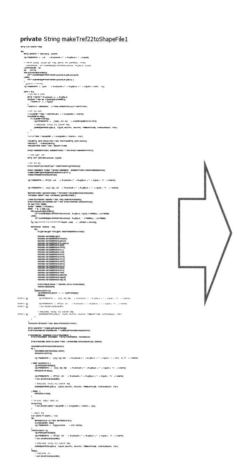

private String makeTref22toShapeFile1

> builder 3
  ▲ ⊞ base 3
        ▷ 🗎 BaseBuilder.java 4
        ▷ 🗎 WorkerVO.java 3
  ▷ ⊞ tref14 3
  ▷ ⊞ tref21 3
  ▲ ⊞ > tref22 3
        ▲ 🗎 > Tref22Builder.java 8
              ▲ ⊙ > Tref22Builder 8
                    ▫ˢ JOB_NAME
                    ▫ˢ logger
                    ▫ˢ makePRJ
                    ▫ featureType
                    ▫ fileName
                    ▫ pathName
                    ▫ relSysCd
                    ◆ Tref22Builder(String, String, String, int, ExportConfigVO)
                    ● build(String, String, String, int) : void
                    ● loadTref22(String, String, int) : void
                    ● makeShapeFile(String, String, String, int) : URL
                    ▪ setFeatureType(String, String) : void
                    ▪ storeFeature(URL, String, int, SimpleFeatureType) : boolean
                    ● zipFile(String, String, int) : String
        ▷ 🗎 Tref22DataWorker.java 3
        ▷ 🗎 Tref22MainWorker.java 3

단일 메서드로 묶여 있던 프로세스를 관리 가능한 단위의 객체로 리팩터링함

그림 8.1.2 엉켜있는 메서드를 적당한 응집도와 결합도를 유지하도록 리팩터링한 예

8-2 너무 많은 기능을 한 클래스에 넣지 않는다

복잡하고 많은 기능을 포함한 클래스에는 대부분 불필요한 코드가 포함돼 있거나, 과도하게 많은 기능이 하나의 클래스에 몰려 있는 우연적 응집도 단계의 클래스일 가능성이 매우 높다. 이런 클래스는 너무 많은 기능이 한 클래스에 몰려 있어 새로운 기능을 추가하거나 이전 기능을 찾아서 수정하기가 매우 어렵다. 또한 프로젝트에서 공통 기능으로 사용되는 객체라면 다수의 개발자가 동시에 한 객체에 접근해 소스코드의 버전 간 충돌이 자주 발생할 가능성이 높아서 관리 관점에서 매우 비효율적이다.

소프트웨어의 성능 측면에서 보면 객체의 크기가 커지면 그만큼 불필요한 메모리 사용도 늘어나며, 공통 기능을 포함한 객체라면 빈번한 호출로 전체적인 소프트웨어의 성능 저하를 초래한다. 예를 들어, 그림 8.2.1과 같이 SyncDAO 클래스는 연관성 없는 다양한 메서드를 포함하고 있으며, 심지어 이 클래스는 어떠한 인스턴스 관리 절차 없이 필요한 객체가 그때그때 인스턴스를 생성해서 사용하고 있다. 그러므로 SyncDAO 클래스를 사용하기 위해 인스턴스를 생성할 때마다 불필요한 다른 기능들이 함께 메모리에 적재되어 시스템의 자원을 낭비한다.

SyncDAO
-sqlSessionFactory
+autoProcedure()
+deleteDupeEquals()
+deleteOriginalData()
+deleteTref11()
+deleteUfidListTref11Minus()
+getBackupCountCheck()
+getCntCompareTref11()
+getJobCountCheck()
+getJobStartCheck()
+getJobStartCheck1()
+getJobStartCheck2()
+getObjectidDupe()
+getObjectidDupeEquals()
+getResultCompareTref11()
+getSigCd()
+getUfidDupe()
+getUfidDupeTref11()
+getUfidList()
+getUfidListMinusTref11()
+getUfidListMod()
+getUfidListTref11Minus()
+insertBackup()
+insertError()
+insertTref11()
+insertUfidListMinusTref11()
+updateNewUfid()
+updatePnu()
+updateTref11()
+updateTref11RelGrpId()
+updateUfidListTref11()

그림 8.2.1 너무 많은 기능이 포함된 클래스의 예

문제점 진단

과도하게 기능이 집중된 클래스를 진단하기 위해 PMD에서는 1,000줄 이상의 클래스를 과도한 크기의 클래스로 판단하고 경고하는 ExcessiveClassLength 룰을 비롯해 클래스에 너무 많은 메서드가 포함된 경우를 경고하기 위해 기본적으로 10개 이상의 메서드가 포함된 모든 클래스에 대해 경고하는 TooManyMethods 룰을 제공한다. 그림 8.2.2는 이러한 룰을 이용해 과도한 기능이 포함된 클래스를 진단한 결과다.

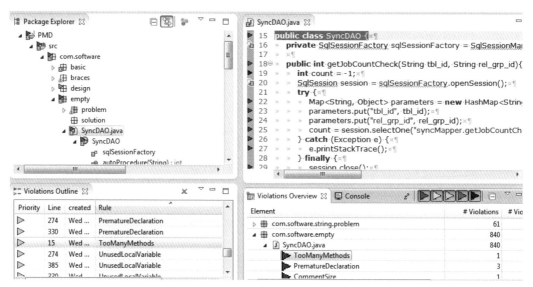

그림 8.2.2 과도한 기능이 포함된 클래스를 진단한 결과

해결 방안

이 같은 문제는 낮은 단계의 응집도를 더 높은 단계의 응집도로 개선하는 것이 가장 좋은 해결 방안이다. 과다하게 집중된 클래스의 기능을 최대한 관리 가능한 기능 단위로 나누고, 유형별로 기능을 분류해서 새로운 클래스로 위임함으로써 객체의 일관성을 유지하게 해야 한다. SyncDAO는 실제로 모든 데이터베이스 연계 정보를 포함하고 있지만 이 DAO는 공통 기능과 Job에 관한 기능뿐 아니라 Tref11 테이블과 관련된 기능, ufid 테이블과 관련된 기능, 그리고 전처리 프로세스를 위한 기능으로 분류할 수 있다. 이처럼 분류한 각 기능 가운데 공통 기능을 부모 클래스에 두고, 나머지 Job, Tref11, ufid, 전처리 DAO가 부모 클래스를 상속하는 모델로 리팩터링할 수 있다. 예제 8.2.2는 8.2.1의 비대한 클래스를 관리 가능한 클래스로 리팩터링한 예다.

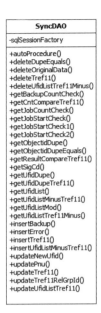

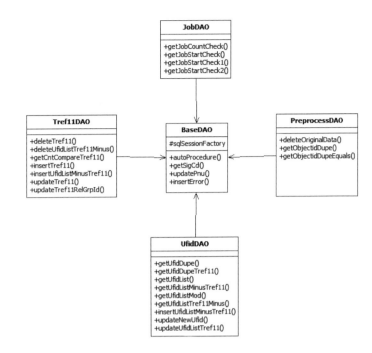

예제 8.2.2 관리 가능한 클래스의 예

8-3 연관성 있는 변수는 하나의 객체로 묶는다

소스코드를 복잡하게 만들고 동료를 혼란에 빠트리는 가장 쉬운 방법은 연관성 없는 수많은 변수를 하나의 클래스에 집어넣는 것이다. 예제 8.3.1처럼 소스코드에 다양한 변수가 무작위로 나열돼 있거나 메서드에 전달하는 인자가 3개 이상이라면 객체 또는 메서드를 이해하고 사용하기가 매우 어려워진다.

예제 8.3.1 너무 많은 변수로 가독성이 저해된 예

```java
package com.software.code.problem;

public class TooManyFieldsExample {

    // 너무 많은 클래스 멤버 변수는 가독성을 저해하는 주된 요소다
    private String userId;
    private String userPwd;
    private String userName;
    private String address;

    private String documentId;
    private String title;
    private String body;
    private String author;
    private String date;

    private String etc0;
    private String etc1;
    private String etc2;
    private String etc3;
    private String etc4;
    private String etc5;
    private String etc6;

    public static void main(String[] args) {

    }

    // 3개 이상의 인자는 메서드를 사용할 때 혼란을 일으킨다.
    public static void tooManyParameterList(String text0, String text1, String text2
                                ,String text3, String text4, String tex5
                                , String text6, String text7,String tex8
```

```
                              , String text9) {
        /*
         *
         *
         *
         */
    }
}
```

문제점 진단

PMD에서는 무분별한 클래스 멤버 변수의 사용을 진단하기 위해 TooManyFields 룰을 비롯해 메서드 매개변수가 너무 많은 경우를 진단하기 위해 ExcessiveParameterList 룰을 제공하며, 개발자에게 수정하길 권고한다. 그림 8.3.1은 이러한 잘못된 변수 사용을 진단한 결과다.

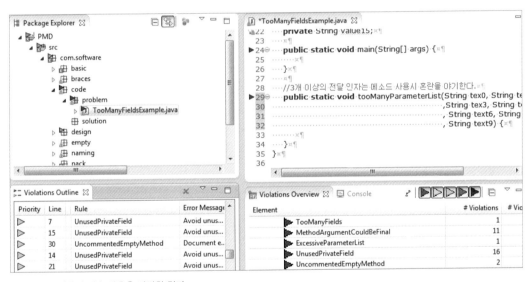

그림 8.3.1 잘못된 변수 사용을 진단한 결과

해결 방안

과도하게 많은 멤버 변수의 문제점에 대한 근본적인 해결 방안은 연관성 있는 변수를 하나의 객체로 묶어서 특정 자료형(date type)과 같이 사용하는 값 객체(VO; Value Object)를 활용하는 것이다. 예를 들어, 예제 8.3.1에서는 사용자 정보와 관련된 userId, userPwd, userName, address 등은 UserVO라는 객체로 묶고, documentId, title, body, author 등과 같은 문서 관련 변수는 DocumentVO로 통합하는 편이 가독성과 개발 편의성 면에서 유리하다. 값 객체(VO)의 사용은 내부 변수에 직접적으로 접근하는 것을 방지하고 접근 메서드(mutator/accessor method)를 통해 접근하는 것을 강제하므로 데이터 캡슐화에 도움이 된다. 메서드의 매개변수로 같은 변수가 반복적으로 사용된다면 가변인자(varargs)를 활용하는 것도 좋은 방안이다. 예제 8.3.2는 올바른 값 객체와 가변인자를 사용하는 예다.

예제 8.3.2 올바른 값 객체와 가변인자의 사용 예

UserVO: user와 관련된 변수를 묶은 하나의 값 객체

```java
package com.software.code.problem;

public class UserVO {

    private String userId;
    private String userPwd;
    private String userName;
    private String address;

    public String getUserId() {
        return userId;
    }
    public void setUserId(String userId) {
        this.userId = userId;
    }
    public String getUserPwd() {
        return userPwd;
    }
    public void setUserPwd(String userPwd) {
        this.userPwd = userPwd;
    }
    public String getUserName() {
        return userName;
    }
    public void setUserName(String userName) {
        this.userName = userName;
    }
    public String getAddress() {
```

```
            return address;
        }
        public void setAddress(String address) {
            this.address = address;
        }
        @Override
        public String toString() {
            return "UserVO [userId=" + userId + ", userPwd=" + userPwd
                    + ", userName=" + userName + ", address=" + address + "]";
        }

}
```

변경된 TooManyFieldsExample

```
package com.software.code.solution.many;

public class TooManyFieldsExample {

    // 각 유형별로 값 객체로 묶어서 가독성을 향상시킴
    private UserVO userVO;

    private DocumentVO documentVO;

    private EtcVO etcVO;

    public static void main(String[] args) {

    }

    /*
     * 3개 이상의 매개변수는 가변인자를 이용해 가독성을 향상시킬 수 있으며
     * 가변인자를 사용하므로 불필요한 메서드 오버로딩을 할 필요가 없다.
     * 단, 오류를 방지하기 위해 첫 번째 인자는 일반 매개변수로 받아야 한다.
     */
    public static void tooManyParameterList(String text0, String ... texts) {

    }

}
```

클래스의 결합도는 낮춰야 한다

앞에서 설명한 바와 같이 과도한 결합도는 객체 간의 상호 의존성을 불필요하게 높여서 객체 지향 프로그래밍의 구조를 무력하게 만든다. 대표적인 예로 클래스 멤버 변수를 인터페이스 없이 불필요하게 public으로 설정하거나, 전역변수로 여러 객체가 공통 값을 공유하고, 객체 내부의 구현이 다른 객체의 내부 구현과 밀접하게 연결돼 있는 상태가 있다. 이러한 모든 잘못된 구현은 대부분 객체 지향 프로그래밍의 개념을 이해하지 못해서 발생하며, 결과적으로 각 객체의 내부 구현이 거미줄처럼 얽혀서 객체 외부의 변화에 따라 내부 구현도 변경해야 하는 등의 문제가 발생하며, 객체 지향 프로그래밍의 구조를 무의미하게 만든다.

단편적인 예로 예제 8.4.1과 같이 한 클래스에 public으로 공개된 필드와 메서드가 많을수록 클래스의 접근 가능성이 높아지고, 이는 클래스의 응집도를 떨어뜨리고 불필요한 객체 간 의존성을 높이는 부작용을 일으킨다. 또한 이러한 소스코드는 쉬운 접근성 때문에 보안에 매우 취약하다.

예제 8.4.1 결합도가 높은 클래스 설계의 예

```java
package com.software.code.problem;

public class ExcessivePublicCountExample {

    public String value;
    public int something;
    public double var;
     // [... 더 많은 필드 ...]
    public void doWork() {}
    public void doMoreWork() {}
    public void doWorkAgain() {}
     // [... 더 많은 public 메서드 ...]
}
```

이처럼 모든 요소가 공개된 클래스는 외부에서 손쉽게 접근할 수 있어 데이터가 변조될 가능성이 매우 높다.

문제점 진단

사실 PMD만으로는 정확하게 결합도를 진단하는 방법은 없다. 다만 간접적인 방법으로 public 멤버 변수와 메서드가 10개 이상 포함된 클래스에 대해 ExcessivePublicCount 룰을 통해 진단할 수 있다. 그림 8.4.1은 외부 접근성이 과도하게 높은 클래스를 진단한 결과다.

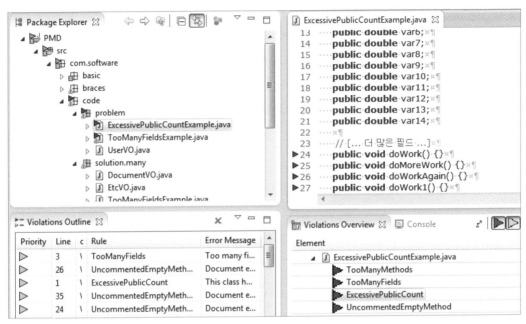

그림 8.4.1 과도한 외부 접근성을 ExcessivePublicCount 룰로 진단한 결과

해결 방안

해결 방안을 적용한다고 무작정 해당 룰에 따라 단순히 public으로 공개된 메서드를 클래스당 10개 이하로 수정해서는 절대로 안 된다. 이 방법은 단순히 PMD의 경고 메시지를 피하기 위한 임시방편일 뿐 오히려 소프트웨어의 품질을 악화시킬 수 있다. 일례로 필수적으로 사용되는 String 클래스는 public으로 공개된 수십 개의 메서드를 제공하지만 문자열 관리를 위한 기능으로만 구성돼 있어 높은 응집도와 낮은 결합도를 유지하고 있다. 그러므로 단순히 외부에서 접근 가능한 메서드가 몇 개나 존재하는가가 아니라 적정한 응집도와 결합도를 유지하는 것이 가장 올바른 해결 방안이다.

복잡한 메서드는 대부분 개발자 자신이 무엇을 개발하는지 정확히 이해하지 못했다는 것을 방증하며 스파게티 코드로 이어질 가능성이 매우 높다. 이런 문제의 원인은 불충분한 요구사항 분석, 빈번한 요구사항 변경, 프로젝트에 사용되는 컴포넌트와 프레임워크에 대한 이해 부족, 분석과 설계를 먼저 하기보다 코딩을 먼저 하는 습관을 들 수 있다. 특히 이런 습관은 주어진 기능 개발을 최우선 목적으로 두고 전체적인 소프트웨어의 구조를 무시하고 메서드를 구현하게 해서 차후 기능 개선과 유지보수를 어렵게 만드는 주범이다. 또한 이런 방식으로 구현된 메서드에는 많은 허점이 존재하며, 이런 허점을 막기 위해 또다시 불필요한 소스코드가 추가되는 악순환을 반복하며 스파게티 코드가 만들어지는 지름길을 제공한다.

하지만 불행히도 많은 프로젝트에서 아직도 분석과 설계를 선행하고 이를 바탕으로 구현하는 방식이 아닌, 구현을 먼저 수행하고 그 과정에서 발견하는 문제를 해결하며 기능을 완성하는 방식을 선호한다. 사실 이 같은 개발 방법은 구현의 완료와 관계없이 결과물이 모니터를 통해 개발자의 눈앞에 보이기 때문에 자신이 뭔가를 하고 있다는 것을 느낄 수 있고, 기능을 구현하면서 발생하는 허점(사실 설계를 먼저 수행했다면 고민할 필요가 없는 문제)을 해결하면서 성취감을 얻을 수 있다는 특징이 있다. 생각외로 이런 일은 현업에서 비일비재하게 발생한다.

예제 8.5.1은 배열을 정리하는 코드로서, 분석과 설계를 선행하지 않고 소스코드를 먼저 작성했을뿐더러 사용 가능한 컴포넌트를 활용하지 않아 매우 비효율적이고 가독성이 낮은 코드의 예다.

예제 8.5.1 매우 비효율적이고 복잡한 배열 정렬과 복사의 예

```
package com.software.code.problem;

public class CyclomaticComplexityExample {

    public static void main(String[] args) {
        int[] array = {0,3,5,2,6,7,8,9,1,4};
        int[] sortedArray = new int[array.length];
        int temp;
        try {
            if(array.length > 0) {
```

```
            if(sortedArray.length > 0) {
                if(sortedArray.length == array.length) {
                    for(int i =0; i < array.length ; i++) {
                        for(int k =i+1; k < array.length ; k++) {
                            if( array[i] > array[k]) {
                                temp = array[i];
                                array[i] = array[k];
                                array[k] = temp;
                            }
                        }
                        for(int v : array) {
                            System.out.print(v +" ");
                        }
                        System.out.print("\n");
                    }
                    for(int i= 0; i < array.length; i++) {
                        sortedArray[i] = array[i];
                    }
                }
            }
            System.out.println("최종 결과");
            for(int v : sortedArray) {
                System.out.print(v + " ");
            }
        } catch(Exception e) {
            e.printStackTrace();
        }
    }
}
```

문제점 진단

PMD에서는 복잡한 메서드를 진단하기 위해 CyclomaticComplexity 룰을 제공하고 반복문과 조건문
모두를 하나의 단계로 인식하며, 1-4 단계는 낮은 복잡도, 5-7은 중간 복잡도, 8-9는 높은 복잡도, 11

단계 이상은 매우 높은 단계의 복잡도로 진단하고 수정하도록 권고한다. 그림 8.5.1은 PMD로 메서드의 복잡도를 진단한 결과다.

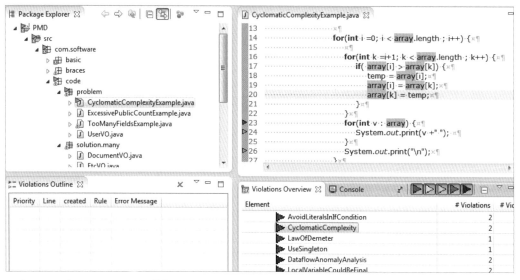

그림 8.5.1 CyclomaticComplexity 룰을 이용해 메서드의 복잡도를 진단한 결과

해결 방안

복잡한 메서드를 해결하기 위해 맨 먼저 해야 할 일은 자신이 작성할 소스코드가 기존의 컴포넌트나 프레임워크의 기능으로 포함된 것인지, 혹은 해당 프로젝트에서 비슷한 기능을 구현한 것은 없는지 확인하는 것이다. 이는 개발자 스스로 불필요한 중복 개발을 방지해 업무 효율을 높이고, 소스코드의 일관성을 유지하는 가장 쉽고도 확실한 방법이다. 하지만 많은 개발자가 당면 업무에만 초점을 두고 비슷한 기능이 중복으로 개발되는 일이 비일비재하다. 자신의 옆 사람이 어떤 일을 하는지 관심을 두는 것이 자신의 과업을 줄이는 가장 빠른 길이라는 점을 알면 개발이 더욱더 편해지고, 소스코드의 품질도 향상된다. 그 다음으로 고려해야 할 사항은 앞에서 계속해서 언급했듯이 응집도의 관점에서 메서드 구현과 직접적으로 관련이 없는 기능은 다른 객체나 메서드로 위임하고 불필요한 코드를 제거하는 것이다.

예제 8.5.1은 배열을 정렬해 sortedArray에 복사하는 과정을 구현한 코드다. 하지만 이 코드는 매우 불필요한 예외 처리를 비롯해 비효율적인 정렬 방식의 사용으로 가독성과 성능이라는 두 가지 면에서 모두 최악의 상태에 해당한다. 이 코드를 작성한 개발자가 소스코드를 작성하기 전에 분석/설계하는 데 시간을 조금만 투자했다면, 즉 자바에서 기본적으로 제공하는 컴포넌트인 Arrays 객체와 System을 확인했다면 예제 8.5.2와 같이 매우 간결하고 효율적인 코드로 작성할 수 있었을 것이다.

예제 8.5.2 효율적인 배열 정렬과 복사의 예

```
package com.software.code.solution;

import java.util.Arrays;

public class CyclomaticComplexityExample {

    public static void main(String[] args) {
        int[] array = {0,3,5,2,6,7,8,9,1,4};
        int[] sortedArray = new int[array.length];
        // 단 한 줄로 배열을 정렬할 수 있다.
        Arrays.sort(array);
        // 메서드 하나로 배열을 복사할 수 있다.
        System.arraycopy(array, 0, sortedArray, 0, array.length);
        System.out.println("최종 결과");
        for(int v : sortedArray) {
            System.out.print(v + " ");
        }
    }
}
```

필수
설계 규칙

9-1 복잡한 단계의 if 문은 위험하다

if 문으로 미로를 만들지 말자. 처음에는 단순한 분기점에서 시작하겠지만 수많은 분기점이 모이고 모여서 복잡하고 어려운 미궁이 된다. 복잡한 미궁은 골치아픈 문제를 해결하기 좋아하는 누군가에는 즐거움의 대상이지만 대부분의 사람들에게는 두통만을 안겨준다. if-else라는 단순한 과정도 반복되고 중첩되면 누구라도 if 문만으로 충분히 미궁을 만들어낼 수 있다. 더욱이 이런 if 문이 중첩될수록 복잡도도 증가하며, 복잡도가 일정 수준 이상이 되면 미궁의 한가운데에 서 있는 것과 같이 개발자 스스로 모든 분기문을 직관적으로 파악하기가 불가능해진다. 당연히 길고 중첩된 if 문은 명백히 가독성이 떨어지며, 개발자의 실수를 유발할 가능성이 매우 높다.

분명 이처럼 잘못된 if 문을 수정하고 복잡도를 재조절해야 한다는 사실은 모두가 알고 있다. 하지만 안타깝게도 분석/설계가 완료되지 않은 상황에서 주먹구구식으로 코드를 작성하고 잦은 설계 변경 또는 개발 기간이 얼마 남지 않은 상황에서의 긴급한 수정 등의 이유로 아직도 많은 프로젝트의 소스코드에서 복잡하게 중첩된 조건문이 빈번히 발견되며, 이처럼 엉켜있는 소스코드가 소프트웨어의 아킬레스건의 역할을 하는 경우를 어렵지 않게 볼 수 있다. 이렇게 되는 가장 큰 이유는 주먹구구식 코딩에 있다. 가령 윤년인지 여부를 판단하는 조건문을 생각해 보자.

윤년을 검증하는 조건은 다음과 같이 세 가지다.

1. 윤년은 4로 나누어 떨어진다
2. 윤년은 100으로 나누어 떨어진다.
3. 윤년은 100으로 나누어 떨어지지만, 400으로도 나누어 떨어지는 연도는 윤년이다.

해당 조건을 단순히 나열하면 예제 9.1.1과 같은 조건문을 만들 수 있으며, 큰 문제 없이 작동할 것이다. 하지만 가독성 측면에서는 명확하게 소스코드의 목적을 파악하기가 매우 어렵다. 하나의 조건과 그에 대응하는 조건문을 구현하는 방식의 경우 N개의 조건을 주면 N개의 조건문이 만들어져서 그만큼 복잡하고 이해하기가 불가능한 스파게티 코드가 만들어진다.

```
package com.software.design.problem;

import java.util.Calendar;

import java.util.GregorianCalendar;

import java.util.Locale;

public class NestedIfExample2 {

    public static void main(String[] args) {
        Calendar calendar = new GregorianCalendar(Locale.KOREA);

        for(int i=1900; i < calendar.get(Calendar.YEAR); i++) {
            if(isLeapYear(i)) {
                System.out.println(i + "년은 윤년입니다.");
            }
        }
    }

    public static boolean isLeapYear(int year) {
        boolean result = false;
        if(year % 4 == 0) {
            if( year % 100 == 0) {
                if( year % 400 == 0 ) {
                    result = true;
                }
            } else {
                result = true;
            }
        }
        return result;
    }
}
```

문제점 진단

PMD에서는 복잡한 if 문을 진단하기 위해 AvoidDeeplyNestedIfStmts 룰을 제공하며, 복잡한 단계의 if 문을 진단하고 소스코드의 복잡도를 완화하도록 권고한다. 일반적으로 복잡한 단계의 기준은 3단계로 중첩된 조건문이며, 이 값은 PMD 설정에서 수정할 수 있다. 그림 9.1.1은 이 룰로 복잡한 if 문을 진단한 결과다.

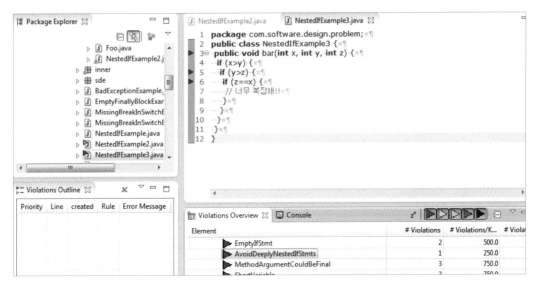

그림 9.1.1 복잡한 if 문을 진단한 화면

해결 방안

복잡한 if 문을 해결하는 방식은 두 가지가 있다. 하나는 조건의 정확한 의도와 목적을 카르노 맵 (Karnaugh Map: K-map)을 통해 도출된 단순하고 명확한 조건식으로 만드는 방식이고, 다른 하나는 조건의 패턴을 파악해 공통적인 구조를 추상 클래스로 구현하고 상세 조건을 하위 클래스에서 재정의한 메서드로 위임하는 템플릿 메서드 패턴(Template Method Pattern)을 활용하는 방법이다. 이 장에서는 카르노 맵을 이용해 간소화하는 방법을 설명하고 템플릿 메서드 패턴은 switch 문의 복잡도를 완화하는 방법에서 설명하겠다.

카르노 맵을 이용해 복잡한 조건문을 해결하는 방법

전산학 개론과 관련된 책이나 강의를 접해본 사람이라면 카르노 맵이 그리 낯설지 않겠지만 반도체와 같은 하드웨어 단계가 아닌 소프트웨어 개발에 직접 적용된다는 사실이 조금 낯설지도 모르겠다. 카르노 맵이 논리식을 간소화하는 데 사용되는 것과 같이 조건식을 간소화하는 데도 매우 유용하게 사용될 수 있다(단 카르노맵은 2~4개 조건(변수)에서 가장 유용하다).

카르노 맵을 만들려면 윤년을 검증하는 조건으로 생길 수 있는 모든 경우의 수를 예제 9.1.2의 진리표 (Truth Table)와 같이 나열해야 한다.

윤년을 검증하는 조건

A. 윤년은 4로 나누어 떨어진다.

B. 윤년은 100으로 나누어 떨어진다.

C. 윤년은 100으로 나누어 떨어지지만, 400으로 나누어 떨어지는 연도는 윤년이다.

예제 9.1.2 윤년 조건의 모든 경우의 수를 표현한 진리표

다음을 약수로 갖고 있는가?			결과		조건			결과
4	100	400			A	B	C	
거짓	거짓	거짓	거짓		0	0	0	0
거짓	거짓	참	거짓		0	0	1	1
거짓	참	거짓	거짓	→	0	1	0	0
거짓	참	참	거짓		0	1	1	0
참	거짓	거짓	참		1	0	0	1
참	거짓	참	거짓		1	0	1	0
참	참	거짓	거짓		1	1	0	0
참	참	참	참		1	1	1	1

예제 9.1.2의 진리표는 모든 조건의 경우의 수를 나열한 표다. 예를 들어, "해당하는 연도가 4, 100 그리고 400을 약수로 가진다"는 표현이 맨 첫 줄이며, "해당 연도는 4만 약수다"라는 경우는 5번째 줄이다. 참과 거짓으로 왼쪽의 표와 같이 표현할 수 있으며, 조건을 요약하면 오른쪽의 표처럼 정리할 수 있다. 모든 경우의 수가 진리표로 정리되면 이러한 조건 간의 연관성을 비교하고 그에 따라 조건을 단순화할 수 있는 카르노 맵을 예제 9.1.3과 같이 만들 수 있다.

예제 9.1.3 윤년을 판별하는 조건식의 연관관계를 카르노 맵으로 정리한 예

A \ BC	00	01	11	10
0	0	0	0	0
1	1	0	1	0

위와 같이 1차원의 진리표를 2차원의 테이블로 묶어 놓은 것이 카르노 맵이며, 이 테이블을 통해 각 조건 간의 연관 관계를 확인할 수 있다. 표에서 볼 수 있듯이 좌측은 조건 A, 즉 4가 약수인 조건이며 상단은 조건 B(100)와 C(400)를 묶은 값이다. 그리고 내부의 값은 ABC 조건의 결과로 표현된다. 다시 한

번 정리하면 카르노 맵은 아래의 그림 9.1.2와 같다.

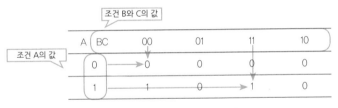

그림 9.1.2 카르노 맵 설명

다음 단계는 카르노 맵을 이용해 논리 구조를 단순화하는 것이다. 반도체 회로 설계에서 하나의 조건이 증가한 만큼 하드웨어가 증가해 비용 증가로 연결되는 것처럼 소프트웨어 개발에서도 하나의 조건이 추가된 만큼 실행 비용이 상승하므로 하드웨어와 소프트웨어 모두 논리 구조를 단순화하는 것이 이익이다. 다행히 예로 든 윤년을 판별하는 조건식의 조합은 경우의 수가 그리 많지 않아서, 불 대수(Boolean Algebra) 간소화를 통해 불필요한 조건을 제거하고 단순화할 필요가 없다. 단, 일반적으로 서로 이웃한 결과 값을 정사각형 또는 직사각형으로 묶고 이를 불 대수 간소화를 통해 복잡한 조건식을 단순하고 명료한 조건식으로 변경해야 한다. 그림 9.1.3은 결과가 1, 즉 윤년인 조건을 카르노 맵에서 표시한 예다.

A BC	00	01	11	10
0	0	0	0	0
1	1	0	1	0

1 조건 A가 참이고 B와 C가 거짓이면 윤년이다. = AB'C'
2 조건 A, B, 그리고 C가 참이면 윤년이다. = ABC

그림 9.1.3 카르노 맵에서 결과가 참인 요소

위의 맵에서 볼 수 있듯이 모든 경우 중에서 단 두 조건 집합을 만족했을 때만 윤년이라고 정의할 수 있다. 처음에 제시했던 세 가지 조건을 위의 맵을 바탕으로 아래의 강하게 연결된 새로운 두 개의 조건으로 명확하게 정의해 전체적인 if 문의 복잡도를 완화할 수 있다.

새로 정의된 윤년의 조건

1. 윤년은 4로 나누어 떨어지지만, 100과 400으로 나누어 떨어지지 않는다.

2. 윤년은 4, 100, 400으로 나누어 떨어진다.

앞의 과정이 일견 귀찮고 복잡해 보일 수 있다. 물론 모든 if 문의 복잡도를 해결하기 위해 이런 방식을 사용해야 하는 것은 아니다. 여기서 카르노 맵을 사용해 if 문을 간소화하는 과정을 설명한 이유는 주어진 조건의 명확한 요구와 목적을 논리적으로 파악하고 최적의 조건문을 만들어 내는 가이드라인을 설명하기 위해서다. 앞서 설명한 과정을 다음과 같이 정리할 수 있는데, 복잡한 조건문을 만들 때마다 논리적인 절차를 참고한다면 불필요한 조건문과 실수로 빠지는 조건을 최소화할 수 있다.

1. 요구된 조건의 명확한 목적을 파악한다.

2. 주어진 조건으로 발생할 수 있는 모든 경우의 수를 나열한다. (진리표)

3. 나열된 조건의 연관관계를 파악해 하나의 집합을 만든다. (카르노 맵)

4. 불필요한 조건을 삭제하고 필요한 조건을 간소화한다. (불 대수 간소화)

새로 정의된 조건문 집합을 바탕으로 작성한 윤년 판별 코드는 예제 9.1.4와 같다.

예제 9.1.4 간소화된 조건의 윤년 계산

```java
package com.software.design.solution;

import java.util.Calendar;
import java.util.GregorianCalendar;
import java.util.Locale;

public class NestedIfExample {

    public static void main(String[] args) {
        Calendar calendar = new GregorianCalendar(Locale.KOREA);

        for(int i=1900; i < calendar.get(Calendar.YEAR); i++) {
            if(isLeapYear(i)) {
                System.out.println(i + "년은 윤년입니다.");
            }
        }
    }

    public static boolean isLeapYear(int year) {
        boolean result;
        // 4를 약수로 포함하고 100과 400은 약수로 포함하지 않으면 윤년
        if(year % 4 == 0 && year % 100 != 0 && year % 400 != 0) {
            result = true;
            // 4, 100 그리고 400 모두를 약수로 포함하면 윤년
```

```
    } else if(year % 4 == 0 && year % 100 == 0 && year % 400 == 0) {
        result = true;
    // 그 외에는 모두 윤년이 아니다.
    } else {
        result =  false;
    }
        return result;
    }
}
```

TIP

if 문을 사용할 때 조심해야 하는 실수

if 문을 사용할 때 흔히 범하는 실수이자 치명적인 결함을 만드는 실수로 if 문의 끝에 세미콜론(;)을 붙이는 것이 있다. 조건문을 일반적인 메서드로 착각해서 사용한 세미콜론은 강제로 if 문을 종료하게 만들어 if 문을 무력화한다. 따라서 아래 예제와 같이 if 문을 활용할 때 세미콜론을 사용하는 것에 주의하자.

```
if( value == 1 );
    System.out.println("value의 값은 1입니다.");

if( value == 1 );
{
    System.out.println("value의 값은 1입니다.");
}
```

switch 문의 case 절을 사용할 때 가장 자주 실수하는 부분은 해당 절의 종료를 의미하는 예약어인 break를 사용하지 않는 것이다. switch 문은 if 문과 다르게 괄호가 닫히면 한 구절이 끝난 것으로 인식되는 것이 아니라 break로 각 case 절이 종료되는 부분을 명시적으로 설정해야 한다. 예제 9.2.1과 같이 각 case 문에 break가 없다면 로그인이 실행된 후 로그아웃이 연달아 실행되고, 가입한 후 탈퇴가 연달아 실행되는 치명적인 버그가 발생한다. 즉, 설계했던 프로세스 이외에 불필요하거나 수행돼서는 안 되는 프로세스가 실행될 수 있다. 특히 이런 식의 잘못된 switch 문의 사용은 뜻밖에 자주 발생하며, 개발자의 세심한 주의가 필요하다.

예제 9.2.1 break를 지정하지 않아 불필요한 프로세스가 실행되는 예

```
package com.software.design.problem;

public class MissingBreakInSwitchExample1 {

    private static final int LOGIN = 0;

    private static final int LOGOUT = 1;

    private static final int SIGN_IN = 2;

    private static final int SIGN_OUT = 3;

    public static void main(String[] args) {
        int key = args != null ? Integer.parseInt( args[0] ) : 0;
        switch (key) {
        case LOGIN:
            System.out.println("로그인하셨습니다.");
        case LOGOUT:
            System.out.println("로그아웃하셨습니다.");
            break;
        case SIGN_IN:
            System.out.println("가입하셨습니다.");
        case SIGN_OUT:
            System.out.println("탈퇴하셨습니다.");
            break;
        default:
            break;
```

```
            }
        }
    }
```

일부 프로젝트에서 개발 편의를 위해 예제 9.2.2와 같이 여러 개의 case 절을 중첩해서 하나의 경우의 수로 처리하기도 한다. 이런 방식은 나중에 시스템을 분석할 때 변칙적인 switch 문의 사용으로 프로세스를 오인할 가능성이 매우 높은 위험한 방식이다.

예제 9.2.2 중복된 case를 하나의 경우의 수로 사용한 예

```java
package com.software.design.problem;

public class MissingBreakInSwitchExample {

    public static void main(String[] args) {
        int key = args != null ? Integer.parseInt( args[0] ) : 0;
        switch (key) {
        case 2:
        case 4:
            System.out.println(key +  "는 짝수다.");
            break;
        case 1:
        case 3:
            System.out.println(key +  "는 홀수다.");
            break;
        default:
            break;
        }
    }
}
```

문제점 진단

이러한 switch 문의 잘못된 사용을 방지하고 수정을 권고하기 위해서 PMD에서는 MissingBreak InSwitch 룰을 제공한다. 그림 9.2.1은 break가 누락된 switch 문을 진단한 결과다.

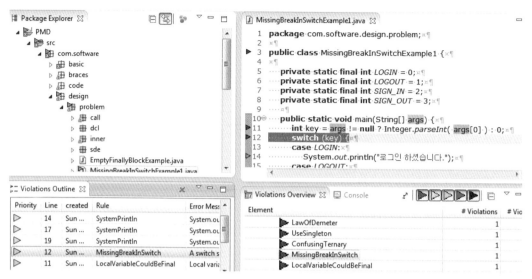

그림 9.2.1 break 문이 누락된 case 문을 MissingBreakInSwitch 룰로 진단한 결과

해결 방안

앞서 설명한 바와 같이 switch 문의 case 절을 break 없이 사용하는 것은 각각 분리돼야 하는 로그인 및 로그아웃 기능이 동시에 실행되는 치명적인 오류를 야기할 수 있다. 각 case 문이 하나의 절차만 수행하도록 마지막은 break로 마무리해야 한다. 예제 9.2.3은 예제 9.2.1을 수정한 예다.

예제 9.2.3 break 문을 사용한 switch 문의 예

```java
package com.software.design.solution;

public class MissingBreakInSwitchExample1 {

    private static final int LOGIN = 0;

    private static final int LOGOUT = 1;

    private static final int SIGN_IN = 2;

    private static final int SIGN_OUT = 3;

    public static void main(String[] args) {
        int key = args != null ? Integer.parseInt( args[0] ) : 0;
        switch (key) {
        case LOGIN:
            System.out.println("로그인하셨습니다.");
```

```
            break;
        case LOGOUT:
            System.out.println("로그아웃하셨습니다.");
            break;
        case SIGN_IN:
            System.out.println("가입하셨습니다.");
            break;
        case SIGN_OUT:
            System.out.println("탈퇴하셨습니다.");
            break;
        default:
            break;
        }
    }
}
```

예제 9.2.2와 같이 중복된 경우의 수를 하나로 처리하기 위해 강제로 break가 없이 case를 연결해서 사용하기도 하는데, 이런 방식은 switch 문의 원칙인 하나의 경우의 수와 하나의 절차를 위배해서 나중에 유지보수할 때 프로세스 흐름을 오인하는 원인이 될 수 있다. switch 문을 이런 식으로 사용하면 5, 6, 7, … 이상의 수가 추가될수록 모든 경우의 수를 각 case 절로 정의해야 하는 매우 비효율적인 방식이지만 if 문을 사용하면 하나의 key % 2 == 0이라는 조건식으로 추가적인 경우의 수를 설정할 필요 없이 코드를 더욱 간편하고 정확하게 작성할 수 있다. 참고로 PMD에서는 이러한 if 문으로 사용할 수 있을 정도의 작은 경우의 수만을 포함한 switch 문은 TooFewBranchesForASwitchStatement 룰을 통해 if 문으로 변경하도록 권고한다. 예제 9.2.4는 예제 9.2.2를 if 문으로 변경한 예다.

예제 9.2.4 중첩된 case 절보다 조건식을 사용할 수 있는 if 문을 사용한 예

```
package com.software.design.solution;

public class MissingBreakInSwitchExample2 {

    public static void main(String[] args) {
        int key = args != null ? Integer.parseInt( args[0] ) : 0;
        /*
         * 이런 방식으로 if 문을 사용하는 것이
         * 예제 9.2.2에서 case 절을 중첩해서 사용하는 방법보다 정확하고 효율적이다.
         * 특히 switch 문은 각 경우의 수를 case 문으로 정의해야 하지만
         * if 문은 조건식을 기준으로 경우의 수를 설정할 수 있다.
```

```
        */
        //if(key == 2 || key == 4)
        if(key % 2 == 0) {
            System.out.println(key +  "는 짝수다.");
        } else {
            System.out.println(key +  "는 홀수다.");
        }
    }
}
```

자바 7의 switch 문에서는 case에 문자열을 사용할 수 있다

자바 6까지는 switch 문의 case에 int 또는 int로 인식 가능한 char 자료형만을 사용할 수 있었지만 자바 7부터는 case에 문자열을 사용할 수 있어 switch 문을 더욱더 직관적으로 사용할 수 있다. 아래는 문자열을 활용한 switch 문의 예다.

```
String fruit = "apple";

switch(fruit) {
    case "apple":
        System.out.println("사과");
        break;
    case "pear":
        System.out.println("배");
        break;
    case "orange":
        System.out.println("오렌지");
        break;
    case "mandarin":
        System.out.println("귤");
        break;
    default :
        System.out.println("과일");
        break;
}
```

switch 문은 일정한 패턴이 있는 많은 수의 분기점을 제어할 때 매우 유용하다. 하지만 switch 문을 사용할 때 몇 가지 주의해야 할 사항이 있다. 이 사항을 지키지 않으면 소프트웨어에 치명적인 결함이 발생할 가능성이 매우 높다. 자주 하는 실수 중 하나는 default 절을 사용하지 않는 것이다. default 절은 if 문의 else 절과 같은 역할을 하며, switch의 case 절이 처리하지 못한 예외적인 사항을 처리하도록 설계돼 있다. 예제 9.3.1과 같이 default 절이 없는 switch에서 정해진 case 외의 예외적인 조건은 처리할 수 없다.

예제 9.3.1 default 절이 없는 switch의 예

```
package com.software.design.problem;

public class SwitchStmtsShouldHaveDefaultExample {

    private static final  int MSG01 = 1;
    private static final  int MSG02 = 2;
    private static final  int MSG03 = 3;

    public static void main(String[] args) {

        int msg = MSG01;

        // 정해진 메시지만 처리할 수 있을 뿐 예외적인 메시지는 처리할 수 없다.
        switch(msg) {
        case MSG01:
            showAdminContents();
            break;
        case MSG02:
            showUserContents();
            break;
        case MSG03:
            showGuestContents();
            break;
        }
    }
    public static void showGuestContents() {}
```

```
    public static void showUserContents() {}
    public static void showAdminContents() {}
  }
```

문제점 진단

default 절이 없는 문제점을 진단하기 위해 PMD에서는 SwitchStmtsShouldHaveDefault 룰로 default 절이 없는 switch 문을 진단하고, 수정하도록 권고하고 있다. 또한 default 절은 언제나 switch 문의 맨 끝에 위치해야 하며, 그렇지 않다면 PMD에서는 DefaultLabelNotLastInSwitchStmt 룰로 경고하고 이를 수정하도록 권고한다. 그림 9.3.1은 이 문제점을 PMD로 진단한 결과다.

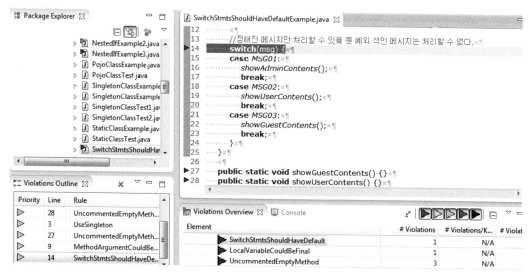

그림 9.3.1 default 절이 없는 switch 문을 SwitchStmtsShouldHaveDefault 룰로 진단한 결과

해결 방안

if 문과 switch 문 모두 조건문이지만 if 문은 참과 거짓으로 두 경우의 수로 구성되는 단순한 분기점을 만들 목적으로 작성하는 조건문이고, switch 문은 하나의 변수가 가진 여러 경우의 수를 일괄 처리하기 위해 작성한다는 차이점이 있다. 앞서 8.1에서 설명한 바와 같이 if 문이 길고 복잡해지면 가독성은 그에 반비례해서 저하되므로 if 문은 주로 if-else나 if-else if-else와 같은 형태로 사용된다.

반대로 switch 문은 조건이 한두 개가 아닌 메시지 호출(message invoker)이나 이벤트 핸들러(event handler)와 같이 다양한 조건에 따라 프로세스의 흐름을 결정하는 용도로 사용된다. switch 문의 default 절은 예상치 못한 메시지나 이벤트가 들어온 상황에 대처하기 위해 존재한다. default 문이 없다면 예상치 못한 경우의 수가 치명적인 소프트웨어의 결함으로 발전할 가능성이 높다. switch 문에 조건이 많다면 개발자가 실수로 default 절을 사용하지 않을 가능성도 매우 높다. 따라서 예제 9.3과 같이 모든 switch 문은 default 절을 꼭 포함하도록 설계해야 한다.

예제 9.3.2 올바른 switch 문의 사용 예

```
package com.software.design.solution;

public class SwitchStmtsShouldHaveDefaultExample {

    private static final  int MSG01 = 1;
    private static final  int MSG02 = 2;
    private static final  int MSG03 = 3;

    public static void main(String[] args) {

        int msg = MSG01;

        switch(msg) {
        case MSG01:
            showAdminContents();
            break;
        case MSG02:
            showUserContents();
            break;
        case MSG03:
            showGuestContents();
            break;
        // 모든 정의되지 않은 메시지는 방문자로 가정한다.
        default:
            showGuestContents();
            break;
        }
    }

    public static void showGuestContents() {}
    public static void showUserContents() {}
    public static void showAdminContents() {}
```

```
        }
```

9-4 복잡한 switch 문과 템플릿 메서드 패턴

switch 문은 적은 수의 조건을 처리하기 위한 용도가 아닌 주로 메시지나 이벤트 등 다양한 경우의 수를
일괄적으로 처리하는 데 사용된다. 경우의 수가 많을수록 switch 문도 그만큼 길어질 수밖에 없는데, 각
case 문 또한 길어진다면 switch 문은 걷잡을 수 없는 스파게티 코드로 변질될 가능성이 아주 높다. 예
제 9.4.1은 신문 기사를 분석/저장하는 프로세스의 의사 코드(pseudo code)로서 매우 긴 case 문의
예를 보여준다.

예제 9.4.1 switch를 이용해 신문사별 기사를 분석하는 절차의 예

```java
package com.software.design.problem.sde;

public class SwitchDensityExample {

    public static final  int NONE        = -1;
    public static final  int ETNEWS    = 0;
    public static final int ZDNET         = 1;
    public static final int NEWS_COM1  = 2;
    public static final int NEWS_COM2  = 3;
    public static final int NEWS_COM3  = 4;

    public static void main(String[] args) {
        int type = args != null ? Integer.parseInt(args[0]) : NONE;

        String path = args != null && args.length == 2 ? args[1] : null;

        SwitchDensityExample example = new SwitchDensityExample();
        example.getNewsData(type, path);

    }

    public void getNewsData(int type, String path) {
        NewsVO newsVO;
        String title;
        String body;
        String author;
        String date;
        String email;
```

```
String news;
switch(type) {
case ETNEWS :
    if(!isEnable(path)) {
        break;
    }
    news = getNews(path);
    title = getEtNewsTitle(news);
    body = getEtNewsBody(news);
    author = getEtAuthor(news);
    date = getEtDate(news);
    email = getEtEmail(news);
    newsVO =  new NewsVO(title,body,author,date,email);
    storeNews(newsVO);
    break;

case ZDNET :
    if(!isEnable(path)) {
        break;
    }
    news = getNews(path);
    title = getEtNewsTitle(news);
    body = getZdNewsBody(news);
    author = getZdAuthor(news);
    date = getZdDate(news);
    email = getZdEmail(news);
    newsVO =  new NewsVO(title,body,author,date,email);
    storeNews(newsVO);
    break;
case NEWS_COM1 :
  /*
   * 코드 생략...
   */
  break;
case NEWS_COM2 :
  /*
   * 코드 생략...
   */
  break;
```

```
        case NEWS_COM3 :
            /*
             * 코드 생략...
             */
            break;
        default :
            newsVO = null;
            break;

        }
    }
    public boolean isEnable(String path) {return true;}
    public String getNews(String path) {return null;}

    public String getEtNewsTitle(String news) {return null;}

    public String getEtNewsBody(String news) {return null;}

    public String getEtAuthor(String path) {return null;}

    public String getEtDate(String path) {return null;}

    public String getEtEmail(String path) {return null;}

    public String getZdNewsTitle(String news) {return null;}

    public String getZdNewsBody(String news) {return null;}

    public String getZdAuthor(String path) {return null;}

    public String getZdDate(String path) {return null;}

    public String getZdEmail(String path) {return null;}

    public void storeNews(NewsVO newsVO) {}

}
```

예제 9.4.1처럼 하나의 case 절에 포함된 소스코드는 충분히 가독성 있는 수준이지만 이런 case가 모인 하나의 거대한 switch 문의 가독성은 현저히 저하되어 스파게티 코드와 같은 수준의 가독성을 보일 수 있다. 더욱이 이런 식으로 case 절을 작성하는 방식은 또 하나의 경우의 수가 추가되면 그만큼의 코드가 추가되어 소프트웨어의 품질 관리를 포기해야 하는 수준에 이를 수 있다.

문제점 진단

PMD에서는 길고 복잡해질 수 있는 case 절을 진단하기 위해 SwitchDensity 룰을 제공하며, 하나의 case 절이 10줄을 넘지 않도록 권고한다. 하지만 실제로 많은 수의 메시지를 처리하는 switch 문은 한 case당 10줄도 위험하므로 최대한 간결하게 작성해야 한다. 그림 9.4.1은 이처럼 복잡한 case 절을 진단한 결과다.

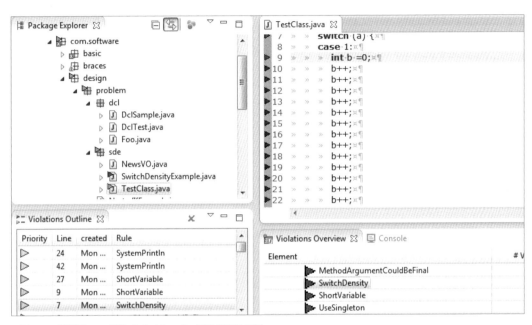

그림 9.4.1 복잡한 case 절을 SwitchDensity 룰로 진단한 결과

해결 방안

PMD에서는 복잡한 case 절의 해결책으로 필요한 최소한의 코드만 남겨두기 위해 하나의 메서드나 하위 클래스로 내부 코드를 분리해서 구현해야 한다고 권고한다. 하지만 우선 단순히 case 절의 코드를 하나의 하위 메서드로 위임하는 방식은 switch 문의 복잡도를 하위 클래스에 떠넘기고 자신만 깨끗해지는 방식으로 전체적인 복잡도는 전혀 해결되지 않는다. 또한 이런 식의 문제 해결은 근본적이고 구조적인 문제는 해결하지 못하고 피상적으로 눈앞에 보이는 switch 문의 복잡도만을 해결한다. switch 문의 경우의 수가 늘어나서 switch 문이 복잡해지는 문제점을 클래스가 대신 복잡해지게끔 전가하는 조삼모사식의 해결책인 셈이다. 예제 8.3.2는 switch 문의 복잡도를 클래스로 떠넘기는 방식의 예다.

```
package com.software.design.solution.sde;

public class SwitchDensityExample {

    public static final  int NONE              = -1;
    public static final  int ETNEWS           = 0;
    public static final int ZDNET             = 1;
    public static final int NEWS_COM1        = 2;
    public static final int NEWS_COM2        = 3;
    public static final int NEWS_COM3        = 4;

    public static void main(String[] args) {

        int type = args != null ? Integer.parseInt(args[0]) : NONE;

        String path = args != null && args.length == 2 ? args[1] : null;

        SwitchDensityExample example = new SwitchDensityExample();
        example.getNewsData(type, path);

    }

    public void getNewsData(int type, String path) {
        switch(type) {
        case ETNEWS :
            // case 절 자체의 복잡도는 줄어들었지만 전체적인
            // 클래스의 복잡도는 그대로이거나 때로는 더욱 증가한다.
            saveEtNews(path);
            break;
        case ZDNET :
            saveZdNews(path);
            break;
        case NEWS_COM1 :
            /*
             * 코드 생략...
             */
            break;
        case NEWS_COM2 :
            /*
             * 코드 생략...
             */
```

```
            break;
        case NEWS_COM3 :
            /*
             * 코드 생략...
             */
            break;
        default :
            break;

    }
}

public void saveEtNews(String path) {
    NewsVO newsVO = null;
    String title;
    String body;
    String author;
    String date;
    String email;
    String news;
    if(isEnable(path)) {
        news = getNews(path);
        title = getEtNewsTitle(news);
        body = getEtNewsBody(news);
        author = getEtAuthor(news);
        date = getEtDate(news);
        email = getEtEmail(news);
        newsVO =  new NewsVO(title,body,author,date,email);
        storeNews(newsVO);
    }
}

public void saveZdNews(String path){
    NewsVO newsVO = null;
    String title;
    String body;
    String author;
    String date;
    String email;
```

```
    String news;
    if(isEnable(path)) {
        news = getNews(path);
        title = getZdNewsTitle(news);
        body = getZdNewsBody(news);
        author = getZdAuthor(news);
        date = getZdDate(news);
        email = getZdEmail(news);
        newsVO =  new NewsVO(title,body,author,date,email);
        storeNews(newsVO);
    }
}

public boolean isEnable(String path) {return true;}
public String getNews(String path) {return null;}

public String getEtNewsTitle(String news) {return null;}

 public String getEtNewsBody(String news) {return null;}

public String getEtAuthor(String path) {return null;}

public String getEtDate(String path) {return null;}

public String getEtEmail(String path) {return null;}

public String getZdNewsTitle(String news) {return null;}

public String getZdNewsBody(String news) {return null;}

public String getZdAuthor(String path) {return null;}

public String getZdDate(String path) {return null;}

public String getZdEmail(String path) {return null;}

public void storeNews(NewsVO newsVO) {}

}
```

예제 9.4.2에서 보다시피 switch 문의 복잡도는 완화했지만 반대급부로 클래스 자체의 복잡도는 오히려 상승했다. 이런 방식은 전체 코드 줄 수가 적은 클래스에서는 가독성을 향상시키는 데 유용하지만 일정 규모 이상의 코드에서는 오히려 내부 메서드 간의 연결을 복잡하게 만들어 독이 될 가능성이 높다.

이런 문제점을 해결하기 위해 선택할 수 있는 방식이 바로 case 절의 기능을 하위 클래스로 위임하는 방식이다. 이 경우 각 case 절의 처리 절차를 하나의 클래스로 온전히 위임해 객체의 응집도를 향상할 수 있다. 더욱이 switch 문으로 메시지나 이벤트를 처리하는 프로세스는 공통 기능과 상세 기능으로 나뉘며, 일정한 수행 패턴이 있으므로 디자인 패턴 중 템플릿 메서드 패턴을 활용해 구현하면 매우 효율적이다.

템플릿 메서드 패턴이란 프로세스의 전체적인 흐름을 상위 추상 클래스로 정의하고 상세 구현은 하위 클래스에서 구현하도록 위임하는 형태를 정의한 디자인 패턴이다. 상위 클래스에서 프로세스의 구조와 절차가 이미 정의돼 있기 때문에 같은 구조의 기능을 개발할 때는 소스코드의 재사용성이 매우 높다. 또한 하위 구현 클래스는 상세 기능의 구현만 담당하고, final 예약어를 이용해 상위 클래스의 알고리즘을 하위 클래스에서 재정의할 수 없도록 방지할 수 있어서 프로세스의 신뢰도를 높임과 동시에 개발 편의성을 제공한다.

신문사별 기사를 수집하는 전체적인 기사를 수집한다는 기본적인 절차와 틀은 같지만 신문사별 기사의 형태가 달라서 상세 구현 기능만 다른 예제 9.4.1과 같은 구조에는 템플릿 메서드 패턴을 적용하는 것이 바람직하다.

템플릿 메서드 패턴을 적용하는 첫 단계는 프로세스 절차와 각 기능을 확인하고 나열하는 것이다. 예를 들어, 앞서 예제로 사용한 신문사별 기사를 수집하는 프로세스는 일정한 공통적인 절차와 신문사별로 특화된 기능으로 나눌 수 있는데, 프로세스 기능과 흐름을 정리하면 다음과 같다.

1. 신문사별 유형으로 기사를 분류한다.
2. 올바른 기사인지 확인한다.
3. 기사 정보를 불러온다.
4. 제목을 추출한다.
5. 본문을 추출한다.
6. 기자명를 추출한다.
7. 작성일을 추출한다.
8. 이메일 정보를 추출한다.
9. 기사의 정보를 하나의 객체로 묶는다.
10. 기사를 저장한다.

위와 같은 형태로 기사 정보를 추출하는 절차를 정의하면 이 가운데 1번은 신문사별 기사를 분류하는 case 절의 조건절이며 2, 3, 9, 10번 절차는 모든 신문 기사 프로세스에서 필수적인 절차다. 그리고 4, 5, 6, 7, 8번 절차는 신문사별로 구체화해야 하는 절차로 정의할 수 있다. 또한 4, 5, 6, 7, 8번 절차는 내부 구현은 다르더라도 구조상 유사한 절차로 볼 수 있다. 다시 말해 2, 3, 9 10번 절차는 모든 기사를 분석하는 데 사용되는 공통적인 기능으로, 나머지 4, 5, 6, 7, 8번 절차는 기사별 세부 기능으로 나눌 수 있으며, 이렇게 분류한 기능을 기본적인 상속 구조로 정의하면 그림 9.4.2와 같이 정의할 수 있다.

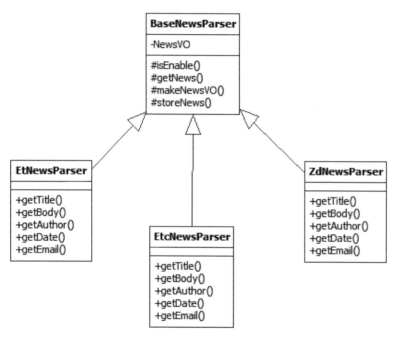

그림 9.4.2 공통 기능과 세부 기능을 부모와 자식 클래스로 나타낸 모습

그림 9.4.2의 구조는 기사 추출을 위해 공통으로 사용되는 기능을 BaseNewsParser라는 상위 클래스로 묶고 각 신문사별 클래스는 이 상위 클래스를 상속받아 상세 기능을 구현하는 형태로 설계한 것이다. 만약 신문사가 이 이상으로 추가되지 않는 시스템이라면 이 정도 구현으로도 충분히 제 역할을 할 수 있다.

하지만 기사가 유입되는 신문사가 지속적으로 추가되는 시스템이라면 이런 구조는 한 가지 결함을 내포하고 있다. 즉, 상위 클래스에서는 공통 기능만을 소유할 뿐 실제 기사를 분석하는 프로세스 자체를 관리하지는 못하고 하위의 구현 클래스 또는 구현 클래스를 호출하는 클래스에서 이 구현을 제어해야 한다는 점이다. 그러므로 새로운 신문사가 추가되면 개발자는 상위 클래스로부터 공통 기능을 상속받아 상세 기능을 구현하고 마지막으로 전체 프로세스의 흐름을 관리할 코드를 매번 작성해야 한다. 예제 9.4.3은 이 구조를 바탕으로 예제 9.4.1을 재구성한 예다.

전체 프로세스를 진행하는 클래스

```java
package com.software.design.solution.swt.old;

import com.software.design.solution.swt.old.parser.EtNewsParser;

public class SwitchDensityExample {

    public static final  int NONE       = -1;
    public static final  int ETNEWS     = 0;
    public static final int ZDNET        = 1;
    public static final int NEWS_COM1  = 2;
    public static final int NEWS_COM2  = 3;
    public static final int NEWS_COM3  = 4;

    public static void main(String[] args) {
        int type = args != null ? Integer.parseInt(args[0]) : NONE;

        String path = args != null && args.length == 2 ? args[1] : null;

        SwitchDensityExample example = new SwitchDensityExample();
        example.getNewsData(type, path);

    }

    public void getNewsData(int type, String path) {
        switch(type) {
        case ETNEWS :
            saveEtNews(path);
            break;

        case ZDNET :
            saveZdNews(path);
            break;
        case NEWS_COM1 :
            /*
             * 코드 생략...
             */
            break;
        case NEWS_COM2 :
```

```
        /*
         * 코드 생략...
         */
        break;
    case NEWS_COM3 :
        /*
         * 코드 생략...
         */
        break;
    default :
        saveEtcNews(path);
        break;

    }
}

public void saveEtNews(String path) {
    EtNewsParser parser =  new EtNewsParser(path);
    parser.parse();
}

public void saveZdNews(String path) {
    ZdNewsParser parser =  new ZdNewsParser(path);
    parser.parse();
}

public void saveEtcNews(String path) {
    EtcNewsParser parser =  new EtcNewsParser(path);
    parser.parse();
}

}
```

공통 기능과 요소를 통합한 상위 클래스

```
package com.software.design.solution.swt.old.parser;

import com.software.design.solution.swt.old.NewsVO;

public class BaseParser {
    private NewsVO newsVO;      // 기사 정보 객체
    private String path;          // 기사 저장 위치
```

```
    private String news;           // 기사 전문

    public BaseParser(String path) {
        this.path = path;
    }

    public boolean isEnable() {return true;}
    public String getNews() {return null;}
    public void makeNewsVO(String title, String body, String author, String date, String email)
{}
    public void storeNews() {}
}
```

Etnews의 기사를 분석하기 위한 상세 클래스

```
package com.software.design.solution.swt.old.parser;

public class EtcNewsParser extends BaseParser{
    public EtcNewsParser(String path) {
        super(path);
    }

    // 각 상세 구현은 구현 클래스가 담당한다.
    public String getTitle() {return null;}

    public String getBody() {return null;}

    public String getAuthor() {return null;}

    public String getDate() {return null;}

    public String getEmail() {return null;}

    // 프로세스의 진행도 구현 클래스가 담당한다.
    public void parse() {
        String title;
        String body;
        String author;
        String date;
        String email;
        if(isEnable()) {
            getNews();
            title = getTitle();
```

```
            body = getBody();
            author = getAuthor();
            date = getDate();
            email = getEmail();
            makeNewsVO(title, body, author, date, email);
            storeNews();
        }
    }
}
```

ZdNews를 분석하기 위한 상세 클래스

```
package com.software.design.solution.swt.old.parser;

public class ZdNewsParser extends BaseParser{
    public ZdNewsParser(String path) {
        super(path);
    }

    // 각 상세 구현은 구현 클래스가 담당한다.
    public String getTitle() {return null;}

    public String getBody() {return null;}

    public String getAuthor() {return null;}

    public String getDate() {return null;}

    public String getEmail() {return null;}

    // 프로세스의 진행도 구현 클래스가 담당한다.
    public void parse() {
        String title;
        String body;
        String author;
        String date;
        String email;
        if(isEnable()) {
            getNews();
            title = getTitle();
            body = getBody();
            author = getAuthor();
```

```
            date = getDate();
            email = getEmail();
            makeNewsVO(title, body, author, date, email);
            storeNews();
        }
    }
}
```

예제 9.4.3은 9.4.2보다 응집도와 복잡도 측면에서 더욱 개선됐지만 상위 클래스인 BaseParser가 공통 기능을 통합하는 역할만을 수행함으로써 각 구현 클래스인 EtNewsParser와 ZdNewsParser에서 이러한 공통 기능과 상세 기능을 구현하는 프로세스가 중복으로 존재한다.

즉, 앞서 설명한 바와 같이 일반적인 재사용을 위한 상속 구조는 정형화되지 않은 다양한 형태를 보이는 클래스의 공통 기능을 묶어서 재사용성을 높이는 용도로 매우 유용하다. 하지만 지금과 같이 일정한 형태와 절차를 유지하고 상세 구현 기능만 다른 정형화된 구조에서는 상위 클래스가 정형화된 절차나 기능의 일부분까지 전담해서 하위 클래스에서 구현할 부분을 최소한으로 할 수 있다. 주요 알고리즘이나 기능을 모두 상위 클래스에서 전담해서 관리하므로 기능과 절차를 잘못 구현하는 문제를 방지하고 차후 유지보수가 매우 수월해진다. 이런 형태의 구조를 템플릿 메서드 패턴이라고 하며, 그림 9.4.3은 이 패턴을 적용한 UML 구조의 예다.

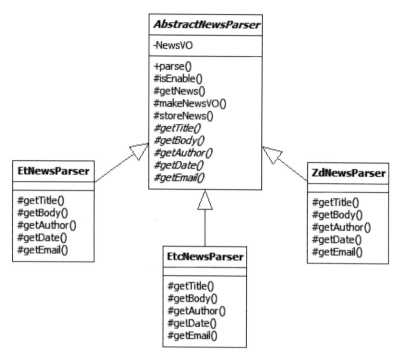

그림 9.4.3 템플릿 메서드 패턴을 기반으로 재구성한 구조

템플릿 메서드 패턴은 상위 클래스에서 공통적인 기능과 절차를 비롯해 구현하려는 기능의 상세한 구조까지 정의하기 때문에 하위 클래스에서는 상위 클래스에서 정한 구조에 맞춰 신문사별로 다른 상세 기능만 구현하면 된다. 따라서 새로운 신문사의 기사를 분석해 달라는 요청이 들어오더라도 상위 클래스를 상속받아 상위 클래스에서 정의한 구조에 따라 해당 상세 기능만 구현하면 된다. 예제 9.4.4는 신문사별 기사 분석 기능을 템플릿 메서드 패턴으로 리팩터링한 예다.

예제 9.4.4 신문사별 기사 분석 기능을 템플릿 메서드 패턴으로 구현한 예

전체 프로세스를 진행하는 클래스

```
package com.software.design.solution.swt.template;

public class SwitchDensityExample {

    public static final  int NONE        = -1;
    public static final  int ETNEWS      = 0;
    public static final int ZDNET        = 1;
```

```
public static final int NEWS_COM1     = 2;
public static final int NEWS_COM2     = 3;
public static final int NEWS_COM3     = 4;
public static void main(String[] args) {
    int type = args != null ? Integer.parseInt(args[0]) : NONE;

    String path = args != null && args.length == 2 ? args[1] : null;

    SwitchDensityExample example = new SwitchDensityExample();
    example.getNewsData(type, path);

}
public void getNewsData(int type, String path) {
    switch(type) {
    case ETNEWS :
        saveEtNews(path);
        break;

    case ZDNET :
        saveZdNews(path);
        break;
    case NEWS_COM1 :
        /*
         * 코드 생략...
         */
        break;
    case NEWS_COM2 :
        /*
         * 코드 생략...
         */
        break;
    case NEWS_COM3 :
        /*
         * 코드 생략...
         */
        break;
    default :
        saveEtcNews(path);
        break;
```

```
        }
    }

    public void saveEtNews(String path) {
        AbstractParser parser =  new EtNewsParser(path);
        parser.parse();
    }

    public void saveZdNews(String path) {
        AbstractParser parser =  new ZdNewsParser(path);
        parser.parse();
    }

    public void saveEtcNews(String path) {
        AbstractParser parser =  new EtcNewsParser(path);
        parser.parse();
    }

}
```

프로세스의 흐름과 구조를 정의하는 상위 클래스

```
package com.software.design.solution.swt.template;

import com.software.design.solution.swt.old.NewsVO;

public abstract class AbstractParser {

    private NewsVO newsVO;    // 기사 정보 객체
    private String path;               // 기사 저장 위치
    private String news;               // 기사 전문

    public AbstractParser(String path) {
        this.path = path;
    }
    /**
    * 프로세스의 진행을 담당하는 공통 메서드
    * final 예약어로 메서드 재정의를 금지한다.
    */
    public final void parse() {
        String title;
        String body;
```

```
        String author;
        String date;
        String email;
        if(isEnable()) {
            getNews();
            title = getTitle();
            body = getBody();
            author = getAuthor();
            date = getDate();
            email = getEmail();
            makeNewsVO(title, body, author, date, email);
            storeNews();
        }
    }

    public boolean isEnable() {return true;}
    public String getNews() {return null;}
    public void makeNewsVO(String title, String body, String author, String date, String email)
{}
    public void storeNews() {}

    // 각 상세 구현 클래스에서 구현할 구조를 추상화 메서드로 정의한다.
    public abstract String getTitle();

    public abstract String getBody();

    public abstract String getAuthor();

    public abstract String getDate();

    public abstract String getEmail();

}
```

각 신문사별로 특화된 기능만 상위 클래스의 구조에 따라 구현하는 하위 클래스

```
package com.software.design.solution.swt.template;

public class EtNewsParser extends AbstractParser{
    public EtNewsParser(String path) {
        super(path);
    }
```

```java
/**
 * 각 상세 구현은 상위 클래스에서 정의된 구조에 따라
 * 구현 클래스가 담당한다.
 */
@Override
public String getTitle() {return null;}
@Override
public String getBody() {return null;}
@Override
public String getAuthor() {return null;}
@Override
public String getDate() {return null;}
@Override
public String getEmail() {return null;}

}
```

정형화된 구조에서 템플릿 메서드 패턴을 사용하는 것은 생산성 측면에서도 크게 이바지한다. 현업에서는 모든 개발자의 능력이 같다고 볼 수 없으며, 소수의 설계자 또는 선임 개발자와 다수의 초급 개발자로 구성된 개발 그룹이 대부분이다. 이러한 인력 구조에서 앞서 예로 든 정형화된 기능을 활용해 가장 효율적으로 개발하는 방향은 설계자 또는 선임 개발자가 전체적인 구조를 설계하고, 이 구조에 따라 다른 팀원들이 상세 기능을 구현하는 방식이다. 하지만 많은 설계자가 재사용 가능한 일반적인 상속 구조를 설계하고 개발자들이 이를 지침으로 개발하길 바라지만 많은 수의 개발자들이 설계자의 의도를 잘못 이해하고 자신만의 방식으로 구조를 재해석하고 개발함으로써 전체적인 구조의 통일성이 붕괴하는 일이 비일비재하다. 이는 소프트웨어의 유지보수를 어렵게 만들고 품질에도 악영향을 끼친다.

생성자에서는 재정의 가능한 메서드를 호출해서는 안 된다

생성자에서 재정의 가능한 메서드를 호출하는 것은 매우 위험한 발상이다. 만약 부모 클래스의 생성자에서 재정의 가능한 메서드를 호출하고, 자식 클래스에서 해당 메서드를 재정의하고 있다면 부모 클래스의 생성자는 불완전하게 생성된 객체를 호출함으로써 치명적인 오류나 버그가 발생할 가능성이 있다. 예제 9.5.1은 재정의된 toString을 부모 클래스에서 호출하는 예다.

예제 9.5.1 생성자에서 재정의 가능한 메서드를 호출한 예

재정의 가능한 메서드를 생성자에서 호출한 부모 클래스

```
package com.software.design.problem.call;

public class ParentClass {
    public ParentClass(){
        // toString을 자식 클래스에서 재정의했을 경우
        // NullPointerException이 발생할 가능성이 있다.
        toString();
    }
    public String toString(){
        return "나는 부모다";
    }
}
```

부모 클래스의 메서드를 재정의하고 생성자에서 부모 클래스의 생성자를 호출한 자식 클래스

```
package com.software.design.problem.call;

public class ChildrenClass extends ParentClass {
    private String name;
    public ChildrenClass(){
        // 부모 클래스의 생성자를 호출할 때
        // toString은 이미 자식 클래스의 toString으로 재정의된 상태다.
        // 그러므로 name은 아직 null인 상태이므로
```

```
            // .toUpperCase()를 호출하면 NullPointerException이 발생한다.
            super();
            name = "나는 자식이다";
        }
        @Override
        public String toString(){
            return name.toUpperCase();
        }
    }
}
```

이 프로세스의 실행 클래스

```
package com.software.design.problem.call;

public class ConstructorCallsOverridableMethodExample {

    public static void main(String[] args) {
        ChildrenClass childrenClass = new ChildrenClass();
    }

}
```

위 예제를 실행하면 부모 클래스의 생성자에서 toString을 호출할 때 NullPointerException이 발생한다. 부모 클래스인 ParentClass만을 호출해서 실행했다면 아무런 오류가 발생하지 않았을 것이다. 하지만 ChildrenClass가 toString 메서드를 재정의하고 이를 ParentClass의 생성자가 호출하는 과정에서 NullPointerException이 발생한다. 이 과정을 그림으로 나타내면 그림 9.5.1과 같다.

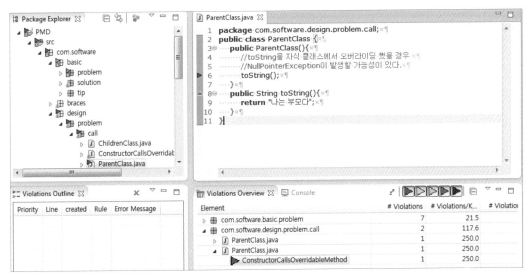

그림 9.5.1 생성자에서 재정의된 메서드를 호출했을 때 NullPointerException 예외가 발생하는 과정

그림 9.5.1과 같이 자식 클래스에서 재정의 가능한 메서드를 생성자에서 호출하는 것은 매우 위험한 상황을 초래할 수 있다. 또한 위의 예에서는 단순히 NullPointerException이 발생해서 잘못된 부분을 바로 파악할 수 있었지만 오류가 발생하지 않고 논리적인 버그가 발생하는 상황에서는 문제점을 즉시 파악하기가 어렵다.

문제점 진단

PMD에서는 생성자에서 재정의될 수 있는 메서드를 호출하는 문제점을 진단하기 위해 ConstructorCallsOverridableMethod 룰을 제공해 생성자에서 재정의 가능한 메서드가 호출되는 문제점을 발견하고 개발자에게 이를 수정하도록 경고한다. 그림 9.5.2는 생성자에서 재정의 가능한 메서드를 호출한 소스 코드를 진단한 결과다.

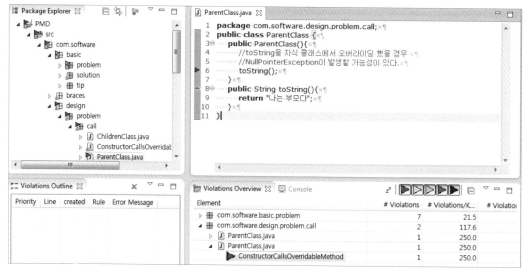

그림 9.5.2 생성자에서 재정의 가능한 메서드 호출을 ConstructorCallsOverridableMethod 룰로 진단한 결과

해결 방안

이러한 문제의 해결 방법으로 두 가지가 있다. 우선 생성자에서 호출되는 메서드에는 final 키워드를 지정해 재정의할 수 없게 하는 방법이 있다. 그리고 호출되는 메서드에 abstract 키워드를 지정해 추상 메서드로 만들고 메서드 구현을 자식 클래스로 완전히 위임하는 방법이 있다.

첫 번째로 final을 이용하는 방법은 부모 클래스의 메서드가 중요 기능이나 알고리즘을 수행할 때 자식 클래스가 이 메서드를 변경하는 것을 방지하는 데 사용할 수 있다. 예를 들어, 사용자의 권한을 확인하는 메서드의 경우 클래스를 생성할 때 특정 기능의 사용 여부를 결정하는 데 사용될 수 있다. 또한 이러한 메서드는 특별한 이유가 아니면 자식 클래스가 절대 변경해서는 안 되는 메서드이므로 final 키워드를 지정해 자식 클래스가 변경하는 것을 방지해야 한다.

두 번째로 abstract를 이용하는 방법은 앞서 템플릿 메서드 패턴에서 설명한 것처럼 유형별 상세 구현을 자식 클래스로 온전히 위임하는 데 사용된다. 이런 구조에서는 부모 클래스의 생성자에서 추상화 메서드를 호출하도록 설계할 수 있지만 부모 클래스 홀로 작동할 수 없으며, 자식 클래스를 통해 상세 기능을 구현해야 한다. 예제 9.5.2는 이러한 두 가지 해결 방안을 구현한 코드다.

예제 9.5.2 final 메서드와 추상 메서드를 이용한 문제 해결의 예

재정의 가능한 메서드의 문제점을 해결하기 위해 final 메서드와 추상 메서드를 사용한 부모 클래스

```
package com.software.design.solution.call;
public abstract class ParentClass {
    public ParentClass(){
        // toString은 자식 클래스에서 재정의할 수 없으므로
        // 재정의 가능한 메서드를 호출하는 문제를
        // 원천적으로 차단한다.
        toString();

        // print는 자식 클래스로 구현 권한을 온전히 위임했으므로
        // 부모 자식 클래스 간의 재정의 충돌이 발생하지 않는다.
        print();
    }

    protected abstract void print();

    public final String toString(){
        return "나는 부모다";
    }
}
```

부모 클래스에서 구현을 위임한 추상 메서드를 구현한 자식 클래스

```
package com.software.design.solution.call;
public class ChildrenClass extends ParentClass {
    private String name;
    public ChildrenClass(){
        super();
        name = "나는 자식이다";
    }

    /**
     * 부모 클래스에서 toString 메서드를 final 메서드로 설정함으로써
     * 자식 클래스에서는 더는 toString 메서드를 재정의할 수 없다.
    @Override
    public String toString(){
```

```
            return name.toUpperCase();
    }
    */

    /**
     * 부모 클래스에서 print 메서드에 대한 구현을
     * 자식 클래스로 위임했기 때문에
     * 자식 클래스에서는 print 메서드를 실행하기 위해 반드시 구현해야 한다.
     */
    @Override
    public void print(){
        System.out.println(toString());
    }
}
```

캡슐화를 위한 내부 클래스는 오히려 결합도와 응집도를 모두 저해한다

자바 1.1부터 외부 클래스의 멤버에 쉽게 접근할 수 있고 소스코드의 복잡성을 줄일 수 있다는 장점 때문에 내부 클래스가 추가됐다. 이렇게 추가된 내부 클래스는 클래스의 멤버로 사용되는 인스턴스 클래스(instance class), 상수처럼 사용되는 정적 클래스(static class), 메서드와 같은 특정 구역 안에서 지역변수처럼 사용되는 지역 클래스(local class), 일회용으로 클래스의 선언과 객체의 생성을 동시에 수행하는 익명 클래스(anonymous class)로 나눌 수 있다. 지역 클래스와 익명 클래스는 자바 소프트웨어, 특히 안드로이드 기반 소프트웨어에서 이벤트 리스너 등의 용도로 자주 활용되며, 클래스의 멤버 변수로 사용되는 인스턴스 클래스와 상수 클래스는 외부 클래스의 인스턴스와 객체 생성을 관리하기 위한 용도로 사용되고 있다.

하지만 아이러니하게도 소스코드의 복잡성을 줄이기 위해 사용하기 시작한 내부 클래스가 오히려 잘못된 사용으로 소스코드와 객체 간의 관계를 더욱 복잡하게 만드는 부작용을 낳았다. 우선 가독성 측면에서는 내부 클래스가 일반적인 패키지 구조가 아닌 숨겨진 패키지 구조에 속한다는 점을 문제로 꼽을 수 있다. 예제 9.6.1에서 볼 수 있듯이 InnerClass는 OuterClass의 인스턴스 클래스이지만 패키지 구조상에서는 찾을 수 없는 OuterClass에 숨겨진 클래스와 같아서 InnerClass를 수정하기 위해 이를 패키지 구조에서 찾으려 해도 쉽게 찾을 수 없다.

예제 9.6.1 내부 클래스에서 오류가 발생한 예

```
package com.software.design.problem.inner;

public class OuterClass {

    public OuterClass() {
        InnerClass innerClass = new InnerClass();
    }

    public class InnerClass {
        /*
         * 내부 클래스의 생성자가 private 키워드를 통해 접근이 제한되어
         * OuterClass만 생성자를 호출할 수 있다.
         */
        private InnerClass(){}
```

```
    }
    public static void main(String[] args) {
        OuterClass outerClass = new OuterClass();
    }
}
```

내부 클래스를 사용하는 목적은 외부에서 내부 클래스에 대한 접근을 방지해 캡슐화를 향상시킨다는 것이지만, 그와 동시에 이 클래스를 개선하고 유지보수해야 하는 개발자 입장에서는 해당 클래스를 찾기가 힘들어진다. 가령 주소를 예로 들면 주소체계는 국가/시도/시군구/읍면동/상세 주소순으로 각 건물과 토지를 식별하고 찾는 용도로 사용되며, 대부분의 건축물과 토지는 이러한 주소체계 안에서 유일하게 식별된다. 하지만 아직도 일부 오지에서는 정확한 주소가 아닌 OO읍 감나무 옆집과 같이 비정형화된 주소로 찾아야 하는 경우가 있다. 패키지 구조는 이 같은 주소체계로 설명할 수 있고 포함된 클래스는 주소체계 안에 포함된 건물과도 같다. 반면 내부 클래스는 감나무 옆집과 같이 정상적인 주소체계에 포함되지 못하고 상대적인 주소를 사용하는 것과 같다. 내부 클래스의 위치는 특정 지역에서 오래 배달한 우체부만 찾을 수 있듯이 직접 관련된 개발자만이 정확히 인지할 수 있다. 따라서 해당 클래스와 관계가 없는 사람이 유지보수와 성능 개선을 위해 소스코드를 분석할 때 정확한 구조를 파악하느라 불필요한 시간을 소비해야만 한다. 더욱이 캡슐화만을 위해 하나의 java 파일 안에 연관된 여러 개의 클래스를 모두 담는다면 소스코드의 복잡성이 감당할 수 없을 정도로 높아지고, 가독성도 떨어진다.

이러한 클래스의 캡슐화를 극단적으로 적용한 예로 팩터리 메서드 패턴(factory method pattern)에서 내부 객체를 외부로부터 숨겨 잘못된 객체 생성을 방지한다는 점에만 초점을 맞춰 내부 클래스를 활용한 사례도 있다. 이를 위해 외부 클래스는 조건에 따라 내부 클래스를 선택적으로 생성해 이를 반환하는 인터페이스의 역할만을 담당하며, 각기 반환되는 객체에 대한 내부 클래스의 생성자를 private으로 지정해 외부에서 객체를 생성하지 못하게 한다. 그러므로 내부의 객체를 숨기고, 모든 객체의 생성은 외부 클래스의 메서드를 통해서만 이뤄지도록 구현함으로써 외부에서 임의로 내부 객체를 생성하지 못하게끔 방지한다. 클래스의 캡슐화 측면에서는 매우 유용한 구조로 보일 수도 있겠지만 이런 방식으로 구현하는 것은 불안정하고 위험한 구조에 해당한다.

예제 9.6.2는 이러한 내/외부 클래스 구조로 RPG 게임의 몬스터를 생성하는 예다. 이 예제에서는 한 클래스 안에 IMonster 인터페이스를 구현한 모든 몬스터 클래스가 내부 클래스로 구현돼 있고, 외부 클래스에서는 몬스터 생성 요청이 들어오면 요청된 타입에 따라 내부의 몬스터를 선택적으로 생성해 반환한다. 또한 내부 클래스의 생성자에 모두 private이 지정돼 있어 외부 클래스를 통하지 않고서는 객체의 인스턴스를 생성하는 것이 불가능하다. 따라서 모든 몬스터를 생성하려면 MonsterFactory라는 외부 클래스를 통해야만 한다.

예제 9.6.2 몬스터를 생성하는 구조를 내부 클래스로 구현한 예

몬스터를 생성하는 내부 클래스의 구조

```java
package com.software.design.problem.inner;

public class MonsterFactory {

    public IMonster makeMonster(int monsterType) throws NoClassDefFoundError {
        IMonster monster;
        switch (monsterType) {
        case 0:
            monster = new MonsterA();
            break;
        case 1:
            monster = new MonsterB();
            break;
        case 2:
            monster = new MonsterC();
            break;
        default:
            monster = null;
            throw new NoClassDefFoundError("해당 몬스터는 존재하지 않습니다.");
        }

        return  monster;
    }

    public interface IMonster {
        void forward();
        void backward();
        void turnLeft();
        void turnRight();
        void attact();
        void defence();
    }
```

```java
public class MonsterA implements IMonster {

    private int type = 0;
    private String name = "슬라임";

    privatec MonsterA() {}

    @Override
    public void forward() {    }

    @Override
    public void backward() {}

    @Override
    public void turnLeft() {}

    @Override
    public void turnRight() {}

    @Override
    public void attact() {}

    @Override
    public void defence() {}
}

public class MonsterB implements IMonster {

    private int type = 1;
    private String name = "오크";

    privatec MonsterB() {}

    @Override
    public void forward() {}

    @Override
    public void backward() {}

    @Override
    public void turnLeft() {}

    @Override
    public void turnRight() {}

    @Override
    public void attact() {}
```

```
        @Override
        public void defence() {}
    }

    public class MonsterC implements IMonster {

        private int type = 2;
        private String name = "보스";

        privatec MonsterC() {}

        @Override
        public void forward() {}

        @Override
        public void backward() {}

        @Override
        public void turnLeft() {}

        @Override
        public void turnRight() {}

        @Override
        public void attact() {}

        @Override
        public void defence() {}
    }
}
```

몬스터 생성을 요청하는 클래스

```
package com.software.design.problem.inner;

import com.software.design.problem.inner.MonsterFactory.IMonster;

public class MonsterController {
    public static void main(String[] args) {
        MonsterFactory factory = new MonsterFactory();
        IMonster monsterA = factory.makeMonster(0);
        IMonster monsterB = factory.makeMonster(1);
        IMonster monsterC = factory.makeMonster(2);
        // 존재하지 않는 유형의 몬스터를 요청하면 오류가 발생한다.
```

```
            IMonster monsterD = factory.makeMonster(3);
    }
}
```

예제 9.6.2와 같은 구조를 살펴보면 외부 클래스인 MonterFactory에서는 내부 클래스를 선택해서 인
스턴스를 생성해 반환하는 인터페이스 역할을 하며, 내부 클래스와 전혀 연관이 없지만 이 모든 클래스
가 하나의 클래스로 묶여있는 응집도가 매우 낮은 구조다. 그리고 모든 내부 클래스가 외부 클래스 없이
는 다른 객체와 연결될 수 없는 종속된 구조라서 필요 이상으로 결합도가 높은 비정상적인 구조로 돼 있
다. 즉, 높은 결합도와 낮은 응집도를 의미한다. 이는 객체의 속성과 행위를 하나로 묶고, 실제 구현 세
부사항을 외부로부터 감추는 캡슐화의 개념에서 은닉만을 강조해서 잘못 구현한 구조다. 또한 한 클래스
에 너무나 많은 기능이 중첩되어 클래스의 복잡도가 매우 높고 가독성이 굉장히 낮은 상태다. 결국 이러
한 구현 방식은 객체 지향 프로그래밍의 기본적인 장점을 모두 무시하고 절차 지향 프로그래밍으로 회귀
하는 것과 같다(응집도와 결합도에 관한 더 자세한 사항은 8장 "코드 길이와 복잡도"에서 확인할 수 있
다).

마지막으로 객체의 인스턴스를 관리하기 위한 목적으로 매우 짧은 길이의 보조 클래스를 사용하는 구조
다. 이 방식은 사용 빈도가 매우 높은 유틸리티 클래스나 주요 기능 클래스를 싱글톤 패턴으로 구현하고
객체를 단일 인스턴스로 관리할 때 주로 사용된다. 이를 위해 내부 클래스를 private으로 지정해 외부에
서 임의의 인스턴스를 생성하는 것을 방지하고, 오로지 이 내부 클래스를 이용해서만 인스턴스를 생성하
도록 허용함으로써 객체의 유일한 인스턴스를 유지하게 한다. 하지만 이런 구조도 결국 내부의 숨은 클
래스를 만드는 과정에서 내/외부 클래스의 결합도가 매우 높아지는 문제점이 생긴다. 하지만 굳이 내부
클래스를 생성하지 않고도 인스턴스 생성을 관리할 수 있는 다양한 방법이 있다. 예제 9.6.3은 내부 클
래스를 사용해 객체의 인스턴스 생성을 제한하는 예다.

예제 9.6.3 내부 클래스를 이용해 객체의 인스턴스 생성을 제한하는 예

```
package com.software.design.problem;

public class SingletonClassExample1 {

    /**
     * Singleton 클래스는 하나의 객체만 유지해야 하므로
     * 외부에서 직접적인 클래스 생성을 막기 위해
     * 생성자에 private을 지정해 접근을 제한한다.
     */
```

```java
    private SingletonClassExample1(){}

    /**
     * Singleton 클래스의 단일 인스턴스를 관리할 내부 클래스를 만들어
     * 객체의 유일성을 유지한다.
     */
    private static class SingletonClassExample1Builder{
        static final SingletonClassExample1 instance = new SingletonClassExample1();
    }

    /**
     * 객체의 유일한 인스턴스를 내부 클래스의 static 필드로부터 호출해서 전달한다.
     * @return
     */
    public static SingletonClassExample1 getInstance() {
        return SingletonClassExample1Builder.instance;
    }

}
```

문제점 진단

PMD에서는 내부 클래스를 생성하는 것을 경고하기 위해 AccessorClassGeneration 룰을 제공해 문제점을 진단하고 수정하도록 권고한다. 그림 9.6.1은 PMD로 내부 클래스 생성을 진단한 결과다.

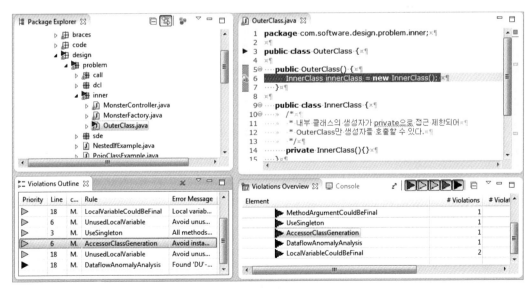

그림 9.6.1 내부 클래스 생성을 AccessorClassGeneration 룰로 진단한 결과

대부분의 인스턴스 클래스와 상수 클래스는 외부 클래스의 인스턴스를 관리하는 등의 특정 기능을 위임 받은 매우 짧은 소스코드로 구현한다. 이러한 구현 방식의 장점은 외부에서 내부 클래스에 직접 접근하지 못하게 함으로써 캡슐화를 개선하고, 짧고 매우 종속적인 클래스를 위해 새로운 클래스 파일을 만들고 관리하는 일을 하지 않아도 된다는 점이다. 하지만 이는 앞서 설명한 바와 같이 그리 바람직한 구현 방식이 아니다. 가독성 측면에서는 내부 클래스는 패키지 구조에서 찾을 수 없는 숨겨진 클래스라는 점과 클래스 안에 또 다른 클래스를 하나의 변수 혹은 함수처럼 취급해 결과적으로 객체 지향 언어의 설계 원칙을 역행하는 구조를 설계할 가능성이 매우 높다. 따라서 내/외부 클래스의 결합도가 너무 높고 응집도가 나쁜 수준이 아니라면 하나의 클래스로 통합하는 것이 더 나은 방식이다. 내부 클래스가 아니라도 구현할 대안은 많으며, 이를테면 앞에서 설명한 싱글톤 패턴의 인스턴스 관리를 위한 내부 클래스도 하나의 선택 가능한 방안 중 하나에 불과하다.

직접 호출 외에는 객체 간 연관성이 없는 내부 클래스를 하나의 클래스에 밀집해서 구현하기도 한다. 대표적인 예로, 앞서 설명한 예제 9.6.2의 팩터리 메서드 패턴을 잘못 이해해서 내부 클래스로 구현하는 경우다. 팩터리 메서드 패턴이란 고객이 주문한 제품을 공장에 제조공정에 따라 자동으로 제품을 완성해서 고객에게 납품하고 고객은 이런 제조 공정을 알 필요 없이 요청만 하면 되는 것처럼 객체의 생성 요청에 따라 해당 객체를 생성 절차에 따라 생성하고 반환하는 패턴이다. 앞의 예제와 같이 RPG 게임에서는 많은 종류의 몬스터가 시시때때로 생성되어 나타나야 한다. 몬스터 객체를 필요한 시기에 각각 생성한다면 해당 몬스터를 생성하는 소스코드가 소프트웨어 사이사이에 분산되어 중복된 구역이 만들어지고 전체적인 소스코드의 길이가 길어지고 복잡해진다. 나중에 소스코드를 수정해야 할 경우 이렇게 분산된 소스코드를 모두 찾아내서 수정하려면 꽤 험난한 과정을 거쳐야 하며, 소프트웨어의 오류를 발생시키는 주요 원인 중 하나가 될 것이다. 이런 문제점을 해결하기 위해 사용하는 구조가 바로 팩터리 메서드 패턴이다.

예제 9.6.2의 몬스터를 생성하는 클래스를 예로 들면, 팩터리 메서드 패턴을 구현한 것은 맞지만, 이 클래스에는 모든 객체가 하나의 클래스 파일 하나에 묶여 있다. 따라서 전체적인 구조를 파악하고 각기 한 부분으로 구분하기가 매우 어렵다. 즉, 가독성과 복잡도가 매우 높고 차후 몬스터의 기능과 종류가 추가됨에 따라 관리가 전혀 불가능한 소스코드로 발전할 가능성이 매우 높다. 이 소스코드는 유일한 기능 단위로 분리하고 적정 수준의 응집도와 결합도를 유지하는 관리 가능한 수준의 구조로 리팩터링해야 한다.

이 소스코드의 전체적인 구조를 분석하면 몬스터를 생성하는 MonsterFactory 클래스, 몬스터의 구조를 정의하는 IMonster 인터페이스, 그리고 이 인터페이스를 바탕으로 구현된 MonsterA/B/C로 나눌 수 있고 각 객체 간의 연결관계는 그림 9.6.2와 같은 형태로 정의할 수 있는데, 이 구조가 바로 팩터리 메서드 패턴이다. 이 구조는 각 객체의 역할과 기능이 명확하고 객체 간의 연결 구조가 간결하다. 사용자 입장에서는 MonsterFactory 클래스만 알면 모든 몬스터를 생성하는 데 아무런 문제가 없고, 개발자 입장에서는 각 객체가 명확히 구분돼 있으므로 새로운 몬스터를 추가하거나 기능을 수정하더라도 최소한의 연관된 객체와 기능만 검토하면 되고, 여러 팀원이 각 몬스터를 동시에 구현하는 데 아무런 문제가 없다. 예제 9.6.4는 팩터리 메서드 패턴을 바탕으로 9.6.2를 리팩터링한 예다.

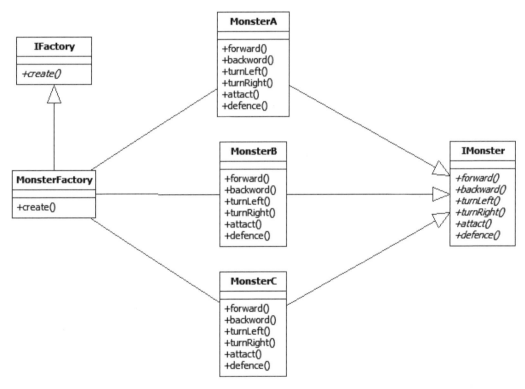

그림 9.6.2 팩터리 메서드 패턴으로 몬스터를 생성하는 구조

요청에 따라 몬스터를 생성하는 몬스터 공장 클래스

```java
package com.software.design.solution.inner;

public class MonsterFactory {
    public IMonster makeMonster(int monsterType) throws NoClassDefFoundError {
        IMonster monster;
        switch (monsterType) {
        case 0:
            monster = new MonsterA();
            break;
        case 1:
            monster = new MonsterB();
            break;
        case 2:
            monster = new MonsterC();
            break;
        default:
            monster = null;
            throw new NoClassDefFoundError("해당 몬스터는 존재하지 않습니다.");
        }
        return  monster;
    }
}
```

몬스터의 기능을 정의하는 인터페이스

```java
package com.software.design.solution.inner;

public interface IMonster {
    void forward();
    void backward();
    void turnLeft();
    void turnRight();
    void attact();
    void defence();
}
```

몬스터 인터페이스를 구현한 몬스터 A 클래스

```
package com.software.design.solution.inner;

public class MonsterA implements IMonster {

    // 내부 클래스가 아니므로 생성자의 접근 제한자가 private이 아니다.
    public MonsterA() {      }

    @Override
    public void forward() {}

    @Override
    public void backward() {}

    @Override
    public void turnLeft() {}

    @Override
    public void turnRight() {}

    @Override
    public void attact() {}

    @Override
    public void defence() {}

}
```

몬스터 인터페이스를 구현한 몬스터 B 클래스

```
package com.software.design.solution.inner;

public class MonsterB implements IMonster {

    // 내부 클래스가 아니므로 생성자의 접근 제한자가 private이 아니다.
    public MonsterB() {      }

    @Override
    public void forward() {}

    @Override
    public void backward() {}

    @Override
    public void turnLeft() {}
```

```
    @Override
    public void turnRight() {}

    @Override
    public void attact() {}

    @Override
    public void defence() {}

}
```

몬스터 인터페이스를 구현한 몬스터 C 클래스

```
package com.software.design.solution.inner;

public class MonsterC implements IMonster {

    // 내부 클래스가 아니므로 생성자의 접근 제한자가 private이 아니다.
    public MonsterC() {      }

    @Override
    public void forward() {}

    @Override
    public void backward() {}

    @Override
    public void turnLeft() {}

    @Override
    public void turnRight() {}

    @Override
    public void attact() {}

    @Override
    public void defence() {}

}
```

몬스터의 생성을 요청하는 클래스

```
package com.software.design.solution.inner;

public class MonsterController {
```

```
public static void main(String[] args) {
    MonsterFactory factory = new MonsterFactory();
    IMonster monsterA = factory.makeMonster(0);
    IMonster monsterB = factory.makeMonster(1);
    IMonster monsterC = factory.makeMonster(2);
    // 존재하지 않는 유형의 몬스터를 요청하면 오류가 발생한다.
    IMonster monsterD = factory.makeMonster(3);
}
```

마지막으로 지역 클래스나 익명 클래스는 특정 프레임워크 또는 라이브러리가 이벤트 리스너 같은 유형의 기능을 처리하는 데 자주 사용되고 개발 편의성 측면에서도 매우 유용한 방식이지만 이러한 구조에도 동일한 소스코드가 두 번 이상 반복되면 오히려 소스코드가 복잡해지는 부작용이 발생한다. 따라서 자주 반복되는 지역 클래스와 익명 클래스는 내부 클래스가 아닌 하나의 일반 클래스로 정의하고 재사용하는 것이 가독성과 소스코드 관리 측면에서 더욱 바람직하다.

앞서 설명한 바와 같이 내부 클래스는 외부 클래스와의 결합도가 매우 높고 종속돼 있을 때 사용되지만 내부 클래스를 사용하는 데는 많은 문제가 내포될 가능성이 있다. 즉, 내부 클래스와 외부 클래스가 직접적인 관련성이 있는 것은 사실이지만, 명백히 내/외부 클래스는 각기 다른 기능을 수행하는 별개의 객체다. 내/외부 클래스가 기능적으로 구분되지 않는다면 이를 하나의 클래스로 모으거나 내/외부 클래스의 연관성이 낮다면 각기 다른 클래스로 분리하는 편이 더 올바른 방식일 것이다.

9-7 스레드 동기화는 중복해서 하지 않는다

스레드 동기화(synchronized)는 싱글톤 패턴과 같이 늦은 초기화(lazy initialization)를 이용해 단일 인스턴스를 생성하고 관리할 때 매우 유용하다. 이러한 스레드 동기화를 이용할 때 조심해야 하는 실수 중 하나가 바로 스레드 동기화 영역 밖과 안에서 객체의 생성을 중복해서 확인하는 DCL(Double-Checked Locking)이라고 하는 기법이다. 예제 9.7.1은 이러한 DCL 기법을 사용해서 생기는 문제를 보여준다.

예제 9.7.1 잘못된 DCL의 예

1. DclSample.java

```java
package com.software.basic.problem.dcl;

public class DclSample {

    private static DclSample instance;

    private String msg = "초기화 이전";

    private DclSample() {}

    public void setMsg(String msg) {
        this.msg = msg;
    }

    public static DclSample getInstance() {
        System.out.println("인스턴스 생성 시작");
        if(instance == null) {                              // 2,    6
            synchronized (DclSample.class) {
                if(instance == null) {                      // 3,
                    instance = new DclSample();        // 4
                    System.out.println("다음 아이디로 인스턴스가 생성됨:" + instance);  // 9
                    instance.setMsg( "초기화 완료" );     // 10
                }
            }
        }
        return instance;    // 7,    11
```

```
    }

    public void printStatus() {
        System.out.println(msg);    // 8,    12
    }
}
```

2. DclTest.java

```
package com.software.basic.problem.dcl;

public class DclTest {

    public static void main(String[] args) {
        Thread thread1 = new Thread() {
            @Override
            public void run() {
                // 첫 번째 인스턴스 호출
                DclSample.getInstance().printStatus();    // 1
            }
        };

        Thread thread2 = new Thread() {
            @Override
            public void run() {
                // 두 번째 인스턴스 호출
                DclSample.getInstance().printStatus();    // 5
            }
        };
        //스레드 시작
        thread1.start();
        thread2.start();
    }
}
```

<terminated> DclTest [Java Application] D:\Program Files\Java\jre7\bin\javaw.exe (2013. 9. 23. 오후 10:10:17)
인스턴스 생성 시작
인스턴스 생성 시작
초기화 이전
다음 아이디로 인스턴스가 생성됨:com.software.basic.problem.dcl.DclSample@773fc437
초기화 완료

그림 9.7.1 예제 9.7.1의 결과

예제 9.7.1의 DclSample 클래스는 DCL 기법을 이용해 인스턴스를 생성하고 관리하는 클래스이고, DclTest 클래스는 DclSample 클래스를 테스트하기 위해 2개의 스레드로 동시에 DclSample 클래스의 인스턴스를 생성하는 클래스다. DclSample 클래스의 구현을 보면 instance가 null일 때만 인스턴스를 생성하도록 인스턴스의 생성을 synchronized 영역 전과 후에 이중으로 확인해 안전하게 작업을 수행하는 것처럼 보이지만 이는 매우 위험한 방식의 코드다.

일반적으로 알고 있는 바와 같이 스레드 동기화 영역을 사용하는 기본적인 목적은 병렬 처리 환경에서 안정적으로 공유 자원을 관리하기 위해 한 시점에 하나의 스레드만이 메서드 단위 혹은 블록 단위로 공유 자원에 접근하도록 제한하는 것이다. 반대로 이야기하자면 이러한 스레드 동기화 영역이 없다면 아무런 순서나 제한 없이 공유 자원에 접근하는 것이 가능하다는 의미다. 이를 바탕으로 예제 9.7.1이 실행되는 결과를 확인해보면 문제점을 발견할 수 있다.

우선 thread1이 새로운 인스턴스 사용을 요청했고 그에 따라 스레드 동기화 영역에서 인스턴스를 생성하고 있을 때 두 번째 thread2가 인스턴스 사용을 요청하는데, 이때 이 소스코드의 치명적인 문제점이 발생한다. thread2가 인스턴스 사용을 요청할 때 가장 먼저 스레드 동기화 영역 밖에서 if(instance == null) 조건문을 이용해 인스턴스가 생성됐는지 확인하는데, 이 시점에서는 thread1의 사용 요청으로 인해 인스턴스는 이미 생성돼 있는 상태라서 인스턴스가 정상적으로 생성된 것으로 인식해서 해당 인스턴스를 반환한다. 하지만 불행히도 아직 인스턴스의 초기화 작업은 완료된 것이 아니라서 불안정한 인스턴스가 반환되고 그림 9.7.1과 같은 잘못된 결과를 초래한다. 이를 순서대로 나열하면 아래와 같다.

1. thread1이 getInstance 메서드를 호출한다.
2. 스레드 동기화 영역 밖에서 instance가 생성됐는지 확인한다.
3. 스레드 동기화 영역에서 instance 생성됐는지 확인한다.
4. 새로운 인스턴스를 생성한다.
5. thread2가 getInstance 메서드를 호출한다.
6. 스레드 동기화 영역 밖에서 intance가 생성됐는지 확인한다.
7. thread1이 thread2보다 먼저 getInstance를 호출해 불완전하지만 instance가 이미 생성돼 있으므로 instance를 반환한다.
8. printStatus 메서드가 호출되어 "초기화 이전" 메시지가 출력된다.
9. 생성된 instance의 아이디를 출력한다
10. instance의 초기화를 완료한다.

11. 초기화가 완료된 instance를 반환한다.

12. printStatus가 호출되어 "초기화 완료" 메시지가 출력된다.

문제점 진단

이러한 DCL 문제를 진단하기 위해 PMD에서는 두 가지 룰을 제공한다. 우선 예제 9.7.1과 같은 싱글톤 패턴과 같은 경우는 NonThreadSafeSingleton 룰로 DCL 문제를 진단하며, 예제 9.7.2와 같은 일반 클래스에서 발생하는 문제는 DoubleCheckedLocking 룰로 진단하고 수정하길 권고한다. 그림 9.7.2 는 NonThreadSafeSingleton 룰로 진단한 싱글톤 패턴에서의 DCL 문제를 진단한 결과이며, 그림 9.7.3은 DoubleCheckedLocking 룰을 통해 일반 클래스에서 발생하는 DCL 문제를 진단한 결과다.

예제 9.7.2 일반 클래스에서 발생하는 DCL 문제의 예

```
package com.software.basic.problem.dcl;

public class Foo {
    Object baz;
    Object bar() {
        if (baz == null) { // baz는 아직 완전하게 생성된 것이 아니다.
            synchronized(this) {
                if (baz == null) {
                    baz = new Object();
                }
            }
        }
        return baz;
    }
}
```

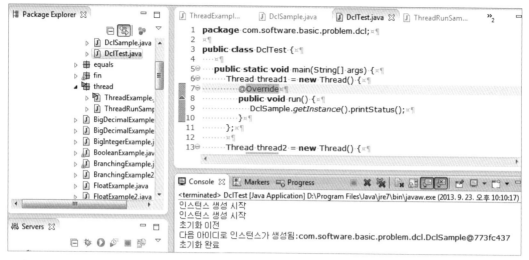

그림 9.7.2 NonThreadSafeSingleton 룰로 싱글톤 패턴의 DCL 문제점을 진단한 결과

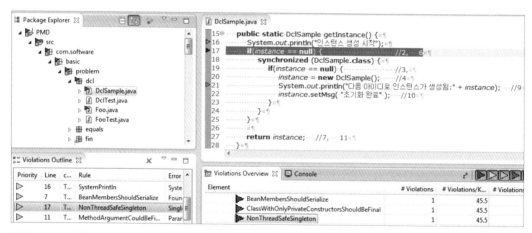

그림 9.7.3 DoubleCheckedLocking 룰을 통해 DCL 문제점을 진단한 결과

해결 방안

DCL 문제의 근원은 불필요하게 스레드 동기화 영역 밖에서 인스턴스의 생성을 확인하는 데 있다. 병렬 처리 환경에서 인스턴스의 생성과 관리는 언제나 스레드 동기화 영역 안에서 처리해야 한다. 예제 9.7.3 은 싱글톤 패턴의 DCL 문제를 해결한 예이며, 예제 9.7.4는 일반 클래스에서 발생하는 DCL 문제를 해결한 예다.

```
package com.software.design.solution.dcl;

public class DclSample {

    private static DclSample instance;

    private String msg = "초기화 이전";

    private DclSample() {}

    public void setMsg(String msg) {
        this.msg = msg;
    }

    public static DclSample getInstance() {
        System.out.println("인스턴스 생성 시작");
        synchronized (DclSample.class) {
            if(instance == null) {
                instance = new DclSample();
                System.out.println("다음 아이디로 인스턴스가 생성됨:" + instance);
                instance.setMsg( "초기화 완료" );
            }
        }

        return instance;
    }

    public void printStatus() {
        System.out.println(msg);
    }
}
```

```
package com.software.design.solution.dcl;
public class Foo {
    Object baz;
    Object bar() {
        synchronized(this) {
            if (baz == null) {
                baz = new Object();
            }
        }
        return baz;
    }
}
```

9-8 static 메서드로만 이뤄진 클래스는 싱글톤 패턴으로 변환한다

대부분의 프로토타입(prototype) 프로젝트 혹은 자바를 처음 배우는 초보자가 실습용으로 개발하는 프로젝트에서는 객체 관리에 대해 그리 깊은 고민이 없이 기능 구현을 우선시하는 경향이 있다. 혹은 자바의 메모리 관리 기능을 너무 맹신한 나머지 객체의 생명주기를 무시한 소프트웨어 개발이 진행되기도 한다. 하지만 우리가 실질적으로 개발하는 비즈니스 환경에서는 이런 개발 방식이 매우 비효율적이고 위험하다.

예를 들어, 서버 응용프로그램에서 클라이언트의 요청이 올 때마다 MVC(Model-View-Controller) 객체와 VO 등 총 4개의 객체가 생성되도록 설계돼 있고 이 서버에 초당 200여 개의 요청이 들어온다고 가정한다면 초당 약 800개의 객체, 분당 48000개, 시간당 약 288만 개의 객체가 생성된다. 이런 부하라면 아무리 서버의 성능이 좋고 GC가 최적화돼 있더라도 서버기 감당할 수 있는 한계를 훨씬 넘어버리는 문제가 발생한다.

실제로 한 공기업에 ERP 웹 서비스가 이런 잘못된 설계로 인해 하나의 요청에도 과도한 메모리 사용이 발생하고 메모리에 적재된 객체의 생명주기 또한 매우 길어서 시스템이 주기적으로 다운되는 사례도 있었다.

이러한 문제를 해결하는 방법은 불필요한 객체의 생성을 방지하고 사용 빈도가 높은 하나의 객체를 여러 스레드에서 공유할 수 있게 구현하는 것이며, 이를 위한 다양한 개발 방법이 공개돼 있고 또 많은 프레임워크에서 관련 기능을 제공하고 있다. 하지만 가장 큰 문제점은 아직도 많은 자바 개발자가 문제의 해결책으로 가장 수월하지만 문제가 많은 정적 클래스(static class)를 선택한다는 점이다.

정적 클래스란 정적 메서드(static method)로만 이뤄진 전역 상태(global state)의 클래스를 말하는데, 이를테면 문자열 처리를 위한 StringUtil이나 파일 처리를 위한 FileUtil 등 사용 빈도가 높은 유틸리티 클래스(Utility Class)를 정적 메서드로만 구성해 인스턴스를 생성하지 않고도 어디서든 곧바로 메서드를 호출할 수 있게 만든 클래스를 말한다. 이러한 정적 클래스의 장점은 컴파일 시에 정적 바인딩(static binding)되어 빠른 실행 속도를 보장한다는 것이며, 대표적인 예로 java.lang.Math 클래스가 있다. 정적 클래스는 이처럼 유용하고 간편하지만 다음과 같은 몇 가지 치명적인 문제점을 내포하고 있으므로 사용 시 주의해야 한다.

1. 정적 메서드는 재정의가 불가능하다.

2. 정적 클래스는 특정 모의(mock) 클래스를 만들 수 없으며, 결과적으로 각 기능을 테스트하기가 매우 까다롭다.

3. 정적 클래스는 유지보수하기가 매우 까다롭고 미묘한 버그를 만들어낼 가능성이 높다.

4. 정적 클래스는 프로그램 시작과 동시에 메모리에 적재되므로 불필요한 메모리 점유가 발생한다.

5. 정적 클래스는 객체 지향 프로그래밍의 개념을 무시한 전역 상태의 코드를 만들도록 유도한다.

6. 스프링처럼 의존성 주입(Dependency Injection)을 기반으로 하는 프레임워크에서는 정적 클래스를 적용할 수 없다.

일반 클래스를 정적 클래스로

자바의 일반적인 클래스의 구현 방식은 다음과 같이 POJO(Plain Old Java Object) 형태의 클래스를 의미하며, 이런 클래스는 아래와 같이 요청이 있을 때만 필요한 인스턴스를 만들어서 사용한다.

예제 9.8.1 일반적인 클래스 구현의 예

PojoClassExample.java

```java
package com.software.design.problem;

import java.text.DecimalFormat;
/**
 * POJO(Plain Old Java Object)는 특정 환경 또는 특정 규약에 종속되지 않은
 * 일반적인 자바 객체를 의미한다.
 *
 * 이 클래스는 일반적인 클래스의 예다.
 */
public class PojoClassExample {
    public boolean isEmpty(String value) {
        return value == null || value.isEmpty() ? true : false;
    }

    public String changeMoney(String str) {
        DecimalFormat df = new DecimalFormat("###,###");
        return df.format(Integer.valueOf(str));
    }
}
```

PojoClassTest.java

```java
package com.software.design.problem;

public class PojoClassTest {
    public static void main(String[] args) {
        PojoClassExample pojoClassExample = new PojoClassExample();
        System.out.println(pojoClassExample.isEmpty(""));
        System.out.println(pojoClassExample.changeMoney("1234"));
    }
}
```

정적 클래스는 POJO 클래스의 일반적인 메서드를 아래와 같이 static으로 정의하는 것만으로도 전역 상태로 전환되어 어디서든 인스턴스를 생성하지 않고도 손쉽게 사용할 수 있다.

예제 9.8.2 정적 클래스 구현의 예

StaticClassExample.java

```java
package com.software.design.problem;

import java.text.DecimalFormat;
/**
 * 정적 클래스 테스트를 위한 클래스
 * 모든 메서드는 public static으로 정의돼 있다.
 */
public class StaticClassExample {
    /**
     * 빈 문자열인지 확인하는 정적 메서드
     * @param value
     * @return
     */
    public static boolean isEmpty(String value) {
        return value == null || value.isEmpty() ? true : false;
    }

    /**
     * 문자열을 자릿수가 있는 숫자로 변경하는 메서드
     * @param str
     * @return
```

```
    */
    public static String changeMoney(String str) {
        DecimalFormat df = new DecimalFormat("###,###");
        return df.format(Integer.valueOf(str));
    }
}
```

StaticClassTest.java

```
package com.software.design.problem;

public class StaticClassTest {
public static void main(String[] args) {
        System.out.println( StaticClassExample.isEmpty("") );
        System.out.println( StaticClassExample.changeMoney("1234") );
    }
}
```

정적 클래스의 문제점을 보완하는 방법으로 GoF가 소개한 대표적인 소프트웨어 디자인 패턴 중 하나인 싱글톤(Singleton) 패턴이 있다. 싱글톤 패턴의 특징은 객체의 인스턴스를 오직 하나로 제한해서 정적 클래스가 제공하는 대부분의 기능성을 제공하고 특히 정적 클래스가 보장할 수 없는 객체 지향 프로그래밍의 기반인 상속과 다형성을 일부분 보장할 수 있다는 점에서 정적 클래스를 대체할 만한 매우 유용한 패턴이다. 다만 한 가지 차이가 있다면 싱글톤 클래스는 정적 클래스와 반대로 동적 바인딩(dynamic binding)이 가능하다는 점에서 정적 클래스보다 성능 면에서 느리지만 대신 반대로 객체가 필요할 때 메모리에 적재하는 늦은 로딩(Lazy Loading) 방식으로 구현하면 더욱더 효율적인 메모리 관리와 유연성을 제공할 수 있다.

싱글톤 클래스의 예

1. 내부 클래스를 이용해 싱글톤 클래스를 구현한 예

예제 9.8.3 내부 클래스를 이용해 싱글톤 클래스를 구현하는 예

SingletonClassExample1.java

```
package com.software.design.problem;

import java.text.DecimalFormat;
```

```java
/**
 * Singleton 클래스를 내부 클래스를 이용해 구현하는 방식
 *
 */
public class SingletonClassExample1 {

    /**
     * Singleton 클래스는 하나의 객체만 유지해야 하므로
     * 외부에서 직접적인 클래스 생성을 막기 위해
     * 생성자에 private을 지정해 접근을 제한한다.
     */
    private SingletonClassExample1(){}

    /**
     * Singleton 클래스의 단일 인스턴스를 관리할 내부 클래스를 만들어
     * 객체의 유일성을 유지한다.
     */
    private static class SingletonClassExample1Builder{
        static final SingletonClassExample1 instance = new SingletonClassExample1();
    }

    /**
     * 객체의 유일한 인스턴스를 내부 클래스의 static 필드로부터 호출해서 전달한다.
     * @return
     */
    public static SingletonClassExample1 getInstance() {
        return SingletonClassExample1Builder.instance;
    }

    public boolean isEmpty(String value) {
        return value == null || value.isEmpty() ? true : false;
    }

    public String changeMoney(String str) {
        DecimalFormat df = new DecimalFormat("###,###");
        return df.format(Integer.valueOf(str));
    }
}
```

SingletonClassTest1.java

```java
package com.software.design.problem;

public class SingletonClassTest1 {
    public static void main(String[] args) {
        /**
         * 싱글톤 클래스를 사용할 때는 getInstance()를 이용해 유일 객체를 호출한다.
         * 싱글톤 클래스는 생성자가 private으로 지정돼 있어 외부에서
         * 새로운 객체를 생성할 수 없다.
         */
        System.out.println(SingletonClassExample1.getInstance().isEmpty(""));
        System.out.println(SingletonClassExample1.getInstance().changeMoney("1234"));
    }
}
```

2. 스레드 동기화를 이용해 싱글톤 클래스를 구현한 예

예제 9.8.4 스레드 동기화를 통해 싱글톤 클래스를 구현하는 예

SingletonClassExample2.java

```java
package com.software.design.problem;

import java.text.DecimalFormat;
/**
 * 스레드 동기화를 이용한 싱글톤 클래스 구현 방법
 */
public class SingletonClassExample2 {
    private volatile static SingletonClassExample2 instance;

    private SingletonClassExample2() {}

    public static SingletonClassExample2 getInstance() {
        // 지역화된 스레드 동기화 블럭을 사용해 스레드 동기화로 인한
        // 성능 저하를 최소화한다.
        synchronized (SingletonClassExample2.class) {
            if(instance == null) {
                instance = new SingletonClassExample2();
            }
        }
```

```
        return instance;
    }

    public boolean isEmpty(String value) {
        return value == null || value.isEmpty() ? true : false;
    }

    public String changeMoney(String str) {
        DecimalFormat df = new DecimalFormat("###,###");
        return df.format(Integer.valueOf(str));
    }
}
```

SingletonClassTest2.java

```
package com.software.design.problem;

public class SingletonClassTest2 {
    public static void main(String[] args) {
        /**
         * 싱글톤 클래스를 사용할 때는 getInstance()를 이용해 유일 객체를 호출한다.
         * 싱글톤 클래스는 생성자가 private으로 지정돼 있어 외부에서
         * 새로운 객체를 생성할 수 없다.
         */
        System.out.println(SingletonClassExample2.getInstance().isEmpty(""));
        ystem.out.println(SingletonClassExample2.getInstance().changeMoney("1234"));
    }
}
```

하지만 싱글톤 클래스 또한 3.1.5에서 설명한 것처럼 많은 문제점을 내포하고 있다. 요약하면 여전히 싱글톤 클래스 내부에 static 필드가 존재하며, private이 지정된 생성자로 인해 상속과 다형성이 제한된다는 문제점이 있다. 그 외에도 다음과 같은 문제점을 내포하고 있다.

1. private으로 접근이 제한된 내부의 static 필드가 존재해서 싱글톤 클래스의 상속은 불가능하며 이를 위해 생성자를 변경하는 등의 추가적인 코드 변경이 필요하다.

2. 싱글톤 클래스는 테스트하기 어렵다. 싱글톤 클래스는 getInstance 메서드와 같이 싱글톤을 만드는 방식이 제한돼 있어서 테스트를 위한 모의 객체를 만들기 어렵고 이를 위해서도 별도의 코드 변경이 필요하다.

3. 싱글톤 클래스는 개발 편의성을 위해 정적 클래스로 변경되어 사용될 가능성이 매우 높다.

4. JVM의 구성에 따라 싱글톤 클래스는 하나 이상의 인스턴스로 만들어질 수 있다. 또한 분산 환경에서 구동되는 프로그램 또한 각 JVM에 독립된 객체가 생길 수 있다.

현재 가장 안전한 방법은 스프링 프레임워크의 DI와 같이 객체 제어와 관리를 위임하는 방식이 가장 안전하지만, 이런 프레임워크를 사용하지 않는 상황에서는 싱글톤 클래스를 주의해서 사용하자.

예제 9.8.5 스프링 DI를 이용한 객체 관리의 예

스프링의 DI를 이용해 객체를 관리하는 방식

```
package com.software.design.problem;

import org.springframework.stereotype.Component;

import java.text.DecimalFormat;
/**
 * 스프링의 DI는 일반적인 POJO를 그대로 활용하며
 * 단순히 애노테이션을 적용하는 것으로 가능하다.
 */
@Component("pojoClassExample")
public class PojoClassExample {
    public boolean isEmpty(String value) {
        return value == null || value.isEmpty() ? true : false;
    }

    public String changeMoney(String str) {
        DecimalFormat df = new DecimalFormat("###,###");
        return df.format(Integer.valueOf(str));
    }
}
```

UseSingleton 룰을 이용한 문제점 진단

PMD에서는 최소한 이런 정적 클래스의 사용을 방지하기 위해 UseSingleton 룰을 통해 싱글톤 사용을 진단하고 개발자에게 코드를 수정하도록 권고한다.

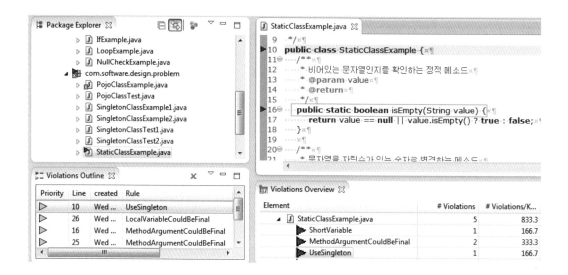

정적 바인딩 vs. 동적 바인딩

정적 바인딩

1. 컴파일 시(compile time)에 호출될 메서드가 이미 결정되어 메서드를 호출하는 속도가 빠르다.

2. private, final, static이 지정된 메서드가 정적 바인딩 대상이다.

3. 메서드를 재정의하더라도 이미 컴파일 시점에 호출될 함수가 결정되어 바꿀 수 없다.

동적 바인딩

1. 프로그램이 동작하는 중(runtime)에 호출될 메서드가 결정되는 방식으로, 클래스 타입 체크(RTTI; Run-Time Type Identification)를 통해 호출된 메서드를 찾기 때문에 정적 바인딩된 메서드에 비해 메서드 호출에 걸리는 시간이 길다.

2. 실행 시 인자나 반환값에 따라 호출될 메서드가 달라질 수 있다.

9-9 사용한 리소스는 꼭 반환한다

자원을 사용하고 닫지 않는 것은 소프트웨어 개발에서 가장 흔히 저지르는 실수 중 하나로서 다른 프로세스나 스레드가 자원을 사용할 수 없게 하고 심지어 메모리 누수(memory leak)를 일으키는 주범이다. 가장 대표적인 예로 데이터베이스를 사용하고 난 후 접속을 종료하지 않는 것이 있다. 예를 들어, 데이터베이스로 도서 정보를 관리하는 소프트웨어가 있고 이 프로그램은 동시에 8개의 질의문(query)만을 요청할 수 있다고 해보자.

이때 소프트웨어가 데이터베이스에 질의문을 요청하는 과정을 간략하게 나열하면 다음과 같다.

1. 데이터베이스에 접속

2. 데이터베이스로 질의문 전달

3. 데이터베이스가 질의문을 수행

4. 데이터베이스에서 질의문의 결과를 전달

5. 데이터베이스 접속 종료

실제 연결 과정은 이보다 복잡하겠지만 대략 위와 같은 순으로 정리할 수 있다. 여기서 5번 과정을 개발자가 실수로 빼먹는다면 꽤 난처한 상황이 발생한다. 우선 개발자는 단순 실수로 접속 종료를 하지 않았지만 데이터베이스에서는 어떠한 종료 메시지도 전달받지 않았기 때문에 또 다른 질의문 요청이 있을지 몰라서 연결을 유지하고 요청을 기다린다. 다행히 데이터베이스에 기본적인 요청 제한 시간이 설정돼 있다면 어떠한 연결도 그 시간만큼만 유지하고 무조건 종료하겠지만 이러한 요청 제한 시간이 길거나 설정돼 있지 않다면 최악의 경우 데이터베이스에서 강제로 접속을 종료하기 전까지 프로그램에서는 데이터베이스를 사용할 수 없다.

조금은 엉뚱한 예일지도 모르지만 이런 상황을 콜센터에 비유할 수 있다. 예전에 한 콜센터에서는 고객 상담의 품질 향상과 최소한의 응답대기 시간을 위해 상담원을 총 5명으로 구성했다. 이러한 인원 구성은 상담이 가장 많이 몰리는 시간에 모든 상담원이 최대한 요청을 처리하고 약간의 버퍼를 둔 시간을 바탕으로 추산된 것이었다. 하지만 날이 지날수록 알 수 없는 이유로 전체 응답 건수에는 큰 변화가 없지만 콜센터의 응답 대기 시간이 길어지고, 고객 대응과 관련된 품질 또한 저하됐다.

회사에서 그 이유를 파악하기 위해 많은 시간과 비용을 들여 알아낸 사실은 모든 요청이 단 한 대의 전화기로 몰린다는 것이었다. 그리고 그 이유를 파악하기 위해 다시 시간과 비용을 들여서 알아낸 사실은 너무나 간단했다.

사실 이 콜센터의 업무량은 상담이 가장 많이 몰리는 시간과 상담 요청이 많지 않은 시간으로 나뉘는데, 상담 요청이 많지 않은 시간에는 한 명의 상담원만 고객을 응대해도 처리 가능한 수준이었다. 따라서 그 당시 상담원들은 서로의 편의를 위해 상담이 가장 몰리는 시간이 아니라고 판단되는 시간에는 암묵적으로 한 명만 대표로 전화를 받고 나머지 상담원은 쉬게 하는 방안을 모색했다. 그렇게 해서 고안한 방법은 상담하는 한 명을 제외한 모든 상담원이 수화기를 통화 중 상태로 만들어 상담이 가장 많이 몰리는 시간이 아닐 때는 한 명의 상담원에게 모든 요청이 몰리게 하는 것이었다. 이렇게 단 한 명이 요청을 처리하는 시간이 점점 늘어나고, 상담이 가장 몰리는 시간에도 일부 상담원은 통화 중 상태로 돌려놓는 상황까지 발생하면서 결과적으로 응답 대기 시간이 증가하고, 고객 대응의 품질 또한 떨어진 것이었다.

여기서 말한 통화 중 상태는 데이터베이스의 접속을 종료하지 않은 것과 같은 상대이며, 동시에 8개의 데이터베이스 접속이 가능하더라도 7개의 질의문 요청을 하고 종료하지 않았다면 프로그램에서 쓸 수 있는 접속 통로는 단 하나만 존재하는 것이다.

문제점 진단

PMD에서는 이처럼 데이터베이스 접속 종료가 되지 않아 자원이 낭비되는 상황을 방지하기 위해 CloseResource 룰을 통해 문제점을 수정하도록 경고한다. 그림 9.9.1은 PMD로 접속 종료가 되지 않은 소스코드를 진단한 결과다.

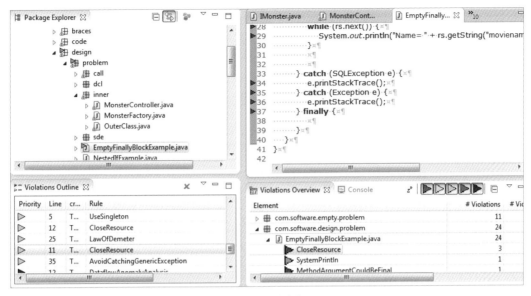

그림 9.9.1 데이터베이스 접속 종료를 CloseResource 룰로 진단한 결과

해결 방안

가장 간단한 해결 방안은 데이터베이스를 사용할 때 예제 9.9.1처럼 접속 종료가 어떠한 상황에서도 수행될 수 있게 finally 절에 데이터베이스 접속을 종료하는 코드를 삽입하는 것이다. 또한 데이터베이스에 연결당 접속 허용 시간을 설정해 실수로 접속을 종료하지 않은 연결도 일정 시간이 지난 후에는 데이터베이스에서 접속을 강제로 종료하게 해야 한다.

예제 9.9.1 finally 절을 이용한 데이터베이스 접속 종료
___

```
package com.software.design.problem;

import java.sql.*;

public class EmptyFinallyBlockExample {

    public static void main(String args[]) throws SQLException{

        // 접속 정보
        String connectionURL = "jdbc:postgresql://localhost:5432/movies;user=java;password=sampl
es";

        Connection con = null;
        Statement stmt = null;
```

```
        ResultSet rs = null;
        try {
            // 드라이버 로드
            Class.forName("org.postgresql.Driver");

            // 연결 생성
            con = DriverManager.getConnection(connectionURL);

            // 쿼리 실행 클래스 생성
            stmt = con.createStatement();

            // 쿼리 실행 후 결과 반환
            rs = stmt.executeQuery("select moviename, releasedate form movies");

            // 쿼리 결과 처리
            while (rs.next()) {
                System.out.println("Name= " + rs.getString("moviename")+ " Date= " +
rs.getString("releasedate"));
            }

        } catch (SQLException e) {
            e.printStackTrace();
        } catch (Exception e) {
            e.printStackTrace();
        } finally {
            // finally 절을 이용해 어떠한 상황에서도 자원을 반환하게 한다.
            if (rs!=null)rs.close();
            if(stmt!=null) stmt.close();
            if(con!=null) con.close();
        }
    }
}
```

하지만 이것은 매우 원시적인 방식으로, 단순히 하나의 메서드에 데이터베이스 사용과 종료 기능이 모두
포함돼 있다. 이런 식으로 데이터베이스를 사용하는 모든 메서드에 접속 및 종료와 관련된 코드를 삽입
한다면 반복된 작업으로 개발자의 실수가 유발될 가능성이 높다. 또한 반복된 코드가 프로그램의 각 부
분에 난립할 가능성이 매우 높다. 따라서 데이터베이스를 사용할 때 중복으로 사용되는 접근 및 종료 같
은 공통 기능은 재사용 가능한 구조로 정리하는 편이 현명하다.

사실 이러한 자원 낭비는 데이터베이스 접속에서만 발생하는 것은 아니며, 어떠한 자원을 사용할 때도 발생할 수 있는 문제점이다. 따라서 자바 1.7부터는 예제 9.9.2와 같이 새로운 try-with-resource 문을 통해 자원의 반납을 자동으로 처리하는 기능을 제공함으로써 개발자의 실수로 자원이 반환되지 않는 상황을 방지한다. 또한 데이터베이스의 경우에는 마이바티스(Mybatis 또는 iBatis)나 하이버네이트 (Hibernate) 같은 영속화 프레임워크를 이용해 더욱더 안정적이고 간편하게 데이터베이스 자원을 활용하는 것도 좋은 방법이다.

예제 9.9.2 자바 1.7의 try-with-resource 문을 이용하는 예

```java
package com.software.design.solution;

import java.io.BufferedReader;
import java.io.FileReader;
import java.io.IOException;

public class Bar {
    public void foo() {
        try (BufferedReader br = new BufferedReader(new FileReader("C:\\testing.txt"))) {
            String line;
            while ((line = br.readLine()) != null) {
                //...
            }
        } catch (IOException e) {
        // 에러 처리
        }
    }
}
```

스레드 동기화를 사용할 때는 매우 세심한 주의가 필요하다. 스레드 동기화는 주로 멀티 스레딩 환경에서 공유 자원에 안전하게 접근하고 사용하는 데 매우 유용하다. 하지만 안전한 접근성을 위해 모든 요청을 한 번에 하나의 요청만을 처리하도록 설계되어 필연적으로 동기화 구역은 병목 현상을 발생시킨다. 따라서 최소한의 병목 지점을 만들기 위해 스레드 동기화는 최소한의 영역에서만 사용해야 한다.

이런 측면에서 메서드 전체를 동기화하는 것은 매우 비효율적인 방식이다. 예제 9.10.1을 예로 들자면 실제 스레드 동기화를 적용해야 하는 부분은 바로 공유 자원인 userList에 새로운 사용자 정보를 저장하는 코드 한 줄이다. 하지만 메서드 전체를 스레드 동기화 영역으로 설정함으로써 공유 자원에 접근하는 코드 말고도 메서드 내의 다른 기능을 처리하는 코드도 동기화되어 다른 스레드에서 공유 자원을 사용하는 것을 방해한다.

예제 9.10.1 메서드 전체를 동기화한 예

```
package com.software.design.problem;

import java.util.ArrayList;
import java.util.List;
import java.util.Map;

public class AvoidSynchronizedExample {

    private List<Map<String, Object>> userList = new ArrayList<Map<String, Object>>();

    /**
     * 메서드 전체가 스레드 동기화 영역으로 설정되어
     * 메서드의 모든 코드고 실행돼야 동기화 영역에서 벗어날 수 있다.
     * @param user
     * @throws InterruptedException
     */
    public synchronized void addUser(Map<String, Object> user) throws InterruptedException {
        /*
         * ...
         * ...
         * ...
```

```
    */
    // 기타 프로세스가 진행되는 시간을 가정해 1초로 설정
    Thread.sleep(1000);

    // 실제 공유 자원에 접근하는 부분
    userList.add(user);
  }
}
```

문제점 진단

PMD에서는 불필요한 스레드 동기화 영역 설정을 방지하기 위해 AvoidSynchronizedAtMethod
Level 룰로 메서드 단위의 동기화 영역을 진단하고 수정하도록 권고한다. 그림 9.10.1은 메서드 단위의
스레드 동기화를 진단한 결과다.

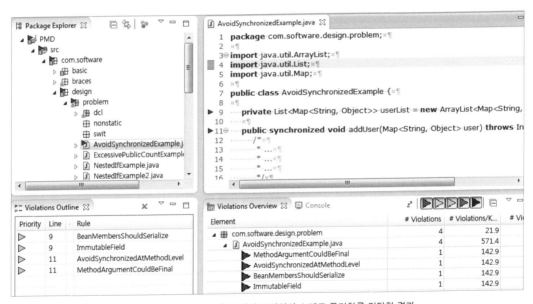

그림 9.10.1 AvoidSynchronizedAtMethodLevel 룰로 메서드 단위의 스레드 동기화를 진단한 결과

메서드 내에 어떠한 기능도 없고 단지 공유 자원에 접근하는 기능만 있다면 메서드 단위의 스레드 동기
화를 사용할 수 있다. 하지만 대부분의 메서드는 공유 자원에 접근하는 것 말고도 다른 기능을 수행한다.
예를 들어, 예제 9.10.1과 같이 사용자 정보를 저장하는 메서드에서도 사용자 정보를 공유 자원에 저장
하기 전에 전처리 또는 후처리 절차가 포함될 수 있고, 그에 따라 스레드를 동기화하느라 불필요한 시간
을 소비할 수밖에 없다. 따라서 스레드 동기화의 영역은 넓은 범위가 아닌 가장 최소한의 단위로 설정해
야 한다. 예제 9.10.2는 이를 바탕으로 메서드 단위의 스레드 동기화가 아닌 userList 객체에 접근하는
시점에만 동기화 영역을 설정한 예다.

예제 9.10.2 올바른 스레드 동기화 영역 설정의 예

```java
package com.software.design.solution;

import java.util.ArrayList;
import java.util.List;
import java.util.Map;

public class AvoidSynchronizedExample {

    private List<Map<String, Object>> userList = new ArrayList<Map<String, Object>>();

    public void addUser(Map<String, Object> user) throws InterruptedException {

        // 기타 프로세스가 진행되는 시간을 가정해 1초를 설정
        Thread.sleep(1000);

        /**
         * 실제 공유 자원에 접근하는 영역만 스레드 동기화 영역으로 설정해
         * 병목 현상을 최소한으로 만들 수 있다.
         */
        synchronized (userList) {
            // 실제 공유 자원에 접근하는 부분
            userList.add(user);
        }

    }

}
```

결합 규칙과 응집도는 앞서 코드의 길이와 복잡도에서 자세히 설명했고, 이 장에서는 결합도를 느슨하게 만들기 위한 방법을 좀 더 자세히 설명하겠다.

객체 간의
결합 규칙

간혹 자바의 컬렉션을 사용할 때 List, Set, Map과 같은 인터페이스가 아닌 ArrayList, Vector, HashMap, HashTable과 같은 구현체로 선언할 때가 있는데 이는 객체의 결합도 측면에서 매우 비효율적인 방식이다.

예를 들어, Vector와 ArrayList는 List라는 인터페이스를 바탕으로 같은 기능을 구현하지만 Vector는 자바 1.0부터 있던 클래스로서 다중 스레드 환경에서 스레드 동기화를 바탕으로 구현된 클래스이고 ArrayList는 자바 1.2부터 포함된 클래스로서 스레드 동기화를 제공하지 않아 다중 스레드 환경에서 스레드 안전성(thread-safety)을 보장할 수 없지만 Vector에 비해 빠른 성능을 보이는 것이 특징이다. 즉, 이 두 객체는 외부에 보이는 모양은 같지만 전혀 다른 알맹이를 갖고 있으며, ArrayList⟨String⟩ list = new Vector⟨String⟩();와 같이 서로 간의 직접적인 사용은 불가능하다.

예제 10.1.1과 같이 ArrayList로 선언한 변수는 ArrayList를 위한 ArrayListMaker를, Vector로 선언한 변수는 Vector를 위한 VectorMaker로 각각 사용할 수밖에 없고, ArrayList가 없으면 다른 한쪽인 ArrayListMaker가 의미 없을 정도로 서로 종속성이 매우 강한 1:1 연결을 보인다. 또한 만약 List 인터페이스에서 파생된 다른 구현체인 Stack이나 LinkedList를 위한 클래스를 구현하려면 별도의 클래스를 구현해야 한다. 결과적으로 변수의 자료형으로 구현체를 사용하는 것은 객체와 객체 간의 연결을 매우 강하게 유지하게 한다.

예제 10.1.1 Vector와 ArrayList 객체를 위한 클래스를 각각 구현한 예

ArrayListMaker

```
package com.software.coupling.problem.list;

import java.util.ArrayList;

public class ArrayListMaker {

    public ArrayList<String> add(ArrayList<String> arrayList) {
        arrayList.add("t");
        arrayList.add("e");
        arrayList.add("s");
        arrayList.add("t");
```

```
            return arrayList;
    }
}
```

VectorMaker

```
package com.software.coupling.problem.list;

import java.util.Vector;

public class VectorMaker {

    public Vector<String> add(Vector<String> vector) {
        vector.add("t");
        vector.add("e");
        vector.add("s");
        vector.add("t");
        return vector;
    }
}
```

LoosingCouplingExample

```
import java.util.ArrayList;
import java.util.Vector;

public class LoosingCouplingExample {

    public static void main(String[] args) {
        VectorMaker vectorMaker = new VectorMaker();
        ArrayListMaker arrayListMaker = new ArrayListMaker();

        ArrayList<String> arrayList = new ArrayList<String>();
        arrayList = arrayListMaker.make(arrayList);

        Vector<String> vector = new Vector<String>();
        vector = vectorMaker.make(vector);
    }
}

package com.software.design.problem;

import java.util.ArrayList;
import java.util.Vector;
```

```
public class LoosingCouplingExample {

    public static void main(String[] args) {
        ArrayList<String> list1 = makeVector();
    }

    public static Vector<String> makeVector() {
        return new Vector<String>();
    }

}
```

문제점 진단

PMD에서는 상세 구현 객체보다 인터페이스로 변수를 선언하기를 권고하며, 변수를 구현체로 선언할 경우 이를 LooseCoupling 룰로 진단하고 결합도를 낮추도록 경고한다. 그림 10.1.1은 구현체로 선언된 변수를 진단한 결과다.

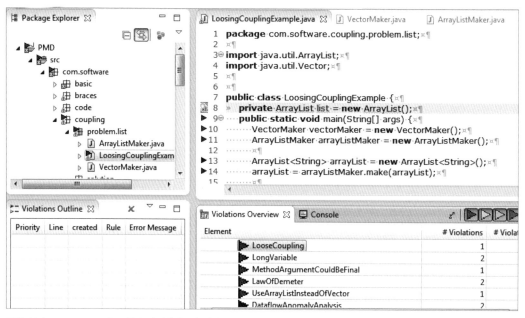

그림 10.1.1 LooseCoupling 룰로 인터페이스가 아닌 구현체로 선언된 변수를 진단한 결과

해결 방안

이 문제를 해결하는 방안은 각 변수의 선언을 구현체가 아닌 인터페이스로 선언하는 것이다. 인터페이스란 객체의 형식을 정하는 하나의 명세서(spec)와 같은 역할을 한다. 따라서 변수를 인터페이스로 선언하면 객체의 내부 구현 구조와 상관없이 해당 인터페이스의 형태로 구현한 모든 구현 객체를 변수에 지정할 수 있다. 즉, 객체와 객체 간의 직접적인 연결이 아닌 객체의 형태와 객체라는 조금 더 간접적이고 유연한 연결관계를 형성할 수 있다. 인터페이스의 사용을 다음과 같이 비유할 수 있다.

소나타는 승용차다. - 참
포터는 화물차다. - 참
봉고는 승합차다. - 참

소나타는 화물차다 - 거짓
소나타는 포터다 - 거짓
포터는 승합차다 - 거짓
포터는 봉고다 - 거짓

자동차라는 큰 범주에 승용차, 화물차 그리고 승합차 등은 포함될 수 있지만 자동차라는 형태를 구현한 승용차, 화물차 그리고 승합차 모두는 각기 다른 고유 속성과 기능을 가지고 있으므로 서로 같은 객체가 될 수는 없다. 이를 List 인터페이스와 그 하위 구현체인 ArrayList, Vector, LinkedList, Stack으로 바꾸면

ArrayList는 List다 - 참
Vector는 List다 - 참
LinkedList는 List다 - 참
Stack은 List다 - 참

ArrayList는 Vector다 - 거짓
LinkedList는 Stack이다 - 거짓

위와 같이 모든 객체가 List 인터페이스라는 형태를 취하고 있지만 고유의 속성과 기능을 포함하므로 서로 다른 구현체다. 따라서 변수를 선언할 때 고유한 특성을 갖는 구현체가 아닌 인터페이스로 선언하면 해당 변수를 단일한 구현 객체의 형태로 제한되지 않아서 같은 인터페이스를 바탕으로 구현한 모든 객체가 호환되어 코드의 유연성이 높아진다. 예제 10.1.2는 예제 10.1.1의 구현체를 바탕으로 작성한 코드를 인터페이스를 바탕으로 리팩터링한 코드다.

ListMaker.java

```java
package com.software.coupling.solution.list;

import java.util.List;

public class ListMaker {

    /**
     * 메서드의 인자와 반환 값의 자료형을 List 인터페이스로 선언함으로써
     * List 인터페이스를 바탕으로 구현한 모든 구현 객체는
     * 이 메서드를 활용할 수 있다.
     * @param list
     * @return
     */
    public List<String> make(List<String> list) {
        list.add("t");
        list.add("e");
        list.add("s");
        list.add("t");
        return list;
    }
}
```

LoosingCouplingExample

```java
package com.software.coupling.solution.list;

import java.util.ArrayList;
import java.util.LinkedList;
import java.util.List;
import java.util.Stack;
import java.util.Vector;

public class LoosingCouplingExample {
    public static void main(String[] args) {
        ListMaker listMaker = new ListMaker();
        /*
         * List 인터페이스로 변수를 선언해
         * List 인터페이스를 바탕으로 구현한
         * 이 변수는 List 인터페이스를 바탕으로
         * 구현한 모든 객체를 받아들일 수 있다.
```

```
    */
    List<String> list = new ArrayList<String>();
    list = listMaker.make(list);

    list = new Vector<String>();
    list = listMaker.make(list);

    list = new LinkedList<String>();
    list = listMaker.make(list);

    list = new Stack<String>();
    list = listMaker.make(list);
  }
}
```

불필요한 클래스 간의 소통을 최소화한다

객체 간의 연결이 거미줄처럼 엮여 있는 구조에서는 한 객체를 수정해도 연결된 모든 객체를 수정하는 스파게티 코드가 만들어지는 현상을 방지하기 위해 객체의 결합도, 즉 객체 간의 연결관계를 최소한으로 제한하는 것이 매우 중요하다. OOP 기반의 프로젝트에서 가시적으로 명확하게 독립된 객체와 객체 간의 연결은 잘 정의되지만, balance = teller.bank.deposit – withdrawal;과 같이 객체에 포함된 내부 객체를 직접 호출하는 것도 객체 간의 연결을 강하게 만든다.

이는 마치 은행에서 예금을 인출할 때 창구 직원을 통해 고객이 금고에 직접 들어가서 예금을 찾아온다는 참으로 비정상적인 방식일 것이다. 하지만 안타깝게도 소프트웨어에서는 실제로 예제 10.2.1과 같은 방식으로 개발 편의와 기타 이유로 이 같은 현상이 종종 발생한다. 다음 예제를 보자.

예제 10.2.1 객체의 내부 객체에 직접 접근하는 잘못된 방식의 예

Bank: 고객의 예금을 관리하는 은행 객체

```java
package com.software.design.problem.coupling;

import java.util.HashMap;
import java.util.Map;

public class Bank {

    // 은행 금고가 공개돼 있어 어디서든 직접적인 접근이 가능하다.
    public Map<String, Integer> safe;

    public Bank() {
        safe = new HashMap<String, Integer>();
    }
}
```

Teller: 고객의 요청을 받아들여 은행 업무를 처리하는 객체

```java
package com.software.design.problem.coupling;

public class Teller {

    // 은행이 공개돼 있어 모든 객체에서 접근할 수 있다.
    public Bank bank;
```

```
    public Teller() {
        bank = new Bank();
    }

}
```

Customer: 예금을 입출금하는 고객

```
package com.software.design.problem.coupling;

public class Customer {

    public String CustomerCode;

    public int money;

    public Teller teller;

    public Customer(String CustomerCode, int money) {
        teller = new Teller();
        this.money = money;
        this.CustomerCode = CustomerCode;
    }

    /**
     * 출금
     * @param value 출금액
     * @return 출금 성공 여부
     */
    public boolean withdrawal(int value) {
        int deposit = teller.bank.safe.get(CustomerCode);
        boolean result;
        if(deposit - value >= 0) {
            money += value;
            teller.bank.safe.remove(CustomerCode);
            teller.bank.safe.put(CustomerCode, deposit - value);
            result = true;
        } else {
            result = false;
        }
        return result;
    }
```

```
/**
 * 입금
 * @param value 입금액
 * @return 입금 성공 여부
 */
public boolean deposit(int value) {
    boolean result;
    int deposit = teller.bank.safe.get(CustomerCode);
    if(money - value >= 0) {
        money -= value;
        teller.bank.safe.remove(CustomerCode);
        teller.bank.safe.put(CustomerCode, deposit + value);
        result = true;
    } else {
        result = false;
    }
    return result;
}
}
```

LoosingCouplingExample: 이 예제를 실행하는 메인 클래스

```
package com.software.design.problem.coupling;

public class LoosingCouplingExample {

    public static void main(String[] args) {

        Customer ted = new Customer("C01", 1000);
        Customer yuto = new Customer("C01", 1000);

        ted.deposit(100);
        ted.withdrawal(90);

    }
}
```

다음은 예제 10.2.1을 클래스 다이어그램으로 나타낸 것이다.

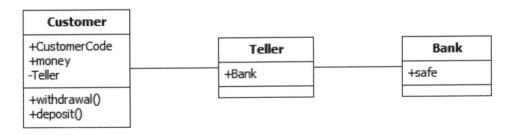

그림 10.2.1 잘못된 방식으로 객체에 접근하는 구조를 나타낸 클래스 다이어그램

그림 10.2.1과 예제 10.2.1에서 볼 수 있듯이 Bank 클래스에는 safe라는 내부 객체가, Teller 클래스에는 Bank가, 그리고 Customer 클래스는 Teller가 포함돼 있으며, customer 객체에서부터 점 연산자(.)를 이용해 safe 객체까지 직접 연결할 수 있게 허용돼 있다. 최종적으로 Customer → Teller → Bank → safe라는 매우 직접적이고 강한 연결 관계가 형성돼 있다. 이것은 결국 고객이 은행의 금고에 직접 들어가서 자기가 원하는 만큼 금액을 입/출금할 수 있는 비정상적인 구조다. 이런 구조는 뜻밖에 자주 발견되는데, 특히 클래스 멤버 변수로 Map 혹은 List와 같은 컬렉션이 포함돼 있을 때 개발 편의를 위해 wapper 메서드를 만들지 않고 빈번히 이런 식으로 직접 접근할 수 있게 해두는 경우가 많다.

직접적인 연결의 가장 큰 문제점은 불필요하게 많은 객체가 직접 연결되어 상호의존성이 매우 높다는 점이다. 가독성 측면에서는 하나의 클래스를 온전하게 파악하기 위해 해당 클래스와 연결된 수많은 클래스를 확인해야 하고, 유지보수를 위해서도 연관된 모든 클래스를 수정해야 하는 일이 발생한다.

객체의 특성과 객체 간의 경계가 모호한 구조에서는 객체를 잘못 사용할 가능성이 높고, 예제 10.2.1과 같이 고객이 은행 금고에 직접 접근해서 사용하는 것과 같이 보안상 매우 취약한 허점을 제공할 가능성 또한 아주 높다.

문제점 진단

객체 간의 불필요한 연결을 최소화하는 원칙을 데미테르(디미터)의 법칙(Law of Demeter)이라 하며, PMD에서도 이러한 문제를 진단하기 위해 LawOfDemeter 룰을 통해 진단하고, 잘못된 결합도를 수정하도록 경고한다. 그림 10.2.2는 코드 상의 잘못된 연결 관계를 진단한 결과다.

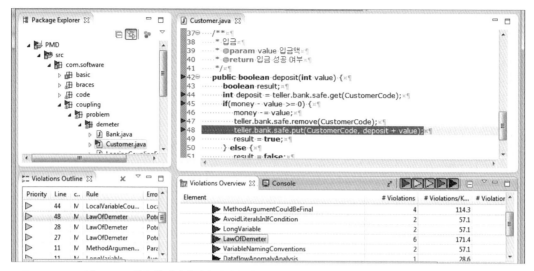

그림 10.2.2 LawOfDemeter 룰로 한 객체가 다른 객체의 내부 객체에 직접 접근하는 경우를 진단한 결과

해결 방안

디미터의 법칙는 흔히 "친구한테만 말해(only talk to friends)"라고 정의한다. 즉, 나에 관한 이야기는 내 친구만 알고 있으면 되지만 친구의 친구에게까지 소문낼 필요는 없다는 것이다. 이를 다시 예금 인출 예제에 비유하자면 고객은 예금 인출을 위해 창구직원에게 요청하고 원하는 금액을 전달받으면 되고, 창구직원이 은행에서 어떤 절차를 통해 예금을 출금하는 알 필요도 없고 알아서도 안 된다는 것이다. 예제 10.2.2는 디미터의 법칙에 따라 예제 10.2.1을 리팩터링한 코드다.

예제 10.2.2 객체의 내부 구조를 숨기고 올바른 결합도로 수정한 예
___

Bank: 은행 금고에 접근할 수 있는 권한은 은행만 갖고 있다

```
package com.software.coupling.solution.demeter;

import java.util.HashMap;
import java.util.Map;

public class Bank {

    // 은행 금고에는 절대 직접 접근할 수 없다.
    private Map<String, Integer> safe;

    public Bank() {
        safe = new HashMap<String, Integer>();
    }
```

```java
private boolean isCustomer(String customerCode) {
    return safe.containsKey(customerCode);
}

private boolean isEnable(String customerCode, int value) {
    return safe.get(customerCode) >= value;
}

/**
 * 출금
 * @param customerCode 고객 코드
 * @param value 출금액
 * @return 성공 여부
 */
public boolean widtrawal(String customerCode, int value) {
    // 등록된 고객이 아니면 출금할 수 없다.
    if(!isCustomer(customerCode)) {
        return false;
    }

    // 잔액이 부족하면 출금할 수 없다.
    if(!isEnable(customerCode, value)) {
        return false;
    }
    int balance = safe.get(customerCode) - value;
    safe.remove(customerCode);
    safe.put(customerCode, balance);

    return true;
}

/**
 * 입금
 * @param customerCode 고객코드
 * @param value 입금액
 * @return 성공여부
 */
public boolean deposit(String customerCode, int value) {
    // 등록된 고객이 아니면 입금할 수 없다.
    if(!isCustomer(customerCode)) {
        return false;
    }

    int balance = safe.get(customerCode) + value;
    safe.remove(customerCode);
    safe.put(customerCode, balance);
```

```
        return true;
    }

    public boolean createCustomer(String customerCode, int value) {
        // 기존 고객이면 등록 불가
        if(isCustomer(customerCode)) {
            return false;
        }
        safe.put(customerCode, value);
        return true;
    }
}
```

Teller: 창구직원만 은행에 접근할 수 있다.

```
package com.software.coupling.solution.demeter;

public class Teller {

    // 창구직원만 직접 은행의 출금 절차에 접근할 수 있다.
    private Bank bank;

    public Teller() {
        bank = new Bank();
    }

    public boolean withdrawal(String customerCode, int value) {
        /*
         * 고객을 인증하고 입력된 값을 확인하는 철차
         * ...
         */

        return bank.widtrawal(customerCode, value);
    }

    public boolean deposit(String customerCode, int value) {
        /*
         * 고객을 인증하고 입력된 값을 확인하는 절차
         * ...
         */

        return bank.deposit(customerCode, value);
    }

    public boolean createCustomer(String customerCode, int value) {
        /*
         * 고객을 인증하고 입력된 값을 확인하는 절차
```

```
        * ...
        */

       return bank.createCustomer(customerCode, value);
    }

}
```

Customer 고객은 오직 창구직원을 통해서만 입금과 출금을 할 수 있다.

```
package com.software.coupling.solution.demeter;

public class Customer {

    private String customerCode;

    private int money;

    private Teller teller;

    public Customer(String CustomerCode, int money) {
        teller = new Teller();
        this.money = money;
        this.customerCode = CustomerCode;
        teller.createCustomer(CustomerCode, money);
    }
    /**
     * 출금
     * @param value 출금액
     * @return 출금 성공 여부
     */
    public boolean withdrawal(int value) {
        if(teller.withdrawal(customerCode, value)) {
            money += value;
            return true;
        } else {
            return true;
        }
    }

    /**
     * 입금
     * @param value 입금액
     * @return 입금 성공 여부
     */
    public boolean deposit(int value) {
        if(teller.deposit(customerCode, value)) {
```

```
                money -= value;
                return true;
            } else {
                return true;
            }
        }

        public int getBalance() {
            return money;
        }
    }
```

실행 클래스

```
package com.software.coupling.solution.demeter;

public class LoosingCouplingExample {

    public static void main(String[] args) {

        Customer ted = new Customer("C01", 1000);
        Customer yuto = new Customer("C01", 1000);

        ted.deposit(100);
        ted.withdrawal(90);

        System.out.println(ted.getBalance());
    }
}
```

예제 10.2.2와 같이 수정하면 각 객체가 직접적인 연결만 유지하고 내부 객체는 직접 연결이 아닌, 래퍼 (wrapper) 메서드를 통해 간접적으로 연결되어 객체 간 결합도를 완화하고 보안성을 강화할 수 있다는 장점이 있다. 하지만 내부 객체를 숨기기 위한 래퍼 메서드가 만들어져 코드의 길이가 길어지고 가독성이 떨어질 수 있다는 단점도 있다.

하지만 이를 조금 더 넓게 보면 대규모 시스템에서는 내부 객체를 직접적인 연결이 아닌 간접적으로 연결했을 때 누릴 수 있는 장점이 앞에서 언급한 단점을 상쇄하고도 남는다. 예를 들어, 지금은 단순히 고객, 창구직원, 은행이 1 : 1 : 1의 구조를 이루고 있지만 그림 10.2.3과 같이 다수의 고객이 다수의 은행에 접근하는 구조에서 고객이 직접 은행에 접근해 입/출금 절차를 진행한다면 이는 매우 비효율적이며 복잡한 구조를 나타낼 수밖에 없다. 유지보수 측면에서는 이처럼 복잡한 구조로 인해 전체적인 구조 파악이 불가능에 가까워지고, 문제가 발생했을 때 즉각적으로 대응하기가 매우 힘들다.

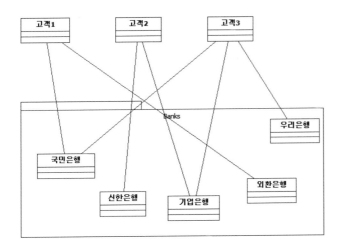

그림 10.2.3 다수의 고객이 다수의 은행과 직접 연결된 구조

10.2.2의 구조와 같이 객체와 객체 간의 직접적인 연결을 최소화하고, 고객과 은행 사이의 소통은 창구 직원 또는 ATM과 같은 통합 인터페이스를 이용해 처리하면 그림 10.2.3과 같은 거미줄과 같은 연결관계를 해결할 수 있다. 이처럼 복잡한 내부 시스템과 외부를 통합 인터페이스를 통해 연결한 구조를 퍼사드 패턴(Facade Pattern)이라고 한다. 그림 10.2.4는 ATM이라는 통합 인터페이스를 통해 고객과 은행 간의 소통을 관리하는 구조를 나타낸 다이어그램이다.

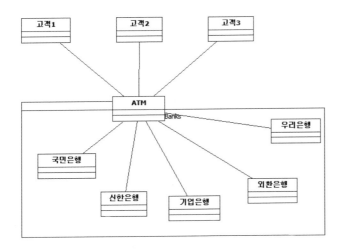

그림 10.2.4 ATM을 통해 고객과 은행을 연결한 구조

성능 개선을 위한
가이드라인

소스코드 최적화

11-1 적절한 컬렉션 선택은 소프트웨어의 성능을 좌우한다

소프트웨어에서 데이터 저장과 검색을 목적으로 효율적인 알고리즘을 바탕으로 설계된 자료구조는 소프트웨어의 실행 시간과 메모리와 같은 자원 사용을 최소한으로 사용하도록 도와준다. 따라서 자료구조는 소프트웨어를 설계할 때 가장 먼저 고려해야 하는 요소다. 하지만 최근 DBMS(Database Management System)의 발달로 데이터를 저장하고 관리하고 검색하는 기능의 대부분을 데이터베이스로 위임하고, 소프트웨어 내부의 자료구조 설계에 대해서는 간과하는 일이 빈번히 발생한다.

하지만 소프트웨어가 모든 데이터 저장과 검색을 데이터베이스로 위임해도 결국 그 데이터를 처리하는 주체는 소프트웨어다. 즉, 대량의 데이터 관리는 데이터베이스가 담당하지만 소프트웨어는 수시로 필요한 데이터를 데이터베이스로부터 불러와서 절차에 따라 가공하고 이를 다시 데이터베이스에 저장하거나 사용자에게 전달한다. 이런 과정에서 소프트웨어 또한 데이터베이스보다는 못하지만 많은 양의 데이터를 상시 관리해야만 한다. 예를 들어, 전체 이용자가 10만 명이며 동시 접속자가 5천 명인 온라인 게임은 전체 10만 명의 데이터를 데이터베이스가 관리하지만 동시에 접속해 있는 5천 명의 데이터는 즉각적인 응답을 위해 게임 서버 프로그램이 상시 관리해야 한다. 따라서 소프트웨어의 요구사항에 맞는 적절한 자료구조를 선택해서 사용하는 것은 소프트웨어의 성능을 향상시킬 수 있는 매우 중요한 설계 요소다.

자바는 기본 프레임워크인 JCF(Java Collections Framework)를 통해 효율적인 자료구조 활용을 위한 다양한 컬렉션을 제공하며, 버전이 올라갈수록 더욱더 다양하고 유용한 컬렉션이 추가되고 있다. 하지만 많은 프로젝트에서 소프트웨어의 보안성, 안전성 그리고 이전 시스템과의 호환성을 보장하기 위해 하위 버전을 사용하고 있는 것이 현실이다. 특히 은행과 증권 같은 금융시스템에서는 다양한 기능성보다 보안성과 안전성을 우선시하므로 안정화된 하위 버전을 선택하는 경향이 있다. 따라서 다양한 컬렉션 사용이 제한돼 있어 이미 상위 버전의 자바에 지원하는 컬렉션을 자체적으로 만들어서 사용하기도 한다.

모든 컬렉션은 List 또는 Map과 같은 기본적인 인터페이스를 구현하므로 내부의 구현이 어떻게 구성돼 있던 외형은 동일하다. List 인터페이스를 구현한 ArrayList와 Vector, Map 인터페이스를 구현한 HashMap과 HashTable의 차이점을 구분하지 못하고 오용하는 소스코드도 종종 발견된다. 이는 JCF에 대한 전반적인 이해가 부족해서 발생하는 현상이다.

우선 Vector와 HashTable은 모두 자바 1.0 버전에서부터 자체적으로 멀티스레딩 환경에서 작동하도록 그림 11.1.1과 같이 대부분의 기능이 메서드 단위의 스레드 동기화를 제공한다. Vector와 HashTable 주요 기능을 사용할 때 멀티 스레딩 환경이 아니거나 이미 스레드 동기화를 한 구역 내에서도 불필요한 스레드 동기화로 전체적인 실행 성능의 저하를 일으킨다. Vector와 HashTable의 스레드 동기화 기능을 활용해 주요 설정 정보를 저장하는 전역변수와 같이 사용한다면 이는 OOP의 기본적인 캡슐화를 역행하는 방식이며 외부 객체의 접근을 관리할 수 없어 데이터를 안전하게 관리할 수 없다.

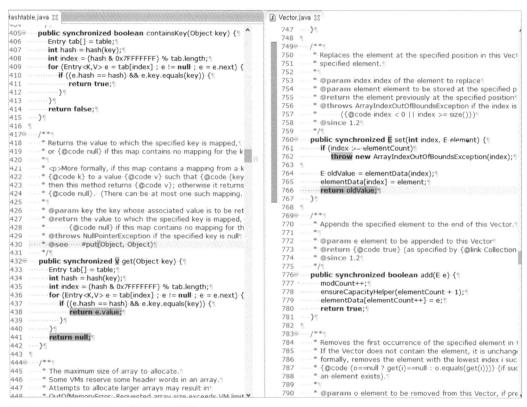

그림 11.1.1 Vector와 Hashtable의 내부 구현

문제점 진단

PMD에서는 잘못된 컬렉션 사용을 진단하기 위해 Vector 대신 AraryList 사용을 권고하는 UseArrayListInsteadOfVector 룰과 ReplaceVectorWithList 룰, 그리고 HashTable 대신

HashMap 사용을 권고하는 ReplaceHashtableWithMap 룰과 멀티스레딩 환경에서 사용해야 할 경우 ConcurrentHashMap 사용을 권고하는 UseConcurrentHashMap 룰을 제공한다. 하지만 이런 룰은 최소한의 룰로서, 컬렉션 객체를 선택할 때 목적과 상황에 맞는 객체를 선택하기 위해 컬렉션에 대해 조금 더 자세히 알 필요가 있다. 그림 11.1.2는 PMD를 이용해 이처럼 잘못된 컬렉션 객체의 사용을 진단한 화면이다.

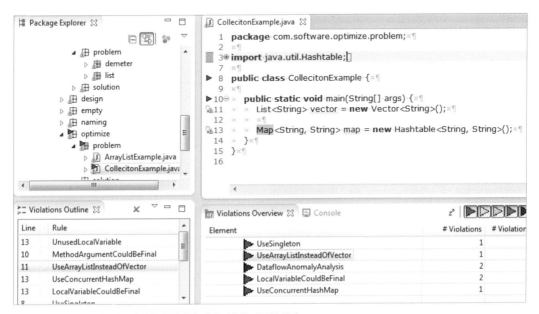

그림 11.1.2 PMD 룰을 이용해 잘못된 컬렉션 객체 사용을 진단한 결과

해결 방안

올바른 컬렉션을 선택하려면 자바의 버전과 같은 환경적인 요소와 컬렉션을 사용하는 목적을 파악하는 것이 우선이다. 예를 들어, 여러 개의 객체를 하나의 배열로 관리한다고 해보자.

현실에서는 아주 희박한 확률이지만 사용 중인 자바의 버전이 1.0 미만이라면 사용할 수 있는 컬렉션은 Vector가 최선일 것이다. 하지만 자바 1.2 이상을 사용하는 소프트웨어라면 선택의 폭은 더욱 넓어져서 Vector, ArrayList, LinkedList 등이 있다. 여기서 우선 Vector는 자체 동기화 기능으로 다른 객체보다 속도가 느리므로 배제하고 ArrayList와 LinkedList 중에서 선택할 수 있을 것이다.

그리고 이제 데이터의 저장 목적이 단순 저장과 검색을 위한 것인지, 새로운 데이터의 추가와 삭제가 우선인지 고려해야 한다. 그림 11.1.2에서 볼 수 있듯이 ArrayList는 데이터의 추가와 삭제는 느리지만 빠른 검색 속도를 제공하므로 단순한 데이터 저장과 빠른 검색을 목적으로 한다면 ArrayList가 효율적이다.

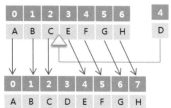

C와 E 사이에 D를 삽입하려면 C 이후의 모든 데이터를 한칸씩 이동해야 하므로, 데이터 추가/삭제 속도가 느리다. 하지만 ArrayList는 저장된 각각의 데이터 hash code로 관리해서, 각 데이터를 쉽게 구분할 수 있으며 매우 빠른 검색 속도를 보장한다.

그림 11.1.2 ArrayList의 데이터 추가 방식

반대로 그림 11.1.3과 같이 LinkedList는 데이터가 추가되거나 삭제돼더라도 서로 연결된 선만 바꾸는 것으로 대응할 수 있다. 하지만 데이터를 검색하는 측면에서는 해당 데이터를 찾기 위해 첫 번째 데이터부터 연결선을 따라 대상 데이터까지 차례대로 검색해야 하므로 데이터의 양과 반비례해서 검색 속도는 저하된다.

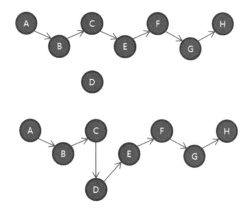

C와 E 사이에 D를 삽입하려면 C에서 E로 연결된 선을 끊고 C에서 D로 그리고 D에서 E로 연결되는 선을 생성하는 것으로 D를 삽입할 수 있으므로, 데이터의 추가/삭제 속도가 빠르다. 하지만 데이터 검색 시 시작점인 A에서 부터 검색해야 하며, 이는 데이터가 많을 때에는 매우 느린 검색 속도를 보여준다.

그림 11.1.2 LinkedList의 데이터 추가 방식

이처럼 컬렉션이 사용되는 상황과 목적을 파악하고 그에 맞는 컬렉션을 선택하는 것은 소프트웨어의 성능에 많은 영향을 준다. JCF의 객체를 미리 파악하고 특징을 분석해서 프로젝트에서 활용하는 것은 손쉽게 소프트웨어의 품질과 성능을 개선하는 방법 중 하나다. 표 11.1.1은 일반적으로 사용하는 컬렉션을 간략하게 설명한 것이다.

컬렉션	사용 가능한 JDK 버전	특징
List		
Vector	1.0	• 자동으로 스레드 동기화를 보장 • 스레드 동기화로 인해 속도 저하 발생 • 하위 버전의 자바와 호환성이 높음
ArrayList	1.2	• 배열에 동적 메모리 증가를 구현 • 내부 인덱스가 존재 • 데이터 검색은 빠르지만 데이터 삽입과 삭제가 느림
LinedList	1.2	• 연결리스트를 바탕으로 구현 • 내부 인덱스가 없음 • 데이터의 삽입과 삭제는 빠르지만 데이터 검색은 느림
Stack		• 데이터의 삽입과 추출을 LIFO(Last-In First-Out) 구조로 구현
Map		
Hashtable	1.0	• 자동으로 스레드 동기화를 보장 • 데이터 관리를 위해 해시(hash) 기법을 사용 • key와 value를 이용해 Data를 관리
HashMap	1.2	• 기본적으로 HashTable과 유사하지만 스레드 동기화를 지원하지 않아 속도가 더 빠름
TreeMap	1.2	• key와 value로 데이터를 관리 • key를 기준으로 오름차순으로 정렬된다.
WeakHashMap	1.2	• 외부에서 참조되지 않는 데이터는 자동으로 가비지 컬렉션되도록 허용 • 외부에서 더는 참조되지 키의 엔트리는 자동으로 제거
LinkedHashMap	1.4	• 데이터가 정렬돼 있음
IdentityHashMap	1.4	• key의 값을 숫자 자체로 봐서 equals가 아닌 ==로 key를 비교할 수 있다. • key를 equals가 아닌 ==로 비교해서 전체적인 검색속도가 매우 빠르다.
EnumMap	1.5	• enum 타입의 데이터를 위한 맵 • 적은 데이터로 성능이 매우 빠르다
ConcurrentHashMap	1.5	• 자동으로 스레드 동기화를 보장 • 내부에 여러 개의 세그먼트(기본적으로 16개)로 동기화를 제공함으로써 다중 스레드 환경에서 해시테이블과 같이 속도가 저하되지 않음(락스트 라이핑: Lock striping) • 여러 스레드가 동시에 데이터의 삽입과 참조가 가능
ConcurrentSkipListMap	1.5	• 자동으로 스레드 동기화를 보장 • compare 메서드를 이용해 원하는 정렬 방식을 설정할 수 있음
Set		
HashSet	1.2	• 중복을 허용하지 않는다. • 순서가 보장되지 않는다.
TreeSet	1.2	• 중복을 허용하지 않는다. • 오름차순으로 데이터를 정렬

컬렉션	사용 가능한 JDK 버전	특징
LinkedHashSet	1.4	· 연결리스트를 이용해 데이터를 관리 · 데이터의 삽입과 삭제는 빠르지만 데이터 검색은 느림
EnumSet	1.5	· 해시가 아닌 비트 연산으로 관리하므로 속도가 빠르다. · 소형의 열거형 데이터만을 대상으로 관리 · null은 허용되지 않음
ConcurrentSkipListSet	1.6	· 자동으로 스레드 동기화를 보장 · compare 메서드를 이용해 원하는 정렬 방식을 설정할 수 있음 · contains, add, remove 메서드의 연산에 대해 logN의 시간 복잡도를 보장

자바 1.5부터는 컬렉션 객체에 제네릭을 사용해 선언할 수 있다. 이 방식의 장점은 컬렉션 객체에 포함된 데이터의 타입을 자동으로 인식하기 때문에 불필요한 형변환을 하지 않아도 된다는 것이다. 아래의 예는 이런 차이점을 설명한 예다.

[제네릭을 사용한 컬렉션과 사용하지 않은 컬렉션을 비교한 예]

```java
package com.software.optimize.problem;

import java.util.ArrayList;
import java.util.List;

public class AutoBoxingExample {
    public static void main(String[] args) {
        // 자바 1.5 이전의 방식
        /**
         * ArrayList의 데이터 형을 정할 수 없으므로 불필요한 형변환을 해야함
         */
        List list14 = new ArrayList();
        list14.add(new Integer(100));
        list14.add(new Integer(200));
        int result14 = (Integer) list14.get(0) + (Integer) list14.get(1);
        System.out.println(result14);

        // 자바 1.5 이상의 방식
        /**
         * ArrayList의 데이터 형을 정할 수 있어서 불필요한 형변환이 필요 없음
         */
        List<Integer> list15 = new ArrayList<Integer>();
        list15.add(100);
        list15.add(200);
        int result15 = list15.get(0) + list15.get(1);
        System.out.println(result15);
    }
}
```

리스트와 배열 간 빠른 복사 방법

배열에서 ArrayList와 같은 List 컬렉션으로 변경하거나 복사할 때 빈번히 예제 11.2.1과 같은 원시적인 방식을 통해 변환하곤 하는데, 이는 매우 비효율적인 방법이다. 리스트는 데이터의 길이가 가변적이라서 메모리 자원이 허용하는 한도 내에서 지속적으로 데이터의 길이를 늘일 수 있다. 하지만 리스트 또한 내부적으로 모든 데이터는 하나의 배열로 관리되고 있어서 리스트의 길이를 넘는 새로운 데이터가 추가될 때마다 내부 배열의 길이를 재설정하고 값을 복사하고 새로운 데이터를 추가하는 작업을 반복적으로 수행한다. 따라서 예제 11.2.1과 같은 방식은 데이터를 삽입하기 위한 불필요한 작업이 반복적으로 발생하므로 매우 비효율적이다.

예제 11.2.1 반복문을 이용해 배열의 요소를 리스트로 복사한 예

```java
package com.software.optimize.problem;

import java.util.ArrayList;
import java.util.List;

public class UseArraysAsListExample {
    public static void main(String[] args) {
        List<Integer> list = new ArrayList<Integer>();

        Integer[] array = new Integer[1000000];

        // 반복문을 이용한 데이터 입력
        for(int i=0; i < 1000000; i++) {
            array[i] = i;
        }

        long startTime = System.currentTimeMillis();

        // 반복문을 이용한 데이터 입력
        for(int i=0; i < 1000000; i++) {
            list.add(array[i]);
        }

        long endTime = System.currentTimeMillis();

        System.out.println("##실행시간(초.0f) : " + ( endTime - startTime )/1000.0f +"초");
    }
}
```

##실행시간(초.0f) : 0.013초

어떤 배열의 요소를 새로운 배열로 복사하는 방법으로 반복문을 이용하거나 clone 메서드를 이용해 복사하는 방식 또한 비효율적인 방식이다. 우선 흔히 사용하는 반복문을 이용해 값을 복사하는 방식은 배열의 값을 하나씩 호출하고 다시 입력하는 과정을 반복문을 통해 수행하므로 소스코드의 길이가 길어지고 효율도 매우 나쁘다. clone을 이용하는 방식은 소스코드는 매우 간결하지만 원본 배열의 값을 모두 복제해 또 하나의 배열을 생성하는 과정에서 자원이 낭비되고 실행 속도 또한 반복문을 이용한 복사보다는 빠르지만 크게 차이가 나지 않는다. 더욱이 복사되는 원본과 복사본은 배열의 길이와 자료형이 모두 같아야 한다는 제약이 있다. 예제 11.2.1은 이런 잘못된 배열 복사 방식의 예다.

예제 11.2.2 clone과 반복문을 이용한 배열 복사의 예

```java
package com.software.optimize.problem;

public class AvoidArrayLoopsExample {

    public static void main(String[] args) {
        int[] source = new int[10000];

        //원본 배열에 값 입력
        for(int i=0; i < source.length; i++) {
            source[i] = i;
        }

        AvoidArrayLoopsExample example = new AvoidArrayLoopsExample();

        example.copyByClone(source);
        example.copyByLoop(source);

    }

    public void copyByLoop(int[] source) {
        int[] target = new int[source.length];

        long startTime = System.currentTimeMillis();

        for( int i =0; i < 100; i++) {
            for(int k=0; k < source.length; k++) {
                target[k] = source[k];
            }
        }
```

```
        // 종료 시간
        long endTime = System.currentTimeMillis();

        // 시간 출력
        System.out.println("##반복문 실행시간(초.0f) : " + ( endTime - startTime )/1000.0f +"
초");
    }

    public void copyByClone(int[] source) {
        long startTime = System.currentTimeMillis();
        int[] target;
        for( int i =0; i < 100; i++) {
            target = source.clone();
        }
        // 종료 시간
        long endTime = System.currentTimeMillis();
        // 시간 출력
        System.out.println("##clone 실행시간(초.0f) : " + ( endTime - startTime )/1000.0f +"초");
    }
}
```

실행 결과

##clone 실행시간(초.0f) : 0.001초
##반복문 실행시간(초.0f) : 0.007초

문제점 진단

PMD에는 이처럼 비효율적인 배열과 리스트의 복사를 방지하기 위해 UseArraysAsList 룰을 통해 반복
문을 이용해 배열의 요소를 리스트로 복사하는 코드를 진단하고 수정하도록 권고한다. 또한 배열 간 비
효율적인 복사는 AvoidArrayLoops 룰을 이용해 진단하고 경고한다. 하지만 clone을 이용한 복사에
대해서는 아직 권고하는 바가 없다. 그림 11.2.1은 이처럼 잘못된 복사 방법을 진단한 결과다.

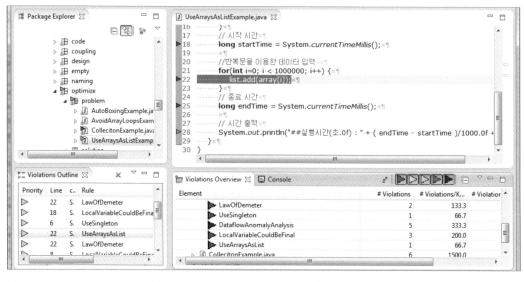

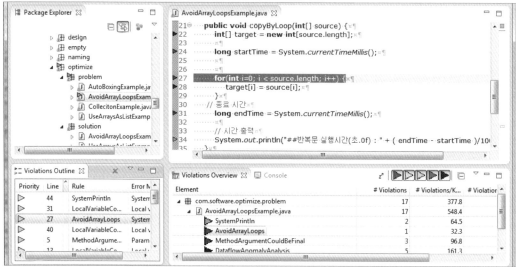

비효율적인 배열 복사를 진단한 결과

해결 방안

자바는 자체적인 System.arraycopy 메서드를 JNI(Java Native Interface)에 포함해서 효율적인 배열 복사 기능을 지원한다. 아울러 배열에서 리스트로 변경을 위한 Arrays.asList메서드도 제공한다. 이 두 메서드는 공통적으로 앞에서 나열한 방식에서 발생할 수 있는 불필요한 인스턴스 생성을 방지해 메모리 자원 낭비를 막고, 더 빠른 실행 속도를 보장한다는 장점이 있다. 가독성 측면에서도 단 한 줄의 소스 코드로 배열을 복사할 수 있어 더욱 효율적이다. 특히 arraycopy 메서드는 단순히 전체 배열을 복사하는 것이 아닌 원본 배열의 특정 부분만을 선택해서 복사하는 등의 유연한 기능을 제공한다. 예제 11.2.3 은 이 두 메서드를 사용하는 예다.

arraycopy 사용법

arraycopy ([원본 배열], [복사 시작 위치], [대상 배열], [대상 배열의 시작 위치], [복사 길이])

예제 11.2.3 자바의 기본 메서드를 활용한 배열 복사

AvoidArrayLoopsExample: arraycopy를 활용한 배열 복사

```java
package com.software.optimize.solution;

public class AvoidArrayLoopsExample {

    public static void main(String[] args) {
        int[] source = new int[10000000];

        // 원본 배열에 값 입력
        for(int i=0; i < source.length; i++) {
            source[i] = i;
        }

        AvoidArrayLoopsExample example = new AvoidArrayLoopsExample();

        example.copyByArrayCopy(source);

    }

    public void copyByArrayCopy(int[] source) {
        int[] target = new int[source.length];
        long startTime = System.currentTimeMillis();

        System.arraycopy(source, 0, target, 0, source.length);
        // 종료 시간
        long endTime = System.currentTimeMillis();
        // 시간 출력
        System.out.println("##arraycopy 실행시간(초.0f) : " + ( endTime - startTime )/1000.0f +"
초");
    }
}
```

UseArraysAsListExample: listAs를 활용한 배열을 리스트로 복사

```java
package com.software.optimize.solution;

import java.util.Arrays;
import java.util.List;

public class UseArraysAsListExample {
    public static void main(String[] args) {
        Integer[] array = new Integer[1000000];

        // 반복문을 이용한 데이터 입력
        for(int i=0; i < 1000000; i++) {
            array[i] = i;
        }
        // 시작 시간
        long startTime = System.currentTimeMillis();

        List<Integer> list = (List<Integer>)Arrays.asList(array);

        // 종료 시간
        long endTime = System.currentTimeMillis();

        // 시간 출력
        System.out.println("##실행시간(초.0f) : " + ( endTime - startTime )/1000.0f +"초");

    }
}
```

11-3 형변환에 불필요한 메서드 사용

주로 기본 자료형과 박스화 기본형 사이의 자동박싱과 자동언박싱에 대한 이해가 부족할 때 형변환을 위해 불필요한 메서드를 사용하곤 한다. 예를 들어, int는 기본 자료형이고 이를 바탕으로 유용한 기능을 추가하고 객체화한 클래스가 바로 Integer다. 이 두 자료형은 형변환이 없이 직접적인 데이터 사용이 가능하다. 하지만 이러한 자동 형변환에 대한 이해가 부족할 경우 예제 11.3.1과 같이 불필요한 형변환 또는 형변환을 위한 메서드를 사용해 중복 인스턴스를 생성함으로써 메모리 자원이 낭비되고 성능 저하를 일으킨다.

예제 11.3.1 잘못된 형변환의 예

```
package com.software.optimize.problem;

public class UnnecessaryWrapperObjectCreationExample{
    public static void main(String[]args){
        int i;
        String s = "0";
        // String str = new String("");과 같이 불필요한 인스턴스 생성
        Integer i2 = new Integer(0);

        // valueOf(s)는 값을 반환할 때 새로운 인스턴스를 생성하고 반환해 메모리를 낭비
        // Integer는 int로 자동 형변환되므로 intValue()는 불필요
        i = Integer.valueOf(s).intValue();

        // Integer는 int로 자동 형변환되므로 이런 절차는 무의미함
        i2=Integer.valueOf(i).intValue();

        // valueOf(s)는 값을 반환할 때 새로운 인스턴스를 생성하고 반환해 메모리를 낭비
        String s2=Integer.valueOf(i2).toString();

        // 빈 문자열을 추가해 잘못된 방식의 자연수를 문자열로 변환하는 방식은
        // 불필요한 문자열 인스턴스를 생성하므로 비효율적
        String s3 = "" + 2;

        Integer i3 = 3;
        String s4 = "" + i3;
    }
}
```

PMD에서는 이처럼 잘못된 형변환을 방지하기 위한 UnnecessaryWrapperObjectCreation 룰과 잘 못된 Integer 인스턴스 생성을 진단하기 위한 IntegerInstantiation 룰을 제공한다. 또한 공백 문자열 이 생성되는 잘못된 방식으로 상수를 문자열로 변환하는 과정을 진단하기 위해 AddEmptyString 룰을 제공한다. 그림 11.3.1은 이러한 잘못된 형변환을 진단한 결과다.

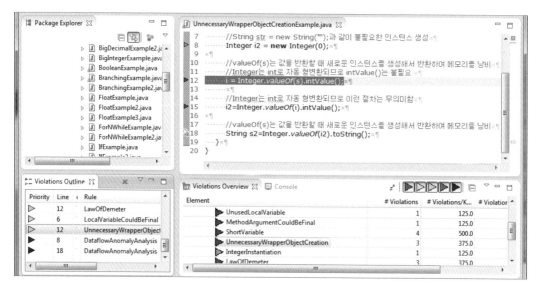

그림 11.3.1 잘못된 형변환을 진단한 결과

해결 방안

기본 자료형과 박스화 기본형 사이의 가장 큰 차이점은 기본 자료형을 사용할 때는 메모리를 더욱 효율 적으로 사용할 수 있는 반면 박스화 기본형은 유용한 기능을 제공한다는 점이다. 예를 들어, char[ ]는 문자열을 저장하기 위한 용도로만 사용되지만 문자열을 관리하기 위한 기능은 제공하지 않는다. 하지만 String은 char[ ]를 바탕으로 문자열을 관리하기 위한 많은 기능을 동시에 포함하고 있어 효율적인 문자 열 관리를 보장한다. 또한 컬렉션의 자료형을 결정하는 제네릭에서는 기본 자료형은 사용할 수 없고 객 체인 박스화 기본형만을 사용할 수 있다.

상황과 목적에 맞게 기본 자료형과 박스화 기본형을 선택적으로 사용하는 것이 중요하다. 메모리를 효율 적으로 사용해야 하고, 연산 속도가 우선이라면 기본 자료형을 중점적으로 사용해야 하고, 성능보다 범 용성에 중심을 둔다면 박스화 기본형을 사용할 수 있다. 하지만 그 결과 int와 Integer, float과 Float,

그리고 char[ ]와 String 사이의 형변환이 빈번히 발생한다. 형변환을 위한 코드를 작성하기란 매우 번잡한 일이며, 이를 보완하기 위해 자바에서는 기본 자료형과 박스화 기본형에 대해 자동박싱과 자동언박싱이라는 자동 형변환 기능을 제공하는 것이다.

하지만 이러한 기능을 활용하기보다 명시적이고 가시적인 코드로 직접 형변환을 해야 안심하는 개발자와 자동 형변환에 대한 지식이 부존한 개발자는 예제 11.3.1과 같은 잘못되고 불필요한 형변환을 위한 코드를 작성하기 마련이다. 이런 방식은 불필요하게 소스코드의 길이를 늘려 가독성을 저해하고 부적절한 메서드의 사용으로 불필요한 인스턴스를 생성해서 메모리 자원을 낭비하는 결과를 낳는다. 그러므로 예제 11.3.2와 같이 기본 자료형과 박스화 기본형 간의 적절한 형변환이 중요하다.

예제 11.3.2 기본 자료형과 박스화 기본형 간의 자동 형변환

```java
package com.software.optimize.solution;

public class UnnecessaryWrapperObjectCreationExample{
    public static void main(String[]args){
        String s = "0";

        Integer i = 1;

        // valueOf(s)는 새로운 Integer 인스턴스를 생성하지만
        // parseInt는 새로운 Integer 인스턴스를 생성하지 않는다.
        int i2 = Integer.parseInt(s);
        double d= Double.parseDouble(s);
        float  f = Float.parseFloat(s);

        System.out.println(i2);
        System.out.println(d);
        System.out.println(f);

        // 박스화 기본형은 기본적으로 문자열로 변환하기 위한 toString을 재정의하고 있다.
        // 따라서 "" + intValue와 같이 공백 문자를 이용한 형변환은 불필요하다.
        String s1 = Integer.toString(i2);
        String s2 = Double.toString(1.1);

        Double d2 = 1.2;

        String s3 = d2.toString();

        System.out.println(d2 + " : "  + s3);
    }
}
```

불변 객체는 객체 관리를 수월하게 만들어준다

불변 객체(Immutable Object)는 일반 객체와 달리 객체 내부의 상태가 초기에 설정한 상태 이후로 절대 바뀌지 않는 객체를 의미한다. 이러한 불변 객체의 대표적인 예로 String, Boolean, Character, Byte, Short, Integer, Long, Float, Double, BigInteger, BigDecimal 등이 있다. 이를 위해 불변 객체에서는 내부 상태를 변경하는 수단을 제공하지 않으며, 객체를 상속해서 변경하는 것을 방지하기 위해 클래스를 final로 설정하거나 클래스 멤버 변수를 모두 private 또는 final로 지정해 값의 변경을 원천적으로 차단한다. 예제 11.4.1은 흔히 사용하는 불변 객체의 예다.

예제 11.4.1 일반적인 불변 객체의 예

```java
package com.software.optimize.problem.immutable;

import java.math.BigDecimal;

public class ImmutableObjectExample {

    public static void main(String[] args) {
        String str = "test";
        System.out.println("변경 전 문자열: " + str);
        // 문자열을 대문자로 변경하는 메서드를 실행
        str.toUpperCase();
        System.out.println("변경 후 문자열: " + str);

        BigDecimal big = new BigDecimal(10);
        System.out.println("변경 전 BigDecimal 값: " + big);
        // 불변 객체인 BigDecimal에 값을 더해도 초기에 설정된 내부 값은 변하지 않는다.
        big.add(new BigDecimal(20));
        System.out.println("변경 후 BigDecimal 값: " + big);
    }
}
```

예제 11.4.1과 같이 불변 객체는 초기에 설정된 값을 변경하는 기능이 제공되지 않으며, 어떠한 메서드를 사용하더라도 내부의 값이 변경되지 않는다. 언뜻 보면 이런 불변 객체는 값을 변경할 수 없어서 불편해 보일 수 있지만 불변 객체는 객체를 단순화하고 공유하는 데 가장 적합한 객체다.

우선 불변 객체는 매우 단순하다. 불변 객체는 생성될 시점의 상태를 객체가 소멸할 때까지 유지하므로 관리하기가 편하다. 예를 들어, Boolean.FALSE와 Boolean.TRUE, BigDecimal.ZERO,

BigDecimal.ONE 그리고 BigDecimal.Ten과 같이 사용 빈도가 높고 값의 변경이 필요 없는 객체를 불변 객체로 사용할 수 있다. 하지만 Integer의 모든 값을 불변 객체로 선언하는 것과 같이 불필요한 객체 생성은 또 하나의 성능 저하의 원인이 될 수 있다.

불변 객체는 자유롭게 공유할 수 있다. 특히 Boolean 객체의 TRUE와 FALSE와 같이 빈번히 호출되는 객체를 수시로 생성하는 것은 매우 비효율적이다. 또한 불변 객체는 상태의 변경이 없으므로 다중 스레드 환경에서도 안전하게 사용할 수 있다. 자바에서는 BigInteger와 Boolean 클래스 등은 자주 사용되는 객체를 정적 팩터리 메서드(Static Factory Method) 패턴을 이용해 제공함으로써 객체를 생성하는 데 드는 비용과 소멸 비용을 줄여준다. 예제 11.4.2은 BigInteger와 Boolean 클래스에서 자주 사용되는 객체를 호출하는 예다.

예제 11.4.2 정적 팩터리 메서드 패턴을 활용해 사용 빈도가 높은 객체를 제공하는 예

```java
package com.software.optimize.problem.immutable;

import java.math.BigInteger;

public class StaticFactoryMethodExample {

    public static void main(String[] args) {
        /*
         * Boolean 객체의 상태는 true와 false만 존재하므로
         * 이 객체는 false와 true 값을 갖는 신규 객체를 생성하지 않고
         * 미리 등록된 객체를 반환한다.
         */
        //Boolean bool1 = new Boolean(false); 새로운 객체를 생성할 필요가 없다.
        Boolean bool1 = Boolean.FALSE;
        //Boolean bool2 = new Boolean(true); 새로운 객체를 생성할 필요가 없다.
        Boolean bool2 = Boolean.TRUE;

        /*
         * BigInteger에서 자주 사용되는 0,1, 10 또한
         * 정적 팩터리 메서드 패턴을 활용해
         * 미리 등록된 값을 반환한다.
         */
        BigInteger intZero = BigInteger.ZERO;
        BigInteger intOne = BigInteger.ONE;
    }
}
```

불변 객체는 다른 객체에서 구성요소로 사용되어 객체의 복잡도를 낮출 수 있다. 하나의 객체에 여러 객체가 복잡하게 포함돼 있을 때 구성 요소가 불변 규칙을 준수한다면 객체 구조의 복잡도를 한층 낮출 수 있다.

그렇지만 불변 객체가 장점만 가진 것은 아니다. 불변 객체는 내부 상태의 변경을 금지하기 때문에 객체의 상태를 변경하려면 새로운 객체를 생성해야 한다. 불변 객체의 규모가 크고 매우 빈번하게 생성된다면 소프트웨어의 실행 비용이 급격히 상승할 수 있다. 또한 객체의 상태를 변경하기 위해 객체를 생성하는 코드를 삽입하므로 가독성 또한 떨어진다.

문제점 진단

PMD에서는 불변 객체에 관한 룰을 명확하게 정의하고 있지는 않다. 다만 불변 객체의 내부 상태를 변경하기 위해서는 새로운 객체로 재등록하도록 권고하는 UselessOperationOnImmutable 룰과 기타 간접적인 룰을 제공한다. 그림 11.4.1은 불변 객체의 상태를 변경할 때 새로운 객체를 생성하지 않는 실수를 경고하는 화면이다.

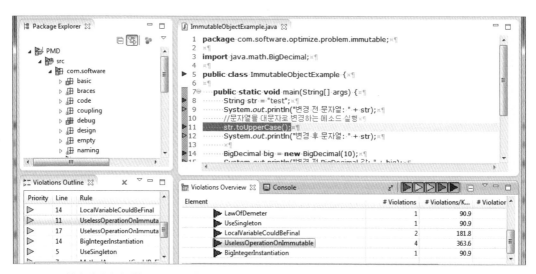

그림 11.4.1 불변 객체의 상태를 변경한 결과를 처리하지 않는 코드를 진단한 결과

해결 방안

일반적으로 객체는 VO(Value Object)와 같이 데이터를 담는 그릇의 역할과 CRUD 객체와 같이 데이터를 처리하는 객체 등 많은 유형으로 구분할 수 있는데, 이 가운데 불변 객체는 변경 가능성이 매우 낮은 데이터를 처리하는 부분에 적용할 수 있다. 불변 객체의 주된 목적은 객체의 변화 가능성을 최대한 줄

여서 객체 관리를 용이하게 하는 데 있다. 어떤 객체를 구성하는 요소에 접근하기 위해 접근자 메서드 (getter)를 만들었다고 항상 설정자 메서드(setter)를 생성할 필요는 없다. 설정자 메서드가 많을수록 객체의 변경 가능성은 높아지고, 이를 다른 말로 표현하면 객체의 의존성이 높다는 것을 의미한다.

앞서 설명한 바와 같이 불변 객체는 상태가 바뀌지 않아서 자유롭게 공유할 수 있기 때문에 똑같은 객체를 복사해서 사용할 필요가 없다. 따라서 메서드의 복제를 수행하는 clone 메서드는 불변 객체에 필요 없는 요소다. 초기 자바에서 제공하는 String 복사 생성자(new String("test");)는 불변 객체인 String 에는 불필요한 생성자이며, 이는 불변 객체의 규칙을 위반한 구현으로 봐야 한다.

즉, 불변 객체는 어떤 내부의 상태 변화를 허용하지 않고, 복제도 허용하지 않기 때문에 불변 객체의 상태를 변경하기 위해서는 새로운 객체를 생성하는 방법밖에 없다. 자바에서 기본적으로 재공하는 불변 객체의 설정자 메서드에서는 내부 상태를 변경하는 요청이 전달되면 객체 내부의 상태를 변경하는 것이 아니라 변경된 값을 바탕으로 새로운 불변 객체를 생성해서 반환한다. 예제 11.4.3은 불변 객체의 상태 변경을 위해 새로운 객체를 생성하는 예다.

예제 11.4.3 올바른 방식으로 불변 객체의 상태를 변경하는 예

```java
package com.software.optimize.solution.immutable;

import java.math.BigDecimal;

public class ImmutableObjectExample {

    public static void main(String[] args) {
        String str = "test";
        System.out.println("변경 전 문자열: " + str);
        // 문자열을 대문자로 변경하는 메서드를 수행하면
        // 대문자로 변경된 새로운 문자열을 생성해서 반환한다.
        str = str.toUpperCase();
        System.out.println("변경 후 문자열: " + str);

        BigDecimal big = new BigDecimal(10);
        System.out.println("변경 전 BigDecimal 값: " + big);
        // 기존 BigDecimal에 20을 더하는 메서드를 수행하면
        // 기존 값인 10과 20을 더한 새로운 객체를 생성해서 반환한다.
        big = big.add(new BigDecimal(20));
        System.out.println("변경 후 BigDecimal 값: " + big);
    }
}
```

방어복사는 객체를 방어하는 가장 쉬운 방법이다

네이티브 메서드를 제외하면 자바는 C와 C++에서 흔히 발생하는 버퍼 오버런(buffer overruns)이나 와일드 포인터(wild pointers) 같은 재난과는 거리가 먼 안전한 언어다. 하지만 소프트웨어의 가장 큰 위험 요소인 클라이언트는 머피의 법칙처럼 언제나 소프트웨어를 망가트릴 준비가 돼 있으며, 이들의 고의적인 공격이나 우발적인 실수는 때때로 치명적인 문제를 일으킨다. 따라서 소프트웨어를 구현할 때 항상 방어적인 자세로 프로그래밍에 임해야 한다.

예를 들어, 로또 구매 API를 구현한다고 가정해보자. 로또를 구매할 때 가장 중요한 요구 조건 중 하나는 마감 시간 이후에는 절대로 로또를 구매할 수 없어야 한다는 점과 로또 번호는 구매한 이후 절대로 변경할 수 없다는 것이다. 만약 로또를 추첨하는 시간에도 로또를 구매할 수 있거나, 로또 번호를 변경할 수 있다면 이것만큼 치명적인 문제점도 없을 것이다. 따라서 로또 마감 시간과 로또 번호는 외부의 공격 또는 우연한 실수로부터 보호하기 위해 객체 내부에 숨겨져 있어야 한다.

소프트웨어의 주요한 API는 클라이언트의 잘못된 접근으로 객체 내부의 상태가 변경되는 것을 방지하기 위해 객체를 주로 불변 객체로 구현하고 설정자를 제공하지 않음으로써 객체의 변경 가능성 자체를 차단한다. 하지만 객체의 생성자와 접근자(getter 메서드)를 잘못 구현하면 설정자가 없더라도 내부의 상태가 임의로 변경할 수 있다. 예제 11.5.1은 잘못된 생성자와 접근자로 로또의 마감일과 로또 번호가 공격당한 예다.

예제 11.5.1 생성자와 접근자를 통해 불변 객체의 내부 상태가 공격당한 예

LottoController.java

```
package com.software.optimize.problem.mutator;

import java.util.Date;

/**
 * @제목: 로또 API 클래스
 * @설명: 클래스의 변경을 방지하기 위해 상수 클래스로 등록
 */
public final class LottoController {

    // 직접적인 접근이 제한되고 상수로 등록된 로또 마감일
    private final Date closingDate;
```

```java
    // 직접적인 접근이 제한되고 상수로 등록된 로또 번호 배열
    private final int[] lotto;

    public LottoController(int[] lotto, Date closingDate) {
        this.lotto = lotto;
        this.closingDate = closingDate;
    }


    public Date getClosingDate() {
        return this.closingDate;
    }

    public int[] getLotto() {
        return this.lotto;
    }

}
```

MutatorExample.java

```java
package com.software.optimize.problem.mutator;

import java.util.Date;

public class MutatorExample {

    public static void main(String[] args) {

        MutatorExample example = new MutatorExample();
        example.testConstructor();
        example.testAccessor();

    }

    public void testConstructor() {
        System.out.println("생성자 테스트");
        int[] lotto = new int[]{1,2,3,4,5,6};
        Date closingDate = new Date();
        LottoController controller = new LottoController(lotto, closingDate);
        System.out.println("생성된 로또 정보");
        System.out.println("마감일: " + controller.getClosingDate());
        System.out.print("로또 번호: ");
        for(int value : controller.getLotto()) {
            System.out.print(value + " ");
        }
```

```java
        // 로또 마감 시간과 로또 번호를 공격
        closingDate.setDate(closingDate.getDate() + 1);
        lotto[0] = 10;
        lotto[1] = 11;
        lotto[2] = 12;

        System.out.println("\n\n로또 정보를 공격한 이후의 값 ");
        System.out.println("마감일: " + controller.getClosingDate());
        System.out.print("로또 번호: ");
        for(int value : controller.getLotto()) {
            System.out.print(value + " ");
        }
    }

    public void testAccessor() {
        System.out.println("\n\n 접근자 테스트");

        LottoController controller = new LottoController(new int[]{1,2,3,4,5,6}, new Date());
        System.out.println("생성된 로또 정보");
        System.out.println("마감일: " + controller.getClosingDate());
        System.out.print("로또 번호: ");
        for(int value : controller.getLotto()) {
            System.out.print(value + " ");
        }

        // 로또 마감 시간과 로또 번호를 공격
        controller.getClosingDate().setDate(controller.getClosingDate().getDate() + 1);
        controller.getLotto()[0] = 10;
        controller.getLotto()[1] = 11;
        controller.getLotto()[2] = 12;

        System.out.println("\n\n로또 정보를 공격한 이후의 값");
        System.out.println("마감일: " + controller.getClosingDate());
        System.out.print("로또 번호: ");
        for(int value : controller.getLotto()) {
            System.out.print(value + " ");
        }
    }
}
```

잘못된 생성자 테스트
생성된 로또 정보
마감일: Tue Feb 04 04:44:28 KST 2014
로또 번호: 1 2 3 4 5 6

로또 정보를 공격한 이후의 값
마감일: Wed Feb 05 04:44:28 KST 2014
로또 번호: 10 11 12 4 5 6

잘못된 접근자 테스트
생성된 로또 정보
마감일: Tue Feb 04 04:44:28 KST 2014
로또 번호: 1 2 3 4 5 6

로또 정보를 공격한 이후의 값
마감일: Wed Feb 05 04:44:28 KST 2014
로또 번호: 10 11 12 4 5 6

예제 11.5.1은 분명 클래스의 변경을 방지하기 위해 상수 클래스를 사용했고, 멤버 변수도 직접 접근과 변경을 방지하기 위해 상수로 설정했다. 또한 설정자를 제공하지 않아서 내부 구성요소의 변경을 원천적으로 차단하려고 노력했다. 하지만 보다시피 LottoController는 보기 좋게 공격당하고 마감일과 로또 번호 모두 변조됐다.

문제점 진단

PMD에서는 불변 객체의 내부 상태가 변화할 가능성을 차단하기 위해 객체 내부의 배열을 그대로 외부로 반환하는 것을 경고하는 MethodReturnsInternalArray 룰과 외부에서 전달받은 배열을 내부에 직접 저장하는 것을 경고하는 ArrayIsStoredDirectly 룰을 제공하지만 그 밖의 룰은 아직 제공하지 않고 있다. 따라서 불변 객체의 내부 상태가 변경되는 것을 방지하려면 왜 내부 상태가 변경됐는지 정확히 이해할 필요가 있다. 그림 11.5.1은 외부에서 객체의 내부 배열에 직접 접근하는 코드를 진단한 결과다.

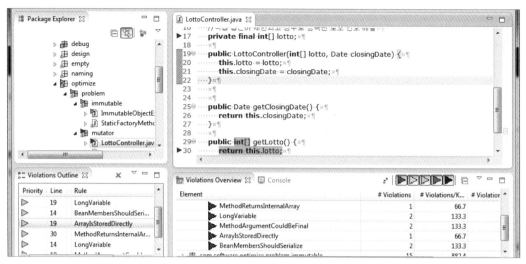

그림 11.5.1 객체의 내부 배열에 직접 접근하는 문제점을 진단한 결과

해결 방안

자바의 인자 전달 방식은 기본적으로 값만을 전달하는 call-by-value이지만 객체나 배열 같은 참조 타입의 자료형은 변수의 값이 객체가 저장된 주소값(참조)이기 때문에 call-by-reference와 유사하게 작동한다.

예제 11.5.2를 예로 들어 설명하자면 우선 int lotto = new int[ ]{1,2,3,4,5,6};과 같이 참조 자료형을 생성하면 메모리의 힙 공간에 배열 데이터가 저장됨과 동시에 고유한 ID를 부여받는다. 그리고 new LottoController(lotto, closingDate);와 같이 생성자에 lotto 배열을 전달하면 배열의 값인 {1,2,3,4,5,6}이 아닌 고유 ID가 전달되고 생성자는 이 ID를 전달받아 클래스 멤버 변수인 private final int[ ] lotto;에 저장한다. 따라서 외부의 lotto와 클래스 멤버 변수인 lotto는 코드상으로는 다른 변수지만 메모리 공간에서는 같은 객체를 가리키기 때문에 두 변수 중 한쪽을 수정하면 다른 한쪽도 수정되는 효과가 발생한다. 따라서 설정자 없이도 LottoController 클래스의 내부 상태가 변경될 수 있었다.

예제 11.5.2 참조 자료형 인자가 call-by-reference처럼 작동하는 예

```
package com.software.optimize.problem.mutator;

import java.util.Date;

public class RefereenceExample {
```

```
public static void main(String[] args) {

    int[] lotto = new int[]{1,2,3,4,5,6};
    Date closingDate = new Date();
    LottoController controller = new LottoController(lotto, closingDate);

    /**
     * 외부의 lotto의 고유 ID를 전달하는 식으로 LottoController의 클래스 멤버 변수를
     * 생성했기 때문에 외부의 lotto와 클래스 멤버 변수인 lotto는 같은 객체를 가리킨다.
     */
    System.out.println("lotto 배열의 ObjectId: " + lotto);
    System.out.println("controller.getLotto() 배열의 ObjectId: " + controller.getLotto());

}
}
```

실행 결과

lotto 배열의 ObjectId: [I@489bb457

controller.getLotto() 배열의 ObjectId: [I@489bb457

이러한 참조 타입의 인자를 이용해 이뤄지는 공격을 방어하기 위한 기법이 바로 방어 복사(defensive copy)다. 방어 복사는 메서드로 전달된 인자의 값만을 추출해 다시 새로운 인스턴스를 생성함으로써 참조 타입의 인자가 call-by-reference처럼 동작하는 것을 방지하는 기법이다. 결과적으로 원본과 복사본은 같은 데이터를 담고 있지만 두 객체의 연결고리는 끊어져서 임의로 객체 내부의 상태를 변경할 수 없게 한다. 예제 11.5.3은 방어 복사를 이용해 임의로 객체 내부의 상태를 변경하는 것을 차단하는 예다.

예제 11.5.3 방어 복사를 활용해 객체의 내부 상태 변경을 방지한 예

```
package com.software.optimize.solution.mutator;

import java.util.Date;

/**
 * @제목: 로또 API 클래스
 * @설명: 클래스의 변경을 방지하기 위해 상수 클래스로 등록
 */
public final class LottoController {

    // 직접 접근이 제한되고 상수로 등록된 로또 마감일
    private final Date closingDate;
```

```
// 직접 접근이 제한되고 상수로 등록된 로또 번호 배열
private final int[] lotto;

public LottoController(int[] lotto, Date closingDate) {
    this.lotto = new int[lotto.length];

    // system.arraycopy를 이용해 배열을 방어 복사한다.
    System.arraycopy(lotto, 0, this.lotto, 0, lotto.length);

    // 원본 객체의 값을 바탕으로 새로운 인스턴스를 생성하는 방어 복사를 수행
    this.closingDate = new Date(closingDate.getTime());
}

public Date getClosingDate() {
    // 객체를 그대로 전달하지 않고
    // 새로운 객체를 생성하고 내부 필드를 복제해서 전달한다.
    return new Date(closingDate.getTime());
}

public int[] getLotto() {
    // 객체를 그대로 전달하지 않고
    // 새로운 객체를 생성하고 내부 필드를 복제해서 전달한다.
    return this.lotto.clone();
}
}
```

실행 결과

생성자 테스트
생성된 로또 정보
마감일: Tue Feb 04 21:03:04 KST 2014
로또 번호: 1 2 3 4 5 6 공격당한 로또 정보
마감일: Tue Feb 04 21:03:04 KST 2014
로또 번호: 1 2 3 4 5 6

접근자 테스트
생성된 로또 정보
마감일: Tue Feb 04 21:03:04 KST 2014
로또 번호: 1 2 3 4 5 6 공격당한 로또 정보
마감일: Tue Feb 04 21:03:04 KST 2014
로또 번호: 1 2 3 4 5 6

객체와 객체 사이의 상호 소통 방식을 정의하는 인터페이스는 객체 지향 프로그래밍에서 핵심적인 역할을 담당하며, 같은 인터페이스를 구현한 모든 객체는 객체 내부의 구현과 관계없이 동일하게 사용될 수 있다. 예를 들어, Vector와 ArrayList는 각각 서로 다른 방식으로 구현돼 있지만 공통적으로 List 인터페이스를 바탕으로 구현됐기 때문에 클라이언트 입장에서는 List라는 규약을 통해 같은 방법으로 각 객체와 소통할 수 있다.

인터페이스에서는 객체가 어떻게 소통하는가만을 정의해야 하는데, 가끔 객체의 구현 방식을 정의하는 추상 클래스(abstract class)와 혼동해서 예제 11.6.1과 같이 객체의 구현과 밀접하게 연관된 필드를 인터페이스에 정의하곤 한다. 이는 인터페이스를 잘못 이해한 결과다.

예제 11.6.1 인터페이스를 추상 클래스처럼 잘못 사용한 예

SampleInterface.java

```java
package com.software.optimize.problem.inter;
public interface SampleInterface {
    /**
     * 인터페이스는 객체의 소통 방식을 정의하는 규약아므로
     * 기본적으로 인터페이스 내부의 모든 요소는 public으로 공개돼 있다.
     * 따라서 public 키워드를 따로 붙일 필요가 없으며,
     * private과 protected를 사용할 수 없다.
     */
    int value = 0;
    String str = "test";

    void printValue();
    void printStr();
}
```

SampleKlass.java

```java
package com.software.optimize.problem.inter;

public class SampleKlass implements SampleInterface{
```

```java
    @Override
    public void printValue() {
        System.out.println(value);
    }

    @Override
    public void printStr() {
        System.out.println(str);
    }

    public static void main(String[] args) {
        SampleInterface sample = new SampleKlass();

        sample.printValue();
        sample.printStr();

        System.out.println(sample.value);
        System.out.println(sample.str);
    }
}
```

실행 결과

```
0
test
0
test
```

예제 11.6.1은 인터페이스를 추상 클래스처럼 잘못 사용한 예다. 이 예제에서 가장 먼저 잘못된 점은 인터페이스는 객체와 객체 간의 소통을 정의하기 때문에 인터페이스 내부의 모든 구성요소에는 public 키워드가 묵시적으로 적용되어 외부로 공개돼 있으므로 구성요소에 강제로 private이나 protected 키워드로 접근을 제한하는 것은 불가능하다는 것이다. 클래스의 내부 필드가 외부로 공개돼 있다는 것은 데이터 은닉이 불가능하고 캡슐화를 위배한 것과 마찬가지다. 또한 가독성 측면에서 비정상적으로 인터페이스에 필드를 정의한다면 개발자는 해당 필드를 찾기 위해 엉뚱한 클래스를 살펴보느라 시간을 허비할 수 있다.

문제점 진단

PMD에서는 인터페이스의 올바른 사용을 위해 인터페이스 내부에 필드를 정의하는 행위를 UnusedModifier 룰로 진단하고 수정하길 권고한다. 그림 11.6.1은 UnusedModifier 룰로 내부 필드가 포함된 인터페이스를 진단한 결과다.

그림 11.6.1 내부 필드를 포함한 인터페이스를 UnusedModifier 룰로 진단한 결과

해결 방안

이처럼 잘못된 인터페이스의 정의를 방지하려면 인터페이스와 추상 클래스의 명확한 차이를 이해해야한다. 인터페이스는 앞서 설명한 바와 같이 객체의 소통을 정의하는 규약이다. 이와는 달리 추상 클래스는 객체의 구현을 정의하는 설계도와 같다. 조금 더 쉽게 이해하기 위해 흔히 KS 마크라고 부르는 한국산업표준(영어: Korean Industrial Standards, KS)과 제품 설계도를 예로 들어 설명하겠다. 어떤 제품이 KS 마크를 획득하려면 한국산업표준에서 정한 규정을 통과해야만 한다. 압력 밥솥을 예로 들자면 밥을 지을 때의 한계 내부 압력과 온도 등 밥솥으로서 지켜야 할 기본치를 통과하면 KS 마크를 획득할수 있다. 즉, A사, B사, C사가 각각 다른 설계도로 밥솥을 만들었더라도 해당 규정만 통과하면 밥솥으로 인정받고 판매될 수 있다. 하지만 밥솥의 설계도에는 밥솥을 어떻게 제작해야 하는가가 정의돼 있으며, 이를 바탕으로 밥솥을 만들어야 하고 밥솥의 디자인과 옵션 같은 제품별 세부 모델별로 설계도는 다를수 있다.

여기서 KS 규격이 바로 인터페이스이고, 제품 설계도가 추상 클래스다. 인터페이스는 KS와 같이 제품의 표준을 정의하는 것과 같이 객체의 규약만을 정의하기 때문에 객체의 내부가 어떻게 구현되는가에 대해서는 전혀 관여하지 않는다. 추상 클래스는 제품의 설계도처럼 객체의 골격을 정의하기 때문에 객체가 구현될 기본 구조까지 구현해야 한다. 예제 11.6.2는 이를 바탕으로 올바른 인터페이스를 정의한 예다.

예제 11.6.2 올바른 인터페이스의 예

```java
package com.software.optimize.solution.inter;

public interface SampleInterface {
    /**
     * 인터페이스는 객체의 소통을 위한 규약이므로
     * 기본적으로 인터페이스 내부의 모든 요소는 public으로 공개돼 있다.
     * 따라서 public 키워드를 따로 붙일 필요가 없으며,
     * private과 protected를 사용할 수 없다.
     */

    void printValue();
    void printStr();
}
```

사용하지 않는 코드를 남겨두는 것은 소프트웨어 품질과 성능 저하의 원인이다. 사용하지 않는 소스코드를 객체 내부에 삭제하지 않고 남겨둔다면 새로운 인스턴스를 생성할 때마다 불필요한 메모리 점유가 발생하고 차후 성능 개선과 유지보수를 위해 소스코드를 분석할 때 사용하지 않는 코드로 인해 분석에 드는 시간을 낭비할 수 있다. 예제 11.7.1은 사용하지 않는 코드가 포함된 예다.

예제 11.7.1 사용되지 않는 소스코드의 예

```java
package com.software.optimize.problem.unused;

public class UnusedExample {
    // 사용되지 않는 private 클래스 멤버 변수
    private String str = "test";

    // 사용되지 않는 private 메서드
    private void unusedMethod() {
        /**
         * ...
         */
    }

    public void sampleMethod() {
        // 사용되지 않는 지역 변수
        String temp = "temp";
        System.out.println("temp는 사용되지 않았다.");
    }

    /**
     * @param usedValue: 사용된 인자
     * @param unusedValue: 사용되지 않은 인자
     */
    public void sampleMethod2(int usedValue, int unusedValue) {
        System.out.println("usedValue = " + usedValue);
    }
}
```

문제점 진단

PMD에서는 각종 사용되지 않는 소스코드를 진단하기 위해 다음과 같이 다양한 룰을 제공한다.

1. UnusedPrivateField: 사용되지 않는 private 클래스 멤버 변수를 경고한다.

2. UnusedLocalVariable: 사용되지 않는 지역 변수를 경고한다.

3. UnusedPrivateMethod: 사용되지 않는 private 메서드를 경고한다.

4. UnusedFormalParameter: 사용되지 않는 인자를 경고한다.

그림 11.7.1은 각종 사용하지 않는 소스코드를 PMD로 진단한 결과다.

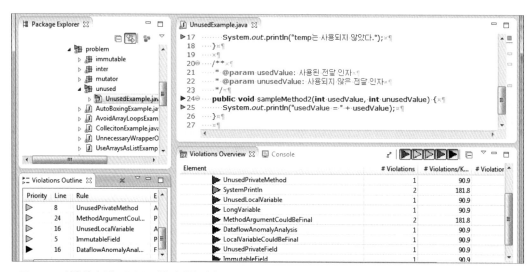

그림 11.7.1 사용하지 않는 소스코드를 진단한 결과

해결 방안

당연히 문제의 해결 방안은 사용하지 않는 소스코드를 삭제하는 것이다. 우선 private 키워드로 설정된 메서드와 클래스 멤버 변수 중 해당 클래스에서 한 번도 사용하지 않은 메서드는 삭제해야 한다. protected 또는 public 키워드로 설정된 메서드 또는 클래스 멤버 변수는 자식 클래스 또는 외부 클래스에서 사용할 가능성이 있지만 private 키워드로 접근이 제한되고 사용되지 않는 메서드 또는 클래스 멤버 변수는 해당 클래스 외에는 어디서도 사용되지 않기 때문에 삭제하는 것이 바람직하다.

사용되지 않는 인자는 메서드의 사용법을 복잡하게 하는 주된 요인으로, 주로 기능을 개발하는 과정에서 사용하지 않는 인자가 그대로 남아있을 수 있으며, 모두 삭제해야 한다. 사용되지 않는 지역 변수 또한 개발 중에 사용되지 않는 변수가 그대로 남아있는 경우가 있는데 모두 삭제 대상이다.

사용하지 않는 소스코드를 발견하는 것은 매우 번거로운 작업이지만 꼭 수행해야 하는 절차이기 때문에 대부분의 IDE에서는 사용하지 않는 소스코드를 자동으로 표시하고 수정하도록 권고한다. 가령 이클립스에서는 그림 11.7.2와 같이 사용하지 않는 소스코드 좌측에 노란색 마커로 표시하며, 마커를 클릭하면 해당 소스코드를 삭제하는 등의 처리 방안을 선택할 수 있다.

그림 11.7.2 이클립스에서 사용하지 않는 소스코드를 진단하고 처리 방안을 선택하는 모습

소프트웨어의 품질을 떨어뜨리는 가장 쉬운 방법은 소스코드를 무분별하게 복사해서 붙여넣는 식으로 개발하는 것이다. 복사해서 붙여넣기의 범위는 전체 객체에서 단순한 절차의 조각까지 다양하며, 일반적으로 프로젝트에 참여한 개발자에 비례해 중복률이 올라간다. 중복된 소스코드는 메모리를 낭비와 가독성 저하의 주요 원인이며 때로는 치명적인 오류를 일으킨다.

예를 들어, 사용자의 권한을 확인하는 기능이 단순히 몇 줄의 코드로 작성돼 있어 별다른 고민 없이 관련 기능 곳곳에 해당 소스코드를 복사해서 붙여넣어 코드가 중복되는 상황을 가정해보자. 요구사항이 변경되어 사용자의 권한 유형이 추가됐다면 해당 소스코드가 추가된 모든 코드를 수정해야 하며, 일부 수정되지 않은 소스코드에서 소프트웨어의 치명적인 오류를 일으킬 것이다.

문제점 진단

PMD에서는 이처럼 중복된 코드를 진단하기 위해 자체적으로 CPD(Copy/Paste Detector)라고 하는 부가 기능을 제공한다. PMD 플러그인을 설치한 IDE에서는 단순히 PMD 메뉴에서 Find Suspect Cut And Paste라는 항목을 선택하기만 하면 중복된 소스코드를 검사할 수 있다. IDE 없이 소스코드의 중복을 검사하고 싶다면 별도로 PMD를 내려받아 소스코드 중복을 진단할 수 있다.

해결 방안

문제점 진단에서 언급한 바와 같이 PMD로 중복된 코드를 진단하는 방법은 IDE에 설치된 PMD 플러그인의 기능을 이용하는 방법과 PMD 자체를 내려받아 진단하는 방법이 있다.

PMD 플러그인을 이용해 중복된 소스코드를 진단하는 방법(이클립스 기준)

이 방식은 IDE의 GUI 환경을 이용해 손쉽게 진행할 수 있지만 문자열과 변수명을 제외하는 등의 조금 더 자세한 환경 설정은 불가능하다.

1 먼저 그림 11.8.1과 같이 중복된 코드를 진단하고자 하는 프로젝트를 대상으로 마우스 오른쪽 버튼을 클릭한 후 PMD → Find Suspect Cut And Paste를 차례로 선택한다.

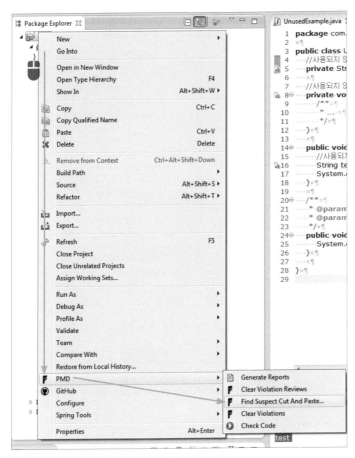

그림 11.8.1 PMD를 이용한 중복 코드 진단

2 중복 코드를 진단하려면 그림 11.8.2의 중복 코드 진단 창에서 소스코드의 언어, 중복 코드로 인식할 수 있는 크기 그리고 결과 보고서의 형태를 선택해야 한다. PMD가 진단할 수 있는 언어는 자바, JSP, C, C++, C#, 포트란, PHP가 있다.

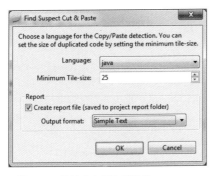

그림 11.8.2 중복 소스코드 진단 창

3 OK 버튼을 클릭해서 중복 코드 진단을 실행하면 그림 11.8.3 와 같이 IDE 우측에 간략한 진단 결과를 볼 수 있다. 또한 중복
코드에 관한 상세 결과는 그림 11.8.4과 같이 report 폴더에 CPD−report라는 이름의 파일로 저장된다.

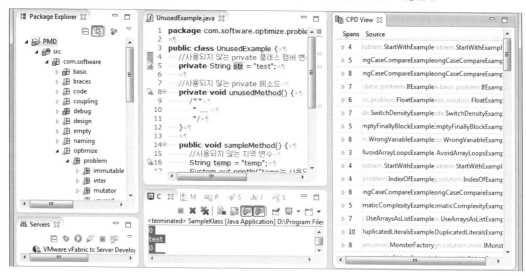

그림 11.8.3 간략한 중복 코드 진단 결과

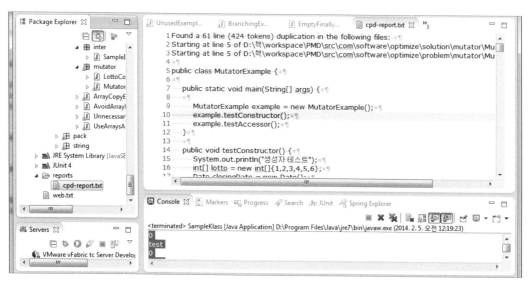

그림 11.8.3 상세한 중복 코드 진단 결과

PMD 자체를 이용해 중복 코드를 진단하는 방법

이번에 설명할 방식은 IDE의 GUI 환경을 이용하는 방법보다 조금 더 번거롭지만 IDE가 없는 환경에서도 실행할 수 있고, IDE 환경보다 더욱더 자세한 환경설정을 할 수 있다는 장점이 있다. 또한 IDE의 GUI 환경만큼은 아니더라도 자체적인 GUI 환경을 제공하기에 사용상의 큰 무리가 없다.

1 우선 중복 코드를 진단하는 PMD 프로그램을 다운로드해야 한다. 그림 11.8.5와 같이 소스포지(sourceforge) 사이트의 http://sourceforge.net/projects/pmd/files/pmd/에서 다운로드할 수 있다.

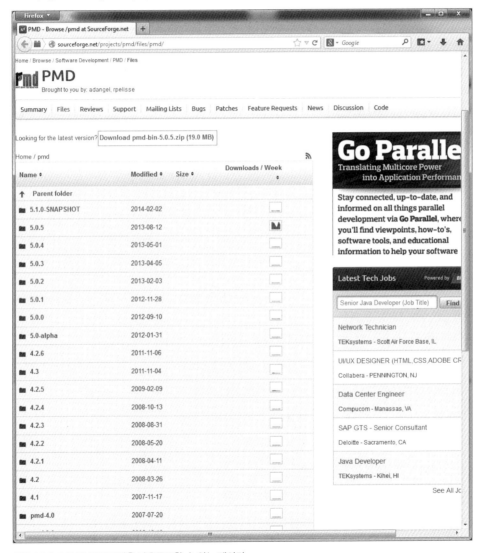

그림 11.8.5 PMD 프로그램을 다운로드할 수 있는 페이지

2 내려받은 PMD 프로그램을 원하는 위치에 압축을 풀고 bin 폴더를 열면 다양한 PMD 실행 배치 파일이 들어 있는데, 여기서
는 가장 사용하기 쉬운 GUI 환경의 중복 코드 진단을 하기 위해 cpdgui.bat을 실행하면 그림 11.8.6과 같은 GUI 프로그램을 볼
수 있다.

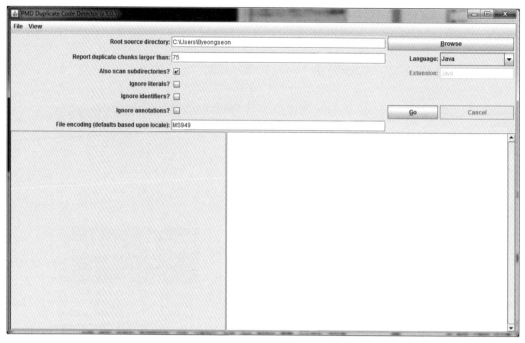

그림 11.8.6 GUI 환경의 중복 코드 진단 화면

PMD에서 제공하는 중복 코드 진단 프로그램을 이용하면 좀 더 상세한 설정을 할 수 있는데, 다음과 같은 옵션을 활용해 중복
코드를 더욱 효율적으로 진단할 수 있다.

- Root Source directory: 중복 코드를 진단한 디렉터리를 선택한다.

- Report duplicated chunks larger than: 최소 중복 코드의 길이를 설정한다.

- Also scan subdirectories: 이 옵션을 선택하면 하위 디렉터리까지 검사한다.

- Ignore Literals: 이 옵션을 선택하면 문자열의 중복은 무시하고 검사한다.

- Ignore Identifiers: 이 옵션을 선택하면 변수명의 중복은 무시하고 검사한다.

- Ignore Annotations: 이 옵션은 중복된 애노테이션은 무시하고 검사한다.

- File Encoding: 소스 파일의 문자집합 인코딩을 선택할 수 있다.

- Language: 중복 코드를 검사할 언어를 선택한다. 자바, JSP, C, C++, C#, 포트란, PHP 중 하나를 선택할 수
  있다.

③ 필요한 옵션을 모두 선택하고 Go 버튼을 클릭하면 그림 11.8.7과 같이 중복 코드를 진단한 결과가 표시된다.

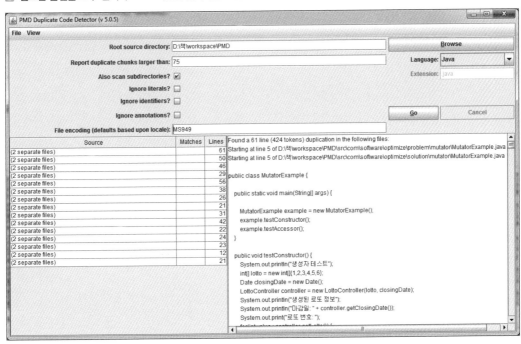

이처럼 두 가지 방식 말고도 PMD의 명령어를 이용해 중복 코드를 진단하는 방법도 있으며, 이와 관련한 자세한 내용은 PMD 사이트의 Finding duplicate code(http://pmd.sourceforge.net/pmd-5.0.5/cpd-usage.html)에서 확인할 수 있다.

최근 소프트웨어 개발의 화두는 병렬 처리일 것이다. 이를 위해 많은 기술이 개발되고 있는데 그 중에서 스레드 그룹(ThreadGroup)을 해결책으로 선택하는 것은 그리 바람직하지 않다. 원래 스레드 그룹은 각각 격리된 스레드를 하나의 집합으로 묶어서 관리하고 이러한 집합을 또 다시 계층 구조로 관리할 수 있게 설계됐으며, 이를 통해 보안성을 향상하고 관리상의 편의를 제공하는 것이 목적이다. 하지만 안타깝게도 이러한 원래의 목적은 충족시키지 못했고 자바의 표준 보안 모델(Java Security Model)에서조차 언급되지 않을 정도로 무의미해졌다. 심지어 스레드 그룹은 스레드 안전성을 보장할 수 없다. 한 예로 스레드 그룹에 속한 스레드의 목록을 불러오는 데 사용하는 enumerate 메서드는 설정된 배열의 길이보다 긴 스레드가 들어오면 배열의 길이 이후의 스레드는 무시한다. 예제 11.9.1에서는 일반적인 ThreadGroup의 사용법을 볼 수 있다.

예제 11.9.1 ThreadGroup의 사용법

```java
package com.software.basic.problem;

public class ThreadGroupExample implements Runnable {

    public static void main(String[] args) {
        ThreadGroupExample tg = new ThreadGroupExample();

        tg.func();
    }

    public void func() {
        try {
            // 부모 집합 생성
            ThreadGroup parentGroup = new ThreadGroup("Parent TG");

            // 자식 집합 생성 - 부모 집합을 인자로 전달해야 한다.
            ThreadGroup childGroup = new ThreadGroup(parentGroup, "Child TG");

            // 부모 집합의 스레드 생성
            Thread thread1 = new Thread(parentGroup, this);
            System.out.println(thread1.getName() +" 시작");
            thread1.start();

            // 자식 집합의 스레드 생성
            Thread thread2 = new Thread(childGroup, this);
```

```java
        System.out.println(thread2.getName() +" 시작");
        thread2.start();

        // 자식 집합의 스레드 생성
        Thread thread3 = new Thread(childGroup, this);
        System.out.println(thread2.getName() +" 시작");
        thread3.start();

        Thread[] list = new Thread[parentGroup.activeCount()];

        int count = parentGroup.enumerate(list);

        // 부모 집합에 있는 모든 스레드를 출력한다.
        for(int i=0; i < count; i++) {
            System.out.println("스레드 " + list[i].getName());
        }

        // 다른 스레드가 끝날 때까지 기다린다.
        thread1.join();
        thread2.join();

    } catch(InterruptedException e) {
        System.out.println(e);
    }
}

// 스레드가 실행할 메서드
@Override
public void run() {
    try {
        Thread.sleep(1000);
        System.out.println(Thread.currentThread().getName() + " 실행 종료");
    } catch (InterruptedException e) {
        e.printStackTrace();
    }
}
}
```

예제 11.9.1에서 스레드 그룹의 구조는 부모 집합과 하위의 자식 집합이 있으며, 집합마다 각 스레드가 그림 11.9.1과 같은 구조로 구성돼 있다. 이렇게 구현된 스레드 그룹은 여러 개의 스레드를 계층적으로 관리할 수 있게 설계됐지만 스레드 그룹의 실제 관리를 위한 많은 기능이 치명적인 결함으로 이미 사용 금지(Deprecated)됐으며, 나머지 기능에도 결함이 많지만 제대로 보완되지 않고 있는 상태다.

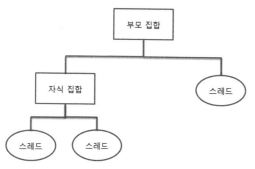

그림 11.9.1 예제 11.9.1의 스레드 그룹의 구조

문제점 진단

PMD에서는 스레드 그룹의 사용을 경고하고 다른 기능을 사용하도록 권고하기 위해 AvoidThreadGroup 룰을 제공한다. 그림 11.9.2는 스레드 그룹의 사용을 진단한 결과다.

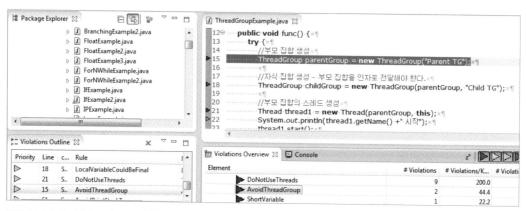

그림 11.9.2 AvoidThreadGroup 룰을 이용해 스레드 그룹 사용을 진단한 결과

해결 방안

앞에서 설명한 바와 같이 스레드 그룹은 결함에 대한 보완이 이뤄지지 않고 사장되고 있는 기술이다. 그러므로 스레드 그룹보다 자바 1.5부터 제공되는 실행자(executor)와 스레드 풀(thread pool)로 구성된 실행자 프레임워크(Executor Framework)를 사용하는 것이 바람직하다. 이 프레임워크는 인터페이스 기반의 유연한 작업 관리를 보장한다. 그뿐만 아니라 구현 코드 또한 매우 간결하고 다양한 모니터링 기능을 제공한다. 더욱이 이러한 스레드를 관리하는 스레드 풀(thread pool)은 프로

그램의 환경과 규모에 따라 적합한 풀을 선택할 수 있게 표 11.9.1과 같이 다양한 형태의 풀을 제공한다. 예제 11.9.2는 간략한 Executors.newCachedThreadPool을 구현한 예이지만 Executors.newCachedThreadPool()과 같은 코드에서 볼 수 있듯이 스레드 풀을 호출하는 메서드를 변경하는 것만으로도 손쉽게 다양한 스레드 풀을 활용할 수 있다.

표 11.9.1 스레드 풀 서비스별 설명

스레드 풀 서비스명	설명
Executors.newCachedThreadPool	· 소규모 프로그램에 적합하다. · 풀을 구성하기 위한 별도의 코드가 필요하지 않다. · 스레드 수에 제한을 두지 않아 많은 수의 스레드가 생성될 수 있는 서비스에서는 위험하다.
newFixedThreadPool	· 대규모 프로그램에 적합하다. · 스레드의 수가 고정돼 있으며, 제한된 개수 안에서 스레드 생성을 스스로 관리한다.
newSingleThreadExecutor	· 스레드 풀에서 처리되는 스레드는 언제나 유일하다. · 등록된 모든 작업은 큐에 저장해서 차례대로 처리된다.
newScheduledThreadPool	· java.util.Timer를 대체하며, Timer보다 사용하기가 어렵지만 더욱 유연한 기능을 제공한다. · Timer가 제공하지 못한 다중 스레드를 지원한다. · 스레드의 수가 고정돼 있다.

더 자세한 설명은 『자바 병렬 프로그래밍: 멀티코어를 100% 활용하는』(에이콘, 2008)을 참고한다.

예제 11.9.2 스레드 풀 사용법

1. CallableThread.java

```
package com.software.basic.solution.pool;

import java.util.concurrent.Callable;

// 스레드를 실행한 후 결과를 반환받을 수 있는 스레드
public class CallableThread implements Callable<Integer>{

    private int threadNum;

    // 스레드 생성 시 생성자를 통해 각 스레드별 필요한 값을 전달받을 수 있다.
    public CallableThread(int threadNum) {
        this.threadNum = threadNum;
    }

    @Override
    public Integer call() throws Exception {
```

```java
            Thread.sleep(1000);
            System.out.println("호출 가능한 스레드 [" + threadNum + "]");
            return threadNum;
        }
    }
}
```

2. RunnableThread.java

```java
package com.software.basic.solution.pool;

// 단순 실행을 위해 사용되는 스레드
public class RunnableThread implements Runnable {

    private int threadNum;

    public RunnableThread(int threadNum) {
        this.threadNum = threadNum;
    }

    @Override
    public void run(){

        try {
            Thread.sleep(1000);
            System.out.println("실행 가능한 스레드 [" + threadNum + "]");
        } catch (InterruptedException e) {

            e.printStackTrace();
        }
    }
}
```

3. NewCachedThreadPoolExample.java

```java
package com.software.basic.solution.pool;

import java.util.concurrent.ExecutionException;
import java.util.concurrent.ExecutorService;
import java.util.concurrent.Executors;
import java.util.concurrent.Future;
import java.util.concurrent.TimeUnit;

public class NewCachedThreadPoolExample {
```

```java
public static void main(String[] args) throws InterruptedException, ExecutionException{
    // cached thread pool 생성
    ExecutorService executorService = Executors.newCachedThreadPool();

    // 실행 가능한 스레드 실행
    executorService.execute(new RunnableThread(0));
    executorService.execute(new RunnableThread(1));

    // 호출 가능한 스레드 시작
    Future<Integer> future = executorService.submit(new CallableThread(2));

    // 호출 가능한 스레드의 값 가져오기
    int value = future.get();

    System.out.println(value);

    boolean isTerminated = executorService.isTerminated();

    System.out.println(isTerminated);

    // 스레드 풀의 스레드가 종료되기까지 30초를 기다린다.
    executorService.awaitTermination(30, TimeUnit.SECONDS);

    // 스레드 풀 종료
    executorService.shutdownNow();
}
}
```

11.9에서 설명한 바와 같이 많은 수의 스레드가 아닌 프로세스 상에서 간단하게 사용할 때 Thread 클래스를 사용한다. 이때 run 메서드를 이용해 thread를 실행하는 것은 잘못된 방법이다. Thread 클래스의 run은 단순히 스레드의 작업만 수행하므로 일반적인 클래스의 메서드를 호출하는 것과 아무런 차이가 없다. 예제 11.10.1은 run 메서드를 호출했을 때 발생할 수 있는 문제를 보여준다.

예제 11.10.1 Thread 클래스를 run 메서드로 호출한 예

1. ThreadRunSample.java

```java
package com.software.basic.problem.thread;

public class ThreadRunSample implements Runnable{

    public void run() {
        try {
            Thread.sleep(1000);
            System.out.println("작업이 실행됨");
        } catch (InterruptedException e) {
            e.printStackTrace();
        }
    }
}
```

2. ThreadExample.java

```java
package com.software.basic.problem.thread;

public class ThreadExample {
    public static void main(String[] args) {
        Runnable runnable = new ThreadRunSample();
        Thread thread = new Thread(runnable);
        System.out.println("스레드 호출 시작");
        thread.run();
        System.out.println("스레드 호출 종료");
    }
}
```

실행 결과

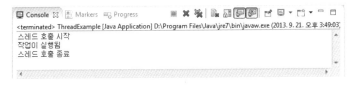

그림 11.10.1 Thread 클래스를 run 메서드로 호출한 결과

예제 11.10.1을 실행하면 그림 11.10.1과 같이 모든 작업이 차례대로 진행되는 것을 확인할 수 있다. 스레드가 정상적으로 생성되어 1초의 지연 시간을 갖는 run 메서드가 실행되면 "작업이 실행됨"이라는 메시지가 가장 마지막에 나타나야 하지만 run 메서드를 호출해 스레드가 생성되지 않고 일반적인 클래스의 메서드 호출로 인식되어 모든 코드가 차례대로 실행된다. 이 경우 스레드를 생성하는 것이 무의미하다.

문제점 진단

이러한 상황을 미리 방지하기 위해 PMD에서는 DontCallThreadRun 룰을 제공하며, 개발자가 실수로 run 메서드를 호출하는 것을 진단하고 수정하기를 권고한다. 그림 11.10.2는 이 룰을 이용해 잘못된 run 메서드 호출을 진단한 결과다.

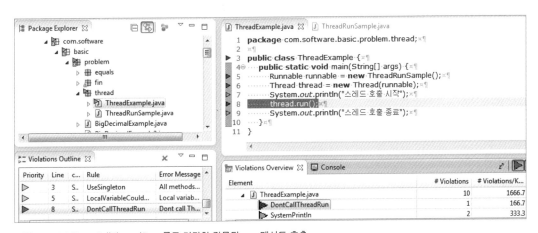

그림 11.10.2 DontCallThreadRun 룰로 진단한 잘못된 run 메서드 호출

해결 방안

이 문제의 해결 방안도 매우 간단하다. Thread 클래스의 run 메서드가 아닌 start 메서드를 호출하는 것으로 문제를 해결할 수 있다. 단순한 메서드 호출의 차이지만 내부적으로는 start 메서드를 호출하면 스레드 작업을 위한 새로운 호출 스택을 생성하고 해당 스택에서 run 메서드를 호출함으로써 정상적인 스레드 기능을 수행하는 절차가 진행된다. 예제 11.10.2는 Thread 클래스의 start 메서드를 호출한 예이며, 그림 11.10.3은 start 메서드를 호출한 결과다.

예제 11.10.2 Thread 클래스를 start 메서드로 호출한 예

```java
package com.software.basic.solution.thread;

public class ThreadExample {
    public static void main(String[] args) {
        Runnable runnable = new ThreadRunSample();
        Thread thread = new Thread(runnable);
        System.out.println("스레드 호출 시작");
        thread.start();
        System.out.println("스레드 호출 종료");
    }
}
```

그림 11.10.3 Thread 클래스를 start 메서드로 호출한 결과

디버깅을 위한
JUnit과 예외 처리

디버깅이란 소프트웨어의 문제점을 진단하고 해결하는 일련의 과정을 의미한다. 완벽한 소프트웨어는 존재할 수 없으며, 다양한 이유로 예측할 수 없는 결함은 소프트웨어가 폐기되기 진까지 언제나 발생할 수 있다. 그러므로 디버깅은 소프트웨어의 지속적인 품질 유지를 위한 필수 요소다. 이 장에서는 디버깅을 위한 단위 테스트 프레임워크(unit test framework)인 JUnit과 원활한 문제점 진단을 위한 예외처리 방법을 설명한다.

JUnit 사용 규칙

JUnit은 자바의 반복적인 단위 테스트를 위한 오픈소스 테스팅 프레임워크이며, 대부분의 IDE에서 JUnit 지원 기능을 기본적으로 탑재하고 있고 편리한 GUI 환경을 제공하고 있다. 또한 JUnit은 단위 테스트를 위한 다양한 부가적인 기능을 제공해 더욱 정확하고 간편한 단위 테스트를 보장한다.

일반적으로 소규모 프로젝트가 아닌 일정 규모 이상의 소프트웨어의 단위 테스트는 매우 까다롭다. 전통적인 자바 소프트웨어에서는 단위 테스트를 수행하기 위해 main 메서드를 이용해 각 클래스와 메서드를 테스트할 수 있지만 이런 방식으로 모든 기능을 테스트한다는 것은 매우 비효율적이고 불필요한 소스코드가 필연적으로 만들어지는 결과를 낳는다. 특히 하나의 절차에 많은 클래스와 메서드가 관계돼 있다면 단위 테스트 설계는 더욱더 어려워진다.

예를 들어, 사용자의 권한을 확인하는 메서드의 단위 테스트는 단편적으로 생각하면 매우 단순한 테스트일 수 있지만 사용자의 권한을 확인하는 절차의 전 단계로 사용자 정보를 입력하고 유효성을 확인하는 절차는 필수적이다. 즉, 사용자 권한 확인 메서드의 기능이 수정될 때마다 반복적으로 전처리 절차가 수행돼야만 이 메서드에 대한 단위 테스트가 가능하다. 따라서 많은 수의 프로젝트에서 이런 단위 테스트 기능을 포기하고 실제 소프트웨어를 실행해 각 기능이 정상적으로 수행되는가만을 확인한다. 이런 방식은 제한된 시나리오에서만 수행되고, 또한 해당 기능이 전체 시스템의 각 요소와 연계돼 있어 정확한 단위 테스트를 수행했다고 할 수 없다.

소프트웨어의 단위 테스트를 위해 임의의 소스코드를 수정하거나 테스트 데이터를 입력하고 차후 해당 소스코드와 데이터를 완벽하게 삭제하지 않는다면 운영 시스템에 치명적인 버그를 일으킬 수도 있다. 실례로 한 웹서비스에서 새로운 사용자 권한 기능을 확인하기 위해 사용자 로그인 기능에 테스트 데이터로 관리자 권한을 가진 사용자 정보를 입력하고 테스트한 후 운영 서버에 반영할 때 실수로 이 부분을 수정하지 않아 한동안 모든 사용자가 관리자 권한으로 로그인된 경우도 있었다.

그렇다고 단위 테스트를 위해 테스트 대상이 되는 기능을 별개의 프로젝트로 분리해서 개발하면 이는 같은 기능의 소스를 이중으로 개발하는 비효율적인 개발 방식이며, 테스트 프로젝트와 실제 운영 프로젝트 사이의 다양한 차이 때문에 예상할 수 없는 오류가 발생할 가능성이 매우 높다.

이러한 단위 테스트의 문제점을 보완하기 위한 테스트 프레임워크인 JUnit에서는 단위 테스트를 위해 기능 테스트를 위한 테스트 데이터와 필요한 리소스를 준비하는 선처리 기능과 리소스를 반환하는 등의 후처리 기능, 그리고 테스트가 올바르게 진행됐는지 확인하는 메서드를 제공함으로써 더욱더 간편하고 정확한 단위 테스트를 지원한다.

특히 JUnit은 최근 개발 방법론에서 주목받는 TDD(Test-Driven Development; 테스트 주도 개발) 개념을 보조하는 매우 효과적인 도구다. TDD의 개념은 소스코드를 작성하기 전에 업무를 분석하고 요구사항을 반영한 이상적인 테스트 케이스를 작성하고, 이를 바탕으로 작동하는 최적의 코드(Clean code that works)를 작성하는 것이다.

전통적인 소프트웨어 개발 방법에서는 요구사항 분석 → 설계 → 개발 → 테스트 → 배포로 진행되는데, 이 방식은 고객의 요구사항이 명확하지 않거나 설계가 완벽하지 않거나 실제 구현과 설계상의 차이가 있거나 객체 간의 결합도가 높아서 한 곳을 수정하면 다른 곳에 영향을 끼쳐서 정상적인 작동이 불가능하게 만듦으로써 잠재적으로 소프트웨어 개발을 지연시키는 위험이 있다.

이런 단점을 보완하기 위해 애자일 컨설턴트인 로버트 C. 마틴(Robert C. Martin)은 다음의 TDD 원칙을 제시해서 해결하려 했다. 이 TDD의 원칙을 따르면 테스트를 먼저 작성할 경우 구체적으로 무엇을 구현해야 하는지가 명확해지고 개발자가 담당하는 부분에서 테스트 케이스를 따라 차근차근 이해할 수 있다. 또한 소스코드는 명확하게 정해진 테스트를 통과하면 되기 때문에 불필요한 소스코드를 작성하지 않아도 되기에 리팩터링 측면에서 매우 효율적이다.

하지만 이러한 TDD도 여러 가지 문제를 안고 있다. 우선 TDD를 적용한다고 소프트웨어의 전체적인 디자인이 모두 개선되는 것은 아니다. TDD 이전에 사용자의 명확한 요구사항을 바탕으로 소프트웨어의 구조를 분석 설계하는 것이 더욱 우선시돼야 한다. 이런 과정 없이 테스트 케이스를 작성한다는 것은 생각보다 어려운 일이며, 특히 사용자와 직접적으로 연관된 UI가 관련돼 있다면 테스트 케이스를 작성하기가 더욱더 어려워진다. 또한 프로젝트가 변경되면 테스트 관리에 신경 써야 하는데, 빈번한 요구사항 변경과 리팩터링으로 인해 소스코드의 변경이 발생한다면 이에 따라 관련 테스트 케이스도 반드시 수정하거나 추가해야 하며, 이를 위해 프로젝트를 수행하는 데 난감할 정도의 시간을 소비해야만 한다. 결국 TDD가 더 나은 설계의 도움을 줄 수 있지만 모든 것을 해결해주는 것은 아니다. TDD를 적용하기 이전에 프로젝트가 요구하는 목표를 명확하게 분석하는 것이 선행돼야 한다.

이클립스에서 JUnit 클래스를 만드는 방법

1 JUnit 클래스를 생성하고 싶은 패키지에서 마우스 오른쪽 버튼을 클릭한 후 New → JUnit TestCase를 선택한다(단 JUnit용 패키지는 대부분 test*으로 시작하지만 여기서는 테스트 케이스가 생성되는 것만 확인하기 위해 임의의 패키지를 선택했다).

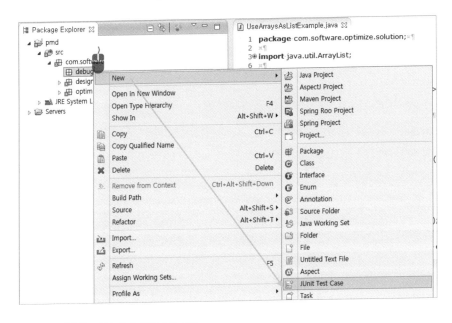

그림 12.1 이클립스에서 JUnit 클래스를 생성

2 사용할 JUnit의 버전을 선택하고 클래스명을 입력한다. 이때 전처리와 후처리를 위한 메서드를 선택해서 자동으로 생성할 수 있다.

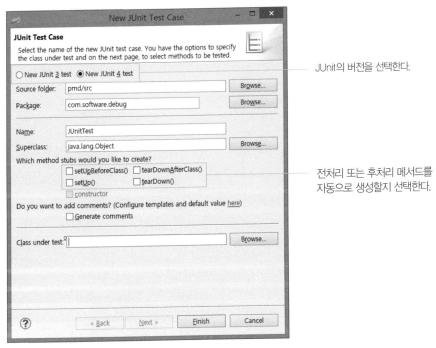

그림 12.2 JUnit 클래스의 상태를 설정

❸ 위와 같은 절차를 거치면 예제 12.1과 같은 JUnit 클래스를 생성할 수 있다.

예제 12.1 JUnit 4 샘플 테스트 클래스

```java
package com.software.debug;

import static org.junit.Assert.*;

import org.junit.After;
import org.junit.AfterClass;
import org.junit.Before;
import org.junit.BeforeClass;
import org.junit.Test;

public class JUnitTest {

    /**
     * 테스트 클래스가 초기화될 때 한 번만 실행
     * @throws Exception
     */
    @BeforeClass
    public static void setUpBeforeClass() throws Exception {
    }

    /**
     * 테스트 클래스가 종료될 때 한 번만 실행
     * @throws Exception
     */
    @AfterClass
    public static void tearDownAfterClass() throws Exception {
    }

    /**
     * 각 테스트 메서드가 실행되기 전에 실행
     * @throws Exception
     */
    @Before
    public void setUp() throws Exception {
    }

    /**
     * 각 테스트 메서드가 실행된 후에 실행
     * @throws Exception
```

```
    */
    @After
    public void tearDown() throws Exception {
    }

    @Test
    public void test() {
        fail("Not yet implemented");
    }
}
```

12-1 JUnit 3에서는 오타가 가장 큰 오류의 주범이다

JUnit 3과 JUnit 4의 주된 차이점 중 하나는 애노테이션 지원 여부다. 우선 JUnit 3에서는 선/후처리 등의 고유한 JUnit의 기능 메서드를 특정 메서드명으로 구분한다. 예를 들어, 클래스를 초기화할 때만 선처리하는 기능은 setUpBeforeClass로 선언해야 하고, 각 메서드가 실행되기 전에 선처리하는 메서드는 setUp으로 선언한다. 이 메서드명에서 한 글자라도 잘못 입력하면 JUnit 3은 이를 인식하지 못하고 메서드를 수행하지 못하는 문제가 발생한다. 따라서 JUnit 3의 메서드를 사용할 때는 세심한 주의가 필요하다. 예제 12.1.1은 잘못된 JUnit 3 사용법의 예다. 또한 그림 12.1.1은 이 테스트 클래스를 실행한 결과로서 왼쪽 위에 각 실행 시간을, 그리고 실패 시에는 좌측 하단에 실패 오류 정보를 볼 수 있다.

예제 12.1.1 간략한 JUnit 3 문법의 예

- **IDGenerator.java**

```
package com.software.debug.JUnit 3;

public class IDGenerator {
    private int currentId;

    public IDGenerator(int currentId) {
        this.currentId = currentId;
    }

    public int getNewId() {
        return this.currentId++;
    }
}
```

- **JUnit 3Example.java**

```
package com.software.debug.JUnit 3;

import junit.framework.TestCase;

public class JUnit 3Example extends TestCase {

    private static  IDGenerator generator;

    protected static void setUpBeforeClass() throws Exception {
    }
```

```java
    protected static void tearDownAfterClass() throws Exception {
    }

    /**
     * 테스트 메서드가 실행되기 전 IDGenerator 객체를 초기화한다.
     * 하지만 setUp이 아닌 setup으로 잘못 등록했다.
     */
    protected void setup() throws Exception {
        generator = new IDGenerator(0);
        super.setUp();
    }

    protected void tearDown() throws Exception {
        super.tearDown();
    }

    /**
     * JUnit 3의 모든 테스트 메서드는 test라는 접두사를 포함해야 한다.
     * 모든 테스트 메서드가 실행되기 전 setUp 메서드가 IDGenerator 객체를 초기화해서
     * 모두 같은 결과가 도출된다.
     */
    public void testGenerator() {
        System.out.println(generator.getNewId());
    }

    public void testGenerator2() {
        System.out.println(generator.getNewId());
    }

    /**
     * test가 접두사가 아닌 접미사로 사용되어 테스트 메서드로 사용되지 못함
     */
    public void generator3Test() {
        System.out.println(generator.getNewId());
    }
}
```

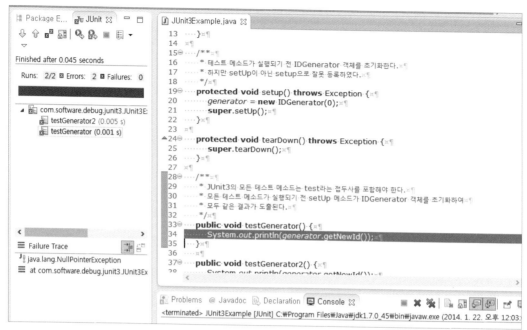

그림 12.1.1 예제 12.1.1의 테스트 클래스를 실행한 결과

예제 12.1.1은 테스트 메서드가 실행되기 전에 새로 generator 객체를 등록하는 전처리를 위해 setUp 메서드를 사용했지만 setup으로 메서드명을 잘못 입력함으로써 전처리가 수행되지 못했다. 따라서 각 테스트 메서드에서 generator를 사용할 때 초기화가 안 된 null인 상태라서 NullPointerException이 발생했다. 또한 모든 테스트 메서드는 접두사로 test를 포함해야 하지만 generator3Test 메서드는 test로 시작하지 않아 테스트 대상에서 제외되어 testGenerator와 testGenerator2만 실행됐다. 그러므로 JUnit 3을 사용할 때 언제나 명명규칙에 주의해야 한다.

문제점 진단

JUnit 3은 고유 기능이 특정 명명규칙에 따라 수행되므로 JUnit 3를 사용할 때 사소한 메서드명 오기로 테스트가 올바르게 이뤄지지 않는 등의 문제가 발생한다. PMD에서는 이를 방지하기 위해 JUnitSpelling 룰을 제공해 잘못된 메서드명의 사용을 수정하도록 권고한다. 하지만 현재 지원되는 메서드는 자주 실수하는 setUp과 tearDown만 존재하므로 여전히 JUnit 3를 사용할 때는 명명규칙에 유의해야 한다. 그림 12.1.2는 JUnitSpelling 룰을 이용해 JUnit 3의 명명규칙을 진단한 결과다.

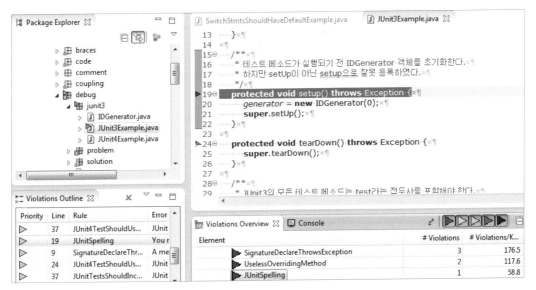

그림 12.1.2 JUnitSpelling 룰로 JUnit 3의 명명규칙을 진단한 화면

해결 방안

앞서 설명한 바와 같이 JUnit 3의 기능은 이 프레임워크가 정한 명명규칙에 의해 실행되는데, 오타로 인해 기능이 실행되지 않는 상황이 발생한다. 이러한 문제를 해결하려면 오타를 줄이는 것이 답이겠지만 특정 제약사항이 없다면 애노테이션 기능을 지원하는 JUnit 4를 활용하는 것이 더욱 안정적인 해결책일 수 있다. 예를 들어, setUp과 같은 전처리 메서드는 @Before로, tearDown 메서드는 @After 애노테이션으로 대체할 수 있다. 이 방식의 장점은 JUnit 3에서는 테스트 메서드로 사용하지 않으려면 메서드 전체를 주석으로 처리하거나 메서드명을 변경해야 하지만 JUnit 4에서는 단순히 애노테이션을 추가하거나 삭제하는 것으로 대체할 수 있다는 것이다. 예제 12.1.2는 JUnit 4를 이용해 예제 12.1.1을 구현한 예다.

```
package com.software.debug.JUnit 3;

import org.junit.Before;
import org.junit.Test;

public class JUnit 4Example {

    private IDGenerator generator;

    @Before
    public void setUp() throws Exception {
        generator = new IDGenerator(0);
    }

    @Test
    public void generateId() {
        System.out.println(generator.getNewId());
    }

    @Test
    public void generateId2() {
        System.out.println(generator.getNewId());
    }

}
```

단정 메서드의 실패 메시지는 디버깅에 효율적이다

JUnit에서 제공하는 대부분의 단정 메서드는 실패에 관한 부가적인 정보를 메서드 인자로 전달해 테스트가 실패했을 때 해당 정보를 출력함으로써 더욱 효율적인 디버깅이 가능하도록 지원한다. 대표적인 예로, assertEquals 메서드는 JUnit에서 제공하는 단정(assert) 메서드 중 하나로서, 예상한 값과 실제 값을 비교하고 만약 두 값이 다르다면 테스트가 실패한 것으로 인식해 코드의 문제점을 진단하는 데 도움을 준다. 예를 들어, 예제 12.2.1과 같이 한글로 된 메시지를 코드로 변환하는 메서드를 테스트한다고 해보자. 이때 이 toCode 메서드의 코드 변환이 정상적으로 수행됐는지 확인하는 테스트를 하기 위해 assertEquals 메서드를 사용했고, 그 결과 예상되는 값과 실제 toCode 메서드가 반환한 값이 같지 않다면 그림 12.2.1과 같이 해당 테스트가 실패했음을 알려준다. 이는 소스코드 상에 뭔가 문제가 있고 이를 수정해야 한다는 것을 의미한다.

예제 12.2.1 assertEquals를 이용해 예상 값과 실제 값을 비교하는 예

CodeGenerator.java

```java
package com.software.debug.problem.equals;

public class CodeGenerator {

    /**
     * 입력된 메시지를 해당 코드로 변환해서 반환한다.
     * @param value 메시지
     * @return 코드
     */
    public String toCode(String value) {

        String[][] codeMap = new String[][]{{"CODE001","입금"},{"CODE002","출금"},{"CODE003","조회"}};

        String code = "ERROR";

        for(String[] map : codeMap) {
            if(map[1].equals(value)) {
                code = map[0];
            }
        }
```

```
        return code;
    }
}
```

AssertEqualsExample.java

```java
package com.software.debug.problem.equals;

import static org.junit.Assert.*;

import org.junit.BeforeClass;
import org.junit.Test;

public class AssertEqualsExample {

    private static CodeGenerator generator;

    @BeforeClass
    public static void setUpBeforeClass() {
        generator = new CodeGenerator();
    }

    /**
     * 문자를 코드로 변환하는 기능이 정상적으로 작동하는지 테스트하는 메서드
     */
    @Test
    public void test() {

        // 정상적으로 예상한 값과 실제 값이 같다면 테스트가 통과한다.
        assertEquals("CODE001", generator.toCode("입금"));
        assertEquals("CODE002", generator.toCode("출금"));
        assertEquals("CODE003", generator.toCode("조회"));

        // 예상한 값과 실제 값이 다르면 오류가 발생해 소스코드의 문제점을 진단할 수 있다.
        assertEquals("CODE003", generator.toCode("이체"));
    }
}
```

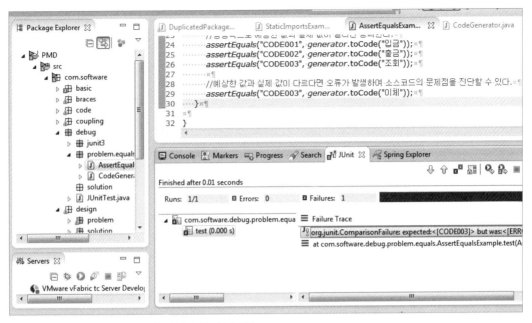

그림 12.2.1 예상 값과 실제 값이 다를 때 나타나는 실패 정보

문제점 진단

예제 12.2.1과 같이 단순히 두 값이 다르다는 결과만으로는 정확하게 어떤 테스트 상황에서 왜 실패했
는지 추적하기가 쉽지 않다. 물론 위의 예제와 같은 상황에서는 문제점을 쉽게 파악할 수 있지만 대량
의 테스트를 동시에 수행하거나 다른 동료가 기능을 테스트할 때는 문제점을 쉽게 인지할 수 있게 부
가적인 정보가 필요하다. 따라서 PMD에서는 JUnitAssertionsShouldIncludeMessage 룰을 통해
assertEquals를 사용할 때 단순히 예상 값과 실제 값만 인자로 사용하는 것이 아니라 부가적으로 자세
한 테스트 관련 정보를 입력하도록 권고한다. 그림 12.2.2는 JUnitAssertionsShouldIncludeMessa
ge 룰로 두 개의 인자만 사용한 assertEquals를 진단한 결과다.

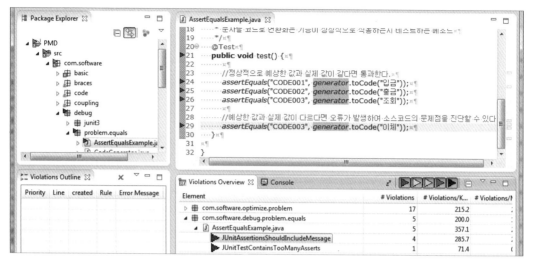

그림 12.2.2 assertEquals 메서드에 두 개의 인자만 전달하는 코드를 진단한 결과

해결 방안

JUnit을 사용하는 목적은 작성한 소스코드가 원하는 대로 정상적으로 수행되는지 검수하고 문제점을 수정하기 위해서다. 따라서 소스코드를 테스트하는 과정에서 발생한 문제점과 원인을 명확하게 파악하는 것이 중요하다. 따라서 예제 12.2.1과 같이 예상 값과 실제 값이 다르다는 단순한 사실이 아닌 문제의 원인을 파악하기 위한 좀 더 상세한 배경 정보가 문제의 원인을 파악하는 데 도움이 된다. 이를 위해 JUnit의 assertEquals와 같은 메서드는 테스트의 부가 정보를 첨부할 수 있는 인자를 제공한다. 예제 12.2.2는 assertEquals 메서드에 예상 값, 실제 값은 물론 부가 정보까지 전달함으로써 문제의 원인을 좀 더 파악하기 쉽게 만드는 모습을 보여준다. 또한 그림 12.2.3에서는 이 같은 방식으로 더욱 자세한 실패 메시지의 예를 볼 수 있다. 이처럼 단정 메서드를 사용할 때 관련 정보도 인자로 전달하면 소스코드의 문제점을 수정할 때 크게 도움될 것이다.

예제 12.2.2 부가 정보를 포함한 assertEquals 메서드 사용

```
package com.software.debug.solution.equals;

import static org.junit.Assert.*;

import org.junit.BeforeClass;

import org.junit.Test;
```

```java
public class AssertEqualsExample {

    private static CodeGenerator generator;

    @BeforeClass
    public  static void setUpBeforeClass() {
        generator = new CodeGenerator();
    }

    /**
     * 문자를 코드로 변환화는 기능이 정상적으로 작동하는지 테스트하는 메서드
     */
    @Test
    public void test() {

        // 정상적으로 예상한 값과 실제 값이 같다면 통과한다.
        assertEquals("입금 요청 메시지의 코드 변환", "CODE001", generator.toCode("입금"));
        assertEquals("출금 요청 메시지의 코드 변환", "CODE002", generator.toCode("출금") );
        assertEquals("조회 요청 메시지의 코드 변환", "CODE003", generator.toCode("조회"));

        // 예상한 값과 실제 값이 다르다면 오류가 발생해
        // 소스코드의 문제점을 진단할 수 있다.
        assertEquals("이체 요청 메시지의 코드 변환", "CODE003", generator.toCode("이체"));
    }
}
```

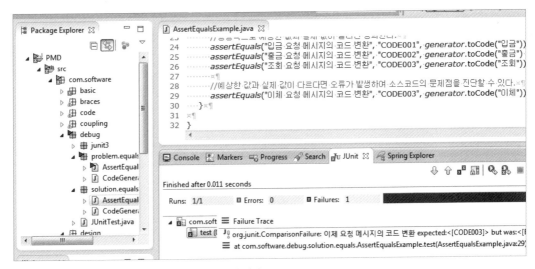

그림 12.2.3 assertEquals의 인자로 부가 정보를 전달한 결과

JUnit에서 assertTrue는 가장 흔히 사용되는 단정(assert) 메서드다. 일반적으로 절차의 진행을 테스트할 때 어떤 상태가 참인지 거짓인지 확인하는 방식이 보편적으로 사용되며, 이를 위해 assertTrue 또는 assertFalse를 사용한다. 하지만 JUnit에서는 테스트 상황에 맞게 다양한 단정 메서드 제공함으로써 테스트의 정확성과 가독성 향상을 도모한다. 그러므로 모든 테스트 케이스에 assertTrue나 assertFalse만 사용하는 것은 가독성과 정확성 면에서 비효율적이고 부정확한 방식이다. 예제 12.3.1은 이러한 assertTrue 메서드를 잘못 사용하는 예다.

예제 12.3.1 잘못된 assertTrue 사용의 예

```java
package com.software.debug.problem;

import static org.junit.Assert.*;

import org.junit.Test;

public class AssertTrueExample {

    @Test
    public void test() {
        // 의미 없는 테스트
        assertTrue(true);

        // 객체를 assertTrue는 객체의 값이 같은지 확인하는 데 부적절하다.
        // a가 null이라면 NullPointerExcepion이 발생하기 쉽다.
        //String a = null;
        String a = "test";
        String b = "test";
        assertTrue("a와 b의 값은 동일해야 한다", a.equals(b));

        // 객체 자체의 동일성을 확인하는 단정 메서드가 따로 있다.
        String c = "test";
        String d = c;
        assertTrue("a와 b는 같은 객체여야 한다", c == d);

        // 객체가 null인지 확인하는 단정 메서드도 따로 있으며
        // assertTrue는 버그를 발생시킬 가능성이 있다.
        String e = null;
```

```
        assertTrue ("e는 null이어야 한다", e == null);
        // 값이 거짓임을 검토할 때는 assertTrue가 아닌 assertFalse를 사용하는 것이 바람직하다.
        assertTrue("b는 비어있어서는 안된다", !b.isEmpty());

    }
}
```

문제점 진단

PMD에서는 이 같은 모든 상황에서 단순히 assertTrue 메서드만을 사용하는 것을 경고하기 위해 다양한 룰을 통해 진단하고 잘못된 사용을 시정하도록 권고한다. 이러한 룰의 예는 다음과 같다. 그림 12.3.1은 이러한 문제점을 진단한 결과다.

1. **UnnecessaryBooleanAssertion 룰**: assertTrue 메서드의 인자를 단순히 true로 전달함으로써 assertTrue의 기능을 무의미하게 만드는 것을 경고

2. **UseAssertEqualsInsteadOfAssertTrue 룰**: 객체의 값이 같은지 비교할 때 assertTrue를 사용하는 것을 진단

3. **UseAssertSameInsteadOfAssertTrue 룰**: 객체 인스턴스의 동일성을 비교할 때 assertTrue 메서드를 사용하는 것을 진단

4. **UseAssertNullInsteadOfAssertTrue 룰**: 객체의 null 여부를 비교할 때 assertTrue 메서드를 사용하는 것을 진단

5. **진단하는 SimplifyBooleanAssertion 룰**: assertTrue 메서드와 assertFalse 메서드의 인자에 불필요한 부정 연산자를 사용하는 것을 진단

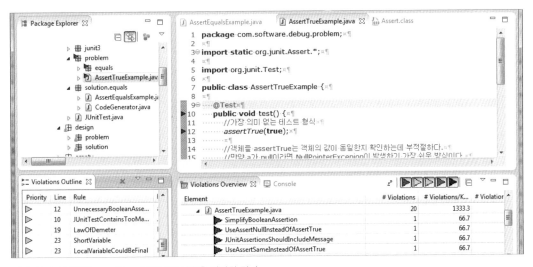

그림 12.3.1 잘못된 assertTrue 메서드의 사용을 진단한 결과

해결 방안

예제 12.3.1에서 볼 수 있듯이 소스코드를 테스트하는 단정 메서드로 assertTrue 메서드만 사용하는 것은 매우 비효율적인 방식이다. 이 예제에서 보다시피 assertTrue 메서드는 전달된 값이 참인지만을 테스트하기 때문에 테스트 코드를 a.equals(b), a == b, a == null과 같이 변경하는 부가적인 작업을 수행해야 한다. 이렇게 추가된 불필요한 테스트 소스코드는 버그가 발생할 가능성이 높다. 더욱이 가독성 측면에서도 assertTrue 메서드만 사용하면 어떠한 상황에서 어떠한 목적으로 테스트를 수행했는지 불분명해진다.

그러므로 assertTrue만 사용해서 테스트하기보다는 표 12.3.1의 다양한 단정 메서드를 상황에 맞게 사용하는 것이 더욱 효율적이고 정확한 테스트를 수행하는 방법이다. 예를 들어, 예상 값과 실제 값의 동일성을 테스트하는 assertEquals이라는 단정 메서드가 존재하지만 assertTrue를 억지로 사용하기 위해 assertTrue(a.equals(b))와 같이 작성한다면 불필요한 a.equals 메서드를 수행해야 한다. 또한 a가 만약 null인 상태라면 테스트를 수행하기 이전에 NullPointerException이 발생할 것이다.

표 12.3.1 JUnit 단정 메서드의 예

단정 메서드	설명
assertTrue assertTrue(실패 정보, boolean 값) assertTrue(boolean 값)	인자가 참인지 검사한다.
assertFalse assertFalse(실패 정보, boolean 값) assertFalse(boolean 값)	인자가 거짓인지 검사한다.
assertEquals assertEquals(실패 정보, 예상 값, 실제 값) assertEquals(예상 값, 실제 값)	예상 값이 실제 값과 같은지 검사한다. 기본 자료형은 ==로 비교하고, 실수의 경우 오차 범위가 작은 값은 값으로 간주한다. 그리고 객체는 equals 메서드를 이용해 비교한다.
assertNull assertNull(실패 정보, 객체)	객체가 null인지 검사한다.
assertNotNull assertNotNull(실패 정보, 객체)	객체가 null이 아닌지 검사한다
assertSame assertSame(실패 정보, 예상 객체, 실제 객체) assertSame(예상 객체, 실제 객체)	예상 객체와 실제 객체가 서로 같은지 검사한다.
assertNotSame assertNotSame(실패 정보, 예상 객체, 실제 객체) assertNotSame(예상 객체, 실제 객체)	예상 객체와 실제 객체가 서로 다른지 검사한다.

단정 메서드	설명
fail fail() fail(실패 정보)	테스트를 실패로 처리한다.

예제 12.3.2는 예제 12.3.1에서 assertTrue 메서드만 사용한 코드를 각 상황에 맞는 단정 메서드로 변경한 예다.

예제 12.3.2 각 상황에 맞는 단정 메서드를 사용한 예

```java
package com.software.debug.solution;

import static org.junit.Assert.*;

import org.junit.Test;

public class AssertTrueExample {

    @Test
    public void test() {

        // assertEquals는 객체의 값이 같은지 확인하는 데 적합하다
        //String a = null;
        String a = "test";
        String b = "test";
        assertEquals("a와 b의 값은 동일해야한다", a, b);

        // assertSame은 객체 자체의 동일성을 확인하는 단정 메서드다
        String c = "test";
        String d = c;
        assertSame("a와 b는 같은 객체여야 한다", c, d);

        // 객체가 null인지 확인하는 단정 메서드는 assertNull이다
        String e = null;
        assertNull("e는 null 이여야 한다", null);
        // 값이 거짓임을 검사할 때는 assertTrue가 아닌 assertFalse를 사용하는 것이 바람직하다
        assertFalse("b는 비어있어서는 안 된다", b.isEmpty());

    }
}
```

12-3 너무 긴 테스트 시나리오는 단위 테스트의 목적을 불분명하게 만든다

단위 테스트의 기본적인 목적은 전체 소스코드에서 일부 기능을 테스트해서 문제점을 발견하고 수정하는 것이다. 단위 테스트의 시나리오는 해당 기능에서 발생 가능한 모든 문제를 테스트해야 하며, 이와 관련이 없는 테스트는 무의미하다. 때로는 잘못된 테스트 시나리오로 인해 잘못된 기능 수정이 발생할 가능성도 있다.

즉, 단위 테스트의 시나리오가 너무 길면 단위 테스트의 목적과 관련 없는 테스트가 포함됐거나 단위 테스트의 범위를 넘어서는 시나리오로 작성했을 가능성이 높다. 이는 단위 테스트의 목적을 불분명하게 해서 문제점을 파악하기 어렵게 만든다. 예를 들어, 문서 생성의 단위 테스트를 생성을 테스트하는 시나리오는 각 상황을 가정하면 매우 다양하게 생성될 수 있다. 하지만 이 모든 경우의 수를 하나의 테스트 시나리오에 포함한다면 결국 단위 테스트의 목적이 불분명해져서 테스트의 결과가 무엇을 의미하는지 알 수 없다. 예제 12.4.1은 이런 잘못된 단위 테스트 시나리오의 예다.

예제 12.4.1 테스트 시나리오가 불필요하게 긴 예

DocumentVO.java

```java
package com.software.debug.problem.scenario;

public class DocumentVO {

    private String docId;        // 문서 아이디

    private String title;          // 문서 제목

    private String body;          // 문서 내용

    private String author;       // 작성자

    public String getDocId() {
        return docId;
    }

    public void setDocId(String docId) {
        this.docId = docId;
    }

    public String getTitle() {
        return title;
```

```
    }

    public void setTitle(String title) {
        this.title = title;
    }

    public String getBody() {
        return body;
    }

    public void setBody(String body) {
        this.body = body;
    }

    public String getAuthor() {
        return author;
    }

    public void setAuthor(String author) {
        this.author = author;
    }
}
```

DocumentController.java

```
package com.software.debug.problem.scenario;

public class DocumentController {

    // 문서를 생성하는 가상 메서드
    public boolean create(DocumentVO vo) {
        // 전달된 문서가 null이라면 문서를 생성할 수 없다
        boolean isOkay = true;
        if(vo == null) {
            isOkay = false;
        // docId의 접두사가 DOC가 아니면 문서가 아니다.
        } else if(!vo.getDocId().startsWith("DOC")) {
            isOkay = false;
        // 문서의 제목은 null일 수 없다.
        } else if(vo.getTitle() == null) {
            isOkay = false;
        // 제목의 길이는 최대 20자다
```

```java
        } else if(vo.getTitle().length() > 20) {
            isOkay = false;
        }

        if(isOkay) {
        /**
         * 문서 생성 절차
         */
        }

        return isOkay;
    }

    // 문서를 삭제하는 가상 메서드
    public boolean delete(DocumentVO vo) {
        /**
         * 문서 삭제 절차
         */
        return true;
    }

    // 문서를 수정하는 가상 메서드
    public boolean update(DocumentVO vo) {
        /**
         * 문서 수정 절차
         */
        return true;
    }

    // 문서를 조회하는 가상 메서드
    public DocumentVO view(String docId) {
        if(docId == null) {
            return null;
        }
        /**
         * 문서 조회 절차
         */

        return new DocumentVO();
    }
}
```

ScenarioExample.java

```java
package com.software.debug.problem.scenario;

import static org.junit.Assert.*;

import org.junit.BeforeClass;
import org.junit.Test;

public class ScenarioExample {

    private DocumentVO documentVO;
    private static DocumentController controller;
    @BeforeClass
    public static void beforeClass() {
        controller = new DocumentController();
    }

    @Before
    public void before() {
        documentVO = new DocumentVO();
        documentVO.setDocId("DOC001");
        documentVO.setTitle("제목");
        documentVO.setBody("내용");
        documentVO.setAuthor("김이박");
    }

    @Test
    public void test() {
        // 빈 문서 생성 테스트
        assertFalse("문서 생성 실패: 문서는 null일 수 없다.", controller.create(null) );

        // docId 테스트
        documentVO.setDocId("IMG001");
        assertFalse("문서 생성 실패: docId의 접두사는 DOC이어야 한다.", controller.
create(documentVO) );

        // 문서 제목 테스트
        documentVO.setDocId("DOC001");
        documentVO.setTitle(null);
        assertFalse("문서 생성 실패: 문서의 제목은 null이 아니어야 한다.", controller.
create(documentVO) );

        // 문서 제목 길이 테스트
        documentVO.setTitle("012345678901234567891");
```

```
        assertFalse("문서 생성 실패: 제목의 길이는 최대 20자다",  controller.create(documentVO) );
        // 정상 문서 생성 테스트
        assertTrue("문서 생성 실패: 문서 생성 중 오류 발생",  controller.create(documentVO) );
    }
}
```

예제 12.4.1의 test 메서드는 문서 생성과 관련된 모든 시나리오를 포함하고 있어 하나의 단위 테스트로 보기에는 범위가 매우 넓다. 이 메서드를 실행하면 모든 경우의 수가 하나의 시나리오로 묶여서 실행되어 각 케이스별 테스트는 불가능하고, 이 테스트를 통해 기능을 테스트하고 수정하기가 수월하지 않다.

문제점 진단

PMD에서는 테스트 시나리오가 불필요하게 긴 문제점을 진단하기 위해 JUnitTestContainsTooManyAsserts 룰을 통해 기본적으로 하나 이상의 단정 메서드가 포함된 테스트 메서드를 경고한다. 상황에 따라 maximumAsserts 속성을 수정해 포함할 수 있는 단정 메서드의 수를 변경할 수도 있다. 그림 12.4.1은 PMD로 긴 테스트 시나리오를 진단한 결과다.

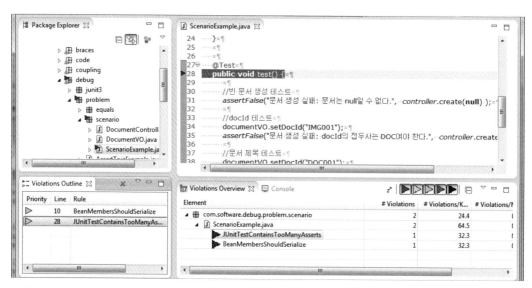

그림 12.4.1 JUnitTestContainsTooManyAsserts 룰로 진단한 잘못된 테스트 시나리오

PMD에서는 단정 메서드를 테스트 시나리오의 핵심 절차로 간주해 하나 이상의 단정 메서드를 하나의 시나리오로 계산한다. 단정 메서드가 하나 이상 존재하는 테스트 시나리오는 테스트 시나리오의 범위를 벗어났다고 가정하는 것이다.

다시 말해 예제 12.4.1과 같이 하나의 단정 메서드가 각 문서 생성 기능 테스트를 수행하고 결과를 판단한다. 하나의 단정 메서드가 실행될 때마다 하나의 테스트 시나리오가 실행된 것이다. 예를 들어, 맨 처음 빈 문서를 생성하는 테스트에서 assertFalse("문서 생성 실패: 문서는 null일 수 없다.", controller. create(null));라는 단정 메서드 실행이 빈 문서의 생성을 테스트하는 하나의 시나리오이며, 이 기능은 하나의 테스트 시나리오로 구분돼야 한다. 이를 바탕으로 예제 12.4.1을 리팩터링한 예가 예제 12.4.2다.

예제 12.4.2 통합된 테스트 시나리오를 개별 테스트 시나리오로 분리

```java
package com.software.debug.solution.scenario;

import static org.junit.Assert.*;

import org.junit.Before;
import org.junit.BeforeClass;
import org.junit.Test;

public class ScenarioExample {

    private DocumentVO documentVO;
    private static DocumentController controller;

    @BeforeClass
    public static void beforeClass() {
        controller = new DocumentController();
    }

    @Before
    public void before() {
        documentVO = new DocumentVO();
        documentVO.setDocId("DOC001");
        documentVO.setTitle("제목");
        documentVO.setBody("내용");
        documentVO.setAuthor("김이박");
    }
```

```
    // 빈 문서 생성 테스트
    @Test
    public void testEmptyDoc() {
        assertFalse("문서 생성 실패: 문서는 null일 수 없다.", controller.create(null) );
    }

    // docId 테스트
    @Test
    public void testDocId(){
        documentVO.setDocId("IMG001");
        assertFalse("문서 생성 실패: docId의 접두사는 DOC이어야 한다.", controller.
create(documentVO) );
    }

    // 빈 문서 제목 테스트
    @Test
    public void testEmptyTitle() {
        documentVO.setTitle(null);
        assertFalse("문서 생성 실패: 문서의 제목은 null이 아니어야 한다.", controller.
create(documentVO) );
    }

    // 문서 제목 길이 테스트
    @Test
    public void testTitleLength() {
        documentVO.setTitle("012345678901234567891");
        assertFalse("문서 생성 실패: 제목의 길이는 최대 20자다", controller.create(documentVO) );
    }

    // 정상 문서 생성 테스트
    @Test
    public void test() {
        assertTrue("문서 생성 실패: 문서 생성 중 오류 발생", controller.create(documentVO) );
    }

}
```

예제 12.4.2에서 보다시피 각 단정 메서드별로 각 테스트 시나리오로 분리하면 테스트 시나리오가 명확하게 어떤 의도로 작성됐는지 파악할 수 있고, 각 테스트 시나리오별로 결과도 분리되어 단위 기능에 어떠한 문제점이 내포돼 있는지 쉽고 정확하게 유추할 수 있다.

소프트웨어의 생명주기에서 가장 긴 기간인 유지보수 단계에서는 소프트웨어가 제 역할을 다하도록 지속적으로 관찰하고 관리하는 것이 중요하다. 아무리 잘 만들어진 소프트웨어라도 예측할 수 없는 예외 사항은 언제나 발생하며, 소프트웨어의 품질은 이러한 예외 사항을 얼마나 신속하고 정확하게 파악하고 조치해서 소프트웨어의 신뢰성과 성능을 유지하느냐에 달렸다. 그러므로 이 장에서는 소프트웨어의 가독성과 신뢰성, 유지보수성을 향상시킬 수 있는 올바른 방식의 예외 처리 방안을 설명한다.

예외 처리

13-1 예외 정보를 무시하는 것은 소프트웨어 유지보수를 포기하는 것과 같다

소프트웨어의 품질을 향상시키는 가장 중요한 항목 중 하나는 예외 처리다. 적절한 예외 처리란 발생 가능한 예외를 최대한 줄이고 문제점을 외부로 노출시키지 않는 것이 아니라 정확한 예외의 유형과 정보를 전달하는 것이다.

사용자 입장에서 어떤 문제점이 발생했을 때 시스템이 이 문제점을 숨기는 것이 아니라 사용자가 어떻게 해야 할지 정확히 알려주는 것이 가장 중요하다. 예를 들어, 사용자가 파일 업로드에 실패했을 때 "파일 업로드 오류[CODE101] −10MB 이하의 이미지만 업로드할 수 있습니다."라고 문제점에 관한 정확한 정보를 사용자에게 전달하면 사용자는 어떤 문제가 발생했고 어떻게 대처해야 할지 알 수 있다. 혹시나 기타 문의 사항이 있을 때는 제공된 오류 코드를 매뉴얼에서 확인하거나 담당 부서로 문의할 수도 있다.

사용자에게 더 이상의 상세한 정보는 필요하지도 않고, 전달해서도 안 된다. 많은 소프트웨어에서 문제가 발생했을 때 실수로 상세한 정보가 사용자에게 노출되기도 하는데, 이는 보안상 매우 민감하고 위험한 정보를 노출하는 셈이다. 예를 들어, 데이터베이스에 접근하는 시스템에서 자주 실수하는 부분으로 질의문 호출 시 문제가 발생했을 때 해당 질의문과 코드 줄, 문제와 관련된 상세 정보를 표시하곤 하는데, 이는 데이터베이스 구조에 관한 정보를 외부로 노출하고 SQL 인젝션 같은 공격을 당할 여지를 제공한다.

개발자 입장에서 시스템 개발 및 성능 개선과 유지보수 등을 위한 상세한 예외 정보가 때로는 수십 줄의 상세한 주석보다 더욱더 강력할 때가 있다. 주석은 소프트웨어가 어떻게 작동하느냐를 설명하는 것이라면 예외 정보는 소프트웨어의 어느 부분에 문제가 있는지 알려주는 역할을 하기 때문이다. 예외 정보는 질병의 증상과 같은 것이다. 시스템 운영 중에 발생한 긴급한 문제점을 처리할 때는 그 무엇보다도 효과적이다.

실제로 한 공공기관의 신규 ERP 시스템을 시연하던 중에 발생한 상황을 예로 들 수 있다. 당시 빈번한 시스템 요구사항 변경으로 인해 개발 기간이 매우 촉박했고, 이를 뒷받침할 여유 인력도 부족했다. 시연 직전까지도 신규 시스템을 개발 서버 환경에서 막 운영 서버 환경으로 이전만 했을 뿐 전체적인 시스템 점검을 할 시간이 부족했다. 시연을 위해 전체적인 시스템 점검은 불가능했고, 미리 정해진 점검 목록에 따라 최대한 점검하고, 실제 구현 중 발생할 수 있는 돌발 상황에 대비해 모든 담당자가 대기 중이었다.

그러다 시연 직전 마지막 리허설에서 보고서가 업로드되지 않는 문제점이 발견됐고, 시연 화면에는 "업로드 실패[CODE202] – XXX를 확인하세요."라는 오류가 화면에 나타났다. 그 즉시 대기하고 있던 개발자는 화면상의 오류 메시지와 로그 파일을 비교/검토하고 해당 메시지를 토대로 상세 예외 정보를 검토한 결과 문제가 발생한 보고서 테이블의 컬럼 길이가 설계했던 것보다 짧다는 점을 발견할 수 있었다. 문제의 원인은 데이터베이스를 이전하는 과정에서 보고서 테이블이 최종 버전의 테이블 구조로 이전되지 않았던 것이었다. DBA는 즉시 보고서 테이블 구조를 최종 버전으로 수정했고, 해당 문제는 완벽하게 해결됐다. 문제가 해결되기까지 채 10분이 걸리지 않았고, 시스템 시연은 아무런 문제 없이 끝날 수 있었다.

오류 정보가 정확하지 않았거나 전혀 없었다면 문제가 발생한 위치를 재현하고 소스코드를 따라가며 문제점을 추적하는 방법 외에는 없었을 것이다. 하지만 당시 매우 긴급한 상황에서 정상적으로 이런 방식을 수행할 수 있었을지는 미지수이고, 최악의 경우 많은 시간을 소비하고 미궁에 빠져버릴 수도 있었다. 이처럼 정확한 오류 정보는 소프트웨어 품질 관리에 매우 중요한 역할을 한다.

소프트웨어 품질 측면에서 예외 처리가 중요하다는 사실은 대부분 인정하지만 실제 예외 처리는 현업에서 무시되거나 소홀하게 취급되는 일이 비일비재하다. 많은 프로젝트에서 시간적, 인적, 비용적인 이유로 소프트웨어의 주요 기능을 구현하는 시간을 개발기간으로 산정하고, 예외 처리와 같은 가시적이지 않은 부분은 공수에 포함하지 않기 때문에 실제로는 예외 처리를 위한 기간은 없는 것이나 다름없다. 소프트웨어의 핵심적인 기능 이외의 나머지 기능에 대한 예외 처리는 담당 개발자의 선택에 달렸는데, 결국 어떤 명확한 절차에 의한 예외 처리가 아닌 개발 편의를 위한 가장 단순한 형태로 구현되기 일쑤다.

이처럼 자의적인 예외 처리를 통해 최소한의 정보라도 표출되면 문제 해결의 실마리로 활용할 수 있겠지만, 안타깝게도 그렇지 않고 무시하는 예외 처리가 더 많다. 예를 들어, catch 절을 비워서 예외가 발생해도 어디서도 인지할 수 없도록 예외 정보를 무시하거나 발생한 예외 정보를 호출한 메서드나 객체로 던지듯이 전달해서 명확한 예외 상황의 원인과 의도를 알 수 없게 만들기도 한다. 그리고 오류 처리가 귀찮아서 가장 상위 객체인 Exception으로 모든 오류를 전달받아 instanceof로 처리하고 싶은 오류만 처리하는 것은 모두 잘못된 오류 처리 방식이다. 예제 13.1.1은 이러한 잘못된 오류 처리 방식의 예다.

예제 13.1.1 잘못된 오류 처리의 예

```
package com.software.debug.problem;

import java.io.FileNotFoundException;
import java.io.IOException;
```

```java
public class BadExceptionExample {

    /**
     * 발생한 모든 오류를 catch 절로 받아서 무시하는 방식
     * 이 메서드에서 어떠한 오류가 발생했는지는 아무도 알 수 없다.
     */
    public void errorMethod1() {
        try {
            /*
             * 무언가 실행하는 코드
             */
        } catch (Exception e) {
            // 아무런 예외 처리도 하지 않는다.
        }
    }

    /**
     * 발생된 모든 예외를 호출한 메서드나 객체로 전달하고 무시함
     * 정확한 오류 발생 위치와 정보를 알 수 없다.
     * @throws Exception
     */
    public void errorMethod2 (String path, String str) throws Exception {
        File file = new File(path);
        BufferedWriter output = new BufferedWriter(new FileWriter(file));
        output.write(str);
        output.close();
    }

    /**
     * 개발자가 선택한 오류 이외의 모든 오류가 무시된다.
     */
    public void errorMethod3() {
        try {
            /*
             * 뭔가를 실행하는 코드
             */
        } catch(Exception e) {
            if( e instanceof FileNotFoundException) {
                // 오류 처리
            } else if( e instanceof IOException) {
```

```
                // 오류 처리
            }
        }
    }
}
```

문제점 진단

PMD에서는 잘못된 예외 처리를 경고하기 위해 다음과 같은 다양한 룰을 제공한다. 그림 13.1.1은 이러한 룰로 잘못된 오류 처리를 진단한 결과다.

1. **EmptyCatchBlock 룰**: 비어 있는 catch 절을 진단

2. **AvoidThrowingRawExceptionTypes 룰**: 예외 객체를 최상위 객체로만 처리하는 것을 경고

3. **SignatureDeclareThrowsException 룰**: 정확한 오류 정보가 아닌 Exception 객체로 호출한 메서드나 객체로 전달하는 것을 경고.

4. **AvoidCatchingThrowable 룰**: 모든 예외를 최상위 예외 클래스와 하나의 catch 절로 처리하는 것을 경고

5. **AvoidInstantiatingObjectsInLoops 룰**: 하나의 catch 절 안에서 instanceof를 이용해 원하는 오류만 처리하는 것을 경고

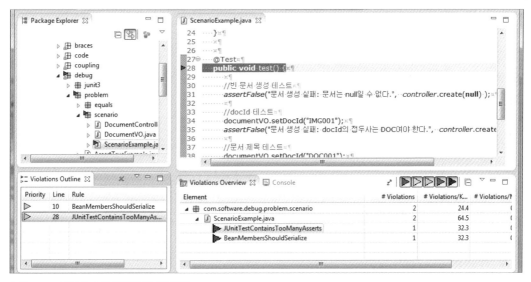

그림 13.1.1 잘못된 오류 처리를 진단한 결과

해결 방안

예제 13.1.1과 같이 실행 중에 발생할 수 있는 다양한 증상을 단순히 무시하는 잘못된 예외 처리는 많은 위험성을 내포하고 있다. 이는 질병의 증상이 나타나도 무시하는 것과 다름없다. 발생한 문제를 해결하려면 최소한 오류가 발생한 위치와 정보를 기록해야 한다.

가장 먼저 모든 catch 절은 비어있어서는 안 된다. 예제 13.1.1의 errorMethod1과 같은 방식은 모든 오류 정보를 전달받아 무시하는 방식은 어떠한 오류가 발생해도 무시되어 프로그램이 정상적으로 실행되는 것으로 가장할 수 있다. catch 절은 예제 13.1.2와 같이 최소한 해당 오류가 발생했음을 알릴 수 있게 최소한의 절차를 구현해야 한다.

예제 13.1.2 catch 절에서 발생한 예외를 알릴 수 있도록 기록하는 예

```
package com.software.design.solution;
public class EmptyExceptionExample {

    public static Logger log = Logger.getLogger(EmptyExceptionExample.class);

    public void errorMethod1() {

        String str = null;

        try {
            System.out.println(str.substring(0,2));
        // 비어있는 catch 절로 인해 NullPointerException이 무시된다.
        } catch(Exception e) {
            // 최소한 오류가 발생했음을 알릴 수 있는 로그를 출력해야 한다.
            logger.error(e);
        }
    }
}
```

발생한 예외를 단순히 상위 메서드나 클래스로 전달하는 것 또한 위험한 방식이다. 메서드에서 발생하는 예외는 메서드 내부의 절차에서 발생하는 내부 오류와 외부에서 메서드를 호출할 때 인자를 잘못 전달해서 생기는 등의 외부 호출 오류가 있다. 메서드에서 발생한 모든 문제점을 외부로 전달해버리면 이 문제점의 발생 원인이 정확히 내부의 잘못에서 발생한 문제인지 외부에서 잘못 호출해서 발생한 문제인지 구분하거나 그 원인을 파악하기가 매우 어렵다.

예를 들어, 예제 13.1.1의 errorMethod2와 같이 문자열을 파일에 저장하는 메서드는 저장될 문자열과 저장 경로를 전달받아 해당 위치에 파일을 생성하고 이 파일에 전달된 문자열을 저장하게끔 구현돼 있다. 이 메서드에서 발생할 수 있는 예외로는 내부에서 파일을 생성하고 데이터를 저장하는 과정에서 path가 이미 존재하는 파일을 참조할 때 발생하는 FileAlreadyExistsException 및 파일과 관련된 예외인 IOException과 같은 내부 오류를 비롯해 str이 null일 경우 발생할 수 있는 NullPointerException과 같은 외부 오류가 있다. 하지만 모든 예외를 throws Exception을 통해 이 메서드를 호출한 메서드로 전달해버리면 문제의 원인을 파악하기 매우 까다롭다.

메서드 내부에서 발생해서 자체적으로 해결해야 하는 예외의 경우 메서드 내부에서 catch 절을 통해 해결하고, 외부에서 비롯되는 오류는 외부에서 인지하고 처리할 수 있게 위임해야 한다. 단 메서드의 기능 자체가 해당 메서드를 호출한 메서드와 매우 밀접한 관계를 맺고 있다면 단순히 모든 예외를 해당 메서드를 호출한 메서드로 전달할 수 있다. 예제 13.1.3은 이런 식의 내/외부 예외 처리를 구분한 예다.

예제 13.1.3 내/외부 오류를 분리해서 예외를 처리

```
package com.software.design.solution;

import java.io.BufferedWriter;
import java.io.File;
import java.io.FileWriter;
import java.io.IOException;
import java.nio.file.FileAlreadyExistsException;
import java.nio.file.Files;

public class FileErrorExample {
    // public static Logger log = Logger.getLogger(FileErrorExample.class);
    public static void main(String[] args) {
        FileErrorExample example = new FileErrorExample();
        try {
        example.errorMethod2("test.txt", "ttt");
        } catch (FileAlreadyExistsException e) {
            // e.printStackTrace();
            logger.error("[FILE002] 파일 생성 오류");
            logger.error(e.getMessage());
        }
    }
```

```
    /*
     * FileAlreadyExistsException
     * 파일이 이미 존재한다는 예외는 외부에서 이 메서드를 호출할 때
     * 중복된 경로를 지정해서 발생한 오류로서 내부 오류가 아닌
     * 외부 오류로 봐야 한다.
     */
    public void errorMethod2(String path, String str) throws FileAlreadyExistsException{
        try {
            File file = new File(path);
            Files.createFile(file.toPath());
            BufferedWriter output = new BufferedWriter(new FileWriter(file));
            output.write(str);
            output.close();
        } catch (IOException e) {
            //e.printStackTrace();
            logger.error("[FILE001] 파일 쓰기 오류");
            logger.error(e.getMessage());
        }
    }
}
```

마지막으로 errorMethod3과 같이 단 하나의 catch 절을 사용해 모든 오류 정보를 전달받고 특정 오류만 instanceof를 이용해 선택적으로 처리할 경우 예측 가능한 오류만 처리하고 그 밖의 모든 예외는 무시된다. 예측 불가능한 예외는 무시되거나 잘못된 오류 절차로 이어질 수 있으며, 특히 외부 오류로 발생한 오류도 예측 불가능한 오류로 분류되어 오류가 발생해도 오류가 발생한 정확한 이유를 알 수 없거나 예외 자체가 무시되어 오류가 발생하지 않은 상태로 가장할 수 있다. 예제 13.1.3와 같이 내부에서 발생할 수 있는 오류와 외부 오류로 분류해서 처리하고, 예측 불가능한 오류는 그대로 발생하게 해서 나중에 문제가 발생했을 때 이를 처리할 수 있게 해야 한다.

**통합된 예외 처리가 아닌
각 예외의 유형에 맞게 처리해야 한다**

모든 예외 클래스는 Throwable 클래스라는 최상위 클래스를 상속받아 구현되며, 예외 클래스의 기본
적인 계층구조는 그림 13.2.1과 같다. 예외 클래스는 대표적으로 세 가지 범주로 나눌 수 있는데 시스
템에서 발생하는 Error, RuntimeException을 상속받아 실행 단계에서 발생하는 명시적인 예외 처리
를 강제하지 않는 처리 불가능 예외(Unchecked Exception, RuntimeException)와 컴파일 단계
에서 주로 발생하며 소프트웨어를 실행하기 위해서는 반드시 처리해야 하는 처리 가능 예외(Checked
Exception)로 분류할 수 있다.

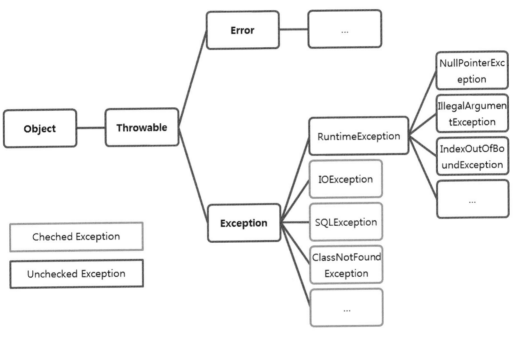

그림 13.2.1 예외 클래스의 계층 구조

시스템 오류(Error)란 시스템 레벨의 심각한 수준의 오류로 예측하고 대응할 수 없는 상황으로, 소프트
웨어에서 감당할 수 없는 문제를 의미한다. 예를 들어, 네트워크가 단절되어 통신이 불가능하거나 운영
체제의 문제로 인해 소프트웨어가 정상적으로 작동할 수 없는 상황 등이 있다.

예외는 소프트웨어를 구현하는 과정에서 예측하지 못한 논리적인 허점에서 발생하는 대응 가능한 문제점이다. 예를 들어, 어떤 파일을 저장할 때 저장 경로가 존재하지 않거나 저장 위치에 이미 같은 이름의 파일이 존재해서 파일을 저장할 수 없는 문제점이 발생한다면 이는 시스템 오류가 아닌 개발자가 소프트웨어를 구현할 때 예측하지 못한 예외적인 상황이다. 예외는 소프트웨어에 치명적인 타격을 주는 처리 가능 예외와 치명적이지 않고 소프트웨어 구동에 큰 영향을 미치지 않는 처리 불가능 예외로 분류할 수 있다.

처리 가능 예외의 대표적인 예외 클래스로는 IOException, SQLException, ClassNotFound Exception 등이 있으며, 클래스를 찾을 수 없거나 파일 관련 기능이 정상적으로 작동하지 않거나 혹은 데이터베이스 통신이 정상적으로 작동하지 못하는 상황을 의미하며, 이러한 문제점이 해결되지 않는다면 소프트웨어의 구동에 치명적인 문제를 일으킬 수 있다.

반대로 처리 불가능 예외의 대표적인 예외 클래스는 모두 RuntimeException을 상속받는 NullPointerException, IllegalArgumentException, IndexOutOfBoundsException 등으로 대부분 개발자의 부주의에서 발생하며, 소프트웨어에 치명적인 영향을 미치지 않는다. 단 Error 클래스의 하위 클래스는 치명적이지만, 소프트웨어가 관여할 수 없는 오류로 처리 불가능 예외와 같이 취급한다.

모든 처리 가능 예외와 처리 불가능 예외는 상위 클래스인 Exception을 상속해서 구현한 클래스로서 Exception 클래스를 이용하면 손쉽게 모든 예외 처리를 통합해서 관리할 수 있다. 더욱이 Throwable 클래스를 이용한다면 시스템 오류까지 통합해서 처리할 수 있다. 하지만 모든 오류와 예외를 하나로 통합해서 처리하는 것은 매우 비효율적이고 위험한 방식이다. 소프트웨어에서 발생한 예외와 시스템 오류를 동시에 처리하거나 치명적인 예외와 단순한 논리적 실수인 예외를 상위 예외 클래스를 이용해 동시에 처리한다면 전체적인 예외 처리 절차가 모호해질 수 있다.

예를 들어, 예제 13.2.1과 같이 웹 사이트의 정보를 가져와 파일에 저장하는 메서드를 구현할 때 모든 예외 처리를 Throwable 클래스로 통합해서 처리한다고 가정해보자. 이 메서드를 실행하는 도중 메모리가 부족해서 OutOfMemoryError가 발생한다면 소프트웨어 구동에 치명적인 문제가 발생하므로 즉각 담당자에게 알려야 하고 때로는 소프트웨어의 구동을 즉시 중지해야만 할 수도 있지만 이 메서드에서는 시스템 오류를 전달받아 자체적으로 오류 메시지를 화면에 출력하는 것으로 오류를 숨긴다.

```java
package com.software.debug.problem;

import java.io.BufferedReader;
import java.io.BufferedWriter;
import java.io.File;
import java.io.FileWriter;
import java.io.InputStreamReader;
import java.net.URL;
import java.net.URLConnection;

public class CheckedExceptionExample {

    public static void main(String[] args) {

        CheckedExceptionExample example = new CheckedExceptionExample();
        String result;
        result = example.loadWebPage("ht://www.google.com", "d:\\web1.txt");
        System.out.println("저장 상태: " + result);

        result = example.loadWebPage("http://www.google.com", "d:\\web2.txt");
        System.out.println("저장 상태: " + result);

        result = example.loadWebPage("http://www.google.com", "z:\\web2.txt");
        System.out.println("저장 상태: " + result);

        result = example.loadWebPage("http://www.google.com", null);
        System.out.println("저장 상태: " + result);

    }

    /**
     * 웹 페이지 정보를 파일로 저장
     * @param url: 웹 페이지 주소
     * @param fileName: 저장 파일명
     * @return 저장 결과
     */
    public String loadWebPage(String urlStr, String fileName) {
        String result = "OK";
        URL url;
        try {
            url = new URL(urlStr);
```

```
                URLConnection con = url.openConnection();
                BufferedReader bufferedReader = new BufferedReader(new InputStreamReader(con.
    getInputStream() ));
                String line;
                File file =new File(fileName);

                // 파일이 존재하지 않으면 파일을 생성
                if(!file.exists()) {
                    file.createNewFile();
                }

                FileWriter fileWriter = new FileWriter(file); //append file = (file, true)
                BufferedWriter bufferedWriter = new BufferedWriter(fileWriter);
                while( ( line = bufferedReader.readLine() ) != null ) {
                    bufferedWriter.write(line);
                    bufferedWriter.newLine();
                }
                bufferedReader.close();
                bufferedWriter.close();
            } catch (Throwable e) {
                result = "ERR";
                // 가장 잘못된 예외 처리 화면에만 문제가 표시되고
                // 어디에도 문제점이 기록되지 않아 문제가 숨겨진다.
                e.printStackTrace();
            }
            return result;
        }

    }
```

이 메서드에서는 잘못된 형식의 URL로 인해 발생한 MalformedURLException과 파일 저장과 네트워크 통신에서 발생한 예외는 모두 IOException의 하위 예외 클래스로서 처리 가능 예외다. 이러한 문제는 소프트웨어가 구동하는 데 심각한 문제를 일으킬 수도 있으므로 문제를 올바르게 해결하기 위해서는 각각 발생한 원인에 따라 예외를 처리해야 한다. 하지만 이 메서드에서는 Throwable 클래스로 모든 예외를 통합해서 처리하기 때문에 유형별로 처리 가능 예외를 처리하기에는 부적합한 구조를 보여준다.

마지막으로 메서드의 인자를 null로 잘못 보내서 발생하는 처리 불가능 예외인 NullPointerException은 대부분 메서드 자체의 문제가 아닌 메서드를 사용하는 개발자의 실수로 발생하는 문제로서 메서드에서 자체적으로 처리 불가능 예외를 처리한다면 예외의 원인이 감춰진다는 문제점이 발생한다.

예를 들어, 고객이 은행에서 예금을 인출할 때 계좌 번호를 기재하지 않거나 고객명 대신 계좌 번호를 적는 실수로 예금이 인출되지 않았다고 가정하자. 이때 창구직원이 이를 발견하고 거래 내역에는 고객의 실수로 발생했다고 기록하고 고객에게 예금을 인출할 수 없다고 말하고 원인은 알려주지 않는다면 이 문제는 고객 스스로 문제의 원인을 발견하기 전까지 영원히 해결되지 않을 것이다. 인자를 null로 잘못 보내서 문제점이 발생했을 때 메서드 내부에서 자체적으로 예외를 처리하고 문제를 숨기는 것은 고객에게 문제의 원인을 알리지 않는 것과 같다. 실제로 한 금융 회사에서는 결제 시 발생한 모든 오류를 "유효하지 않은 결제 정보입니다."라는 하나의 문구로 처리하여, 적지 않은 고객이 5회 이상 카드 비밀번호를 잘못 입력하는 실수로 카드 사용이 정지되는 등의 혼란이 발생했었다.

문제점 진단

PMD에서는 이처럼 잘못된 예외 처리를 진단하기 위해 다음과 같은 다양한 룰을 제공한다. 그림 13.2.2는 잘못된 예외 처리를 진단한 결과다.

1. **AvoidCatchingThrowable 룰**
   예외 처리의 최상위 클래스인 Throwable 클래스를 이용해 모든 예외를 처리하는 것을 방지

2. **AvoidCatchingGenericException 룰**
   메서드가 자체적으로 RuntimeException이나 Exception 클래스와 같은 포괄적인 예외 클래스(Generic Exception)를 이용해 모든 예외와 오류를 처리하는 것을 방지

3. **DoNotExtendJavaLangError 룰**
   메서드가 자체적으로 Error 클래스를 이용해 오류의 예외 처리를 수행하는 문제점을 진단

4. **AvoidThrowingRawExceptionTypes 룰과 AvoidThrowingNullPointerException 룰**
   NullPointerException을 예외 처리하는 것을 경고

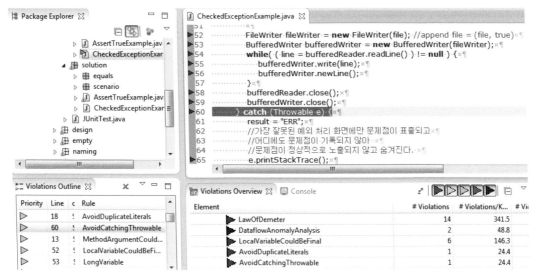

그림 13.2.2 잘못된 예외 처리를 진단한 결과

해결 방안

예외 처리의 목적은 단순히 문제점이 발생했을 때 문제점이 발생한 원인을 화면에 표시하는 것이 아니라 최소한의 정보인 문제점의 종류, 원인, 시간 그리고 위치 등을 기록해 문제점이 근본적으로 해결될 수 있게 이끄는 것이다. 따라서 처리 불가능한 오류와 처리해야만 하는 예외, 처리하지 않아도 되는 예외에 따라 적합한 예외 처리를 구현해야 한다.

시스템 오류를 메서드 단위에서 처리하는 것은 월권 행위와 같다. VM에서 발생한 오류는 소프트웨어가 구동하는 데 치명적인 문제를 일으킬 수 있는 문제지만 예제 13.2.1과 같이 소프트웨어에서 Error 클래스를 비롯해 이 클래스를 상속받는 모든 오류 클래스를 직접 처리하려 한다면 모든 문제점 메서드 내부에 숨겨지고 소프트웨어는 정상적으로 작동하는 것처럼 보일 것이다. 즉, 아주 특별한 구조가 아니라면 일반적인 메서드는 시스템 오류와 관련된 예외 처리도 해서는 안 된다.

처리 불가능 예외는 사전조건 위반(Precondition Violation)이라고도 정의할 수 있다. 고객이 예금을 인출할 때의 사전조건은 계좌 번호와 기타 정보를 제출하는 것으로 볼 수 있다. 고객이 계좌번호를 제출하지 않았다면 출금 절차를 수행하기 전에 필요한 사전조건을 위반한 것이므로 예금을 출금할 수 없고 창구 직원은 계좌번호를 기재하지 않았다는 잘못을 알려줄 것이다.

NullPointerException, IllegalArgumentException 등의 처리 불가능 예외도 변수의 값이 잘못 전달되거나 필요한 값이 null인 경우 등 사전에 필요한 조건이 충족되지 못했을 때 발생하는 예외로서 이 같은 예외가 발생하면 해당 기능은 수행돼서는 안 된다. 하지만 메서드 내부에서 NullPointerException, IllegalArgumentException과 같은 처리 불가능 예외까지 모두 처리한다면 문제의 원인을 파악할 수 없고, 때로는 잘못된 예외 처리로 심각한 예외가 묵살될 수도 있다. 따라서 처리 불가능 예외는 일반적으로 예외 처리를 하지 않는 것이 올바른 방법이다.

마지막으로 처리 가능 예외야말로 예외 처리를 해야 하는 대상이다. 처리 가능 예외는 주로 한 기능이 수행될 때 각 절차에서 문제가 발생하는 예외로서, 해결되지 않는다면 정상적인 소프트웨어의 구동이 불가능하다. 처리 가능 예외가 발생할 경우 각 유형에 맞춰 필요한 예외 처리 절차를 구현해야 하고, 정확한 문제점을 전달하거나 기록해서 문제를 해결할 수 있게 해야 한다.

예를 들어, 예금 인출을 위해 필요한 모든 정보가 전달되어 예금을 인출할 때 창구 직원이 은행 전산망에 접속할 수 없거나 요청된 계좌 정보를 조회할 수 없어서 정상적으로 기능이 수행되지 않는 문제가 발생할 수 있다. 예외 처리는 이러한 문제가 발생했을 때 대체 방안을 수행하거나 문제점의 정확한 정보를 담당자에게 전달해서 문제가 해결될 수 있게 하는 것이다.

처리 가능 예외도 각 문제점이 발생했을 때 문제 해결을 위해 예외별로 필수적인 처리를 해야 하며, 최소한 예외 정보를 무시하지 않고 전달해야 한다. Exception과 같은 포괄적 예외를 사용하는 것은 유형별 예외 처리를 포기하는 것과 같다. 따라서 예제 13.2.2과 같이 메서드에서 발생할 수 예외를 예측하고 이를 처리해야 한다.

예제 13.2.2 처리 가능 예외의 올바른 처리 방법

```
package com.software.debug.solution;

import java.io.BufferedReader;
import java.io.BufferedWriter;
import java.io.File;
import java.io.FileWriter;
import java.io.IOException;
import java.io.InputStreamReader;
import java.net.MalformedURLException;
import java.net.URL;
import java.net.URLConnection;
```

```
public class CheckedExceptionExample {

    public static void main(String[] args) {

        CheckedExceptionExample example = new CheckedExceptionExample();
        String result;

        result = example.loadWebPage("ht://www.google.com", "d:\\web1.txt");
        System.out.println("저장 상태: " + result);

        result = example.loadWebPage("http://www.google.com", "d:\\web2.txt");
        System.out.println("저장 상태: " + result);

        result = example.loadWebPage("http://www.google.com", "z:\\web2.txt");
        System.out.println("저장 상태: " + result);

        // 인자를 null로 잘못 보냈지만 loadWebPage 메서드가
        // 자신의 문제점으로 인식하고 처리하기 때문에
        // 문제의 원인을 정확하게 파악하기 어렵다.
        result = example.loadWebPage("http://www.google.com", null);
        System.out.println("저장 상태: " + result);

    }

    /**
     * 웹 페이지 정보를 파일로 저장
     * @param url: 웹 페이지 주소
     * @param fileName: 저장 파일명
     * @return 저장 결과
     */
    public String loadWebPage(String urlStr, String fileName) {
        String result = "OK";
        URL url;
        try {
            url = new URL(urlStr);
            URLConnection con = url.openConnection();
            BufferedReader bufferedReader = new BufferedReader(new InputStreamReader(con.
getInputStream() ));
            String line;
            File file =new File(fileName);

            // 파일이 존재하지 않으면 파일을 생성
            if(!file.exists()) {
```

```
                file.createNewFile();
            }

            FileWriter fileWriter = new FileWriter(file); //append file = (file, true)t
            BufferedWriter bufferedWriter = new BufferedWriter(fileWriter);
            while( ( line = bufferedReader.readLine() ) != null ) {
                bufferedWriter.write(line);
                bufferedWriter.newLine();
//                  bufferedWriter.write("\n");
            }
            bufferedReader.close();
            bufferedWriter.close();
        // URL 형식이 올바르지 않아서 문제가 발생할 경우
        } catch (MalformedURLException e) {
            result = "ERR_URL";
            // 여기서는 printStackTrace을 사용했지만
            // 실전에서는 올바른 로그를 사용하자
            e.printStackTrace();
        // 파일을 저장할 때 문제가 발생할 경우
        } catch (IOException e) {
            result = "ERR_FILE";
            // 여기서는 printStackTrace을 사용했지만
            // 실전에서는 올바른 로그를 사용하자
            e.printStackTrace();
        }
        return result;
    }

}
```

13-3 GOTO와 같은 예외 처리 구조는 예외 처리를 더욱 복잡하게 만든다

구조적 프로그래밍의 대표적인 기능이자 소프트웨어의 구조를 망치는 대표적인 키워드인 GOTO 문은 프로세스의 흐름을 강제로 특정 위치로 옮김으로써 코드의 복잡도를 현저히 높이고 가독성을 떨어뜨려 개발자에게는 혼동을 주고 소프트웨어에는 무한 루프를 선사하기도 한다. 따라서 GOTO 문은 매우 특이한 상황이 아니면 사용하지 않는 것이 좋다.

예외 처리에서도 throws를 사용해 GOTO 문과 같은 효과를 보여줄 수 있는데 이는 예외 처리를 불필요하게 복잡하게 만들고 가독성을 떨어뜨려 차후 유지보수를 어렵게 만들 수 있다. 예제 13.3.1은 예외 처리를 GOTO 문과 같이 처리한 예다.

예제 13.3.1 예외 처리를 GOTO 문처럼 한 예

```
package com.software.debug.problem;

import java.io.IOException;
import java.net.MalformedURLException;

public class GotoExample {

    public static void main(String[] args) {
        try {
            try {
              /*
               * 특정 작업을 수행
               */
                System.out.println("원래 오류 발생");
                throw new IOException();
            } catch (IOException e) {
                System.out.println("IOException에서 MalformedURLException을 전달해서 다시 오류
처리");
                throw new MalformedURLException();
                // 위와 같은 처리는 GOTO를 사용해서 처리하면 오류를 처리할 때 매우 혼란스럽다.
            }
```

```
        } catch (MalformedURLException e) {
            System.out.println("MalformedURLException 을 전달받아서 오류 처리");
            // 오류 처리
        }
    }
}
```

문제점 진단

PMD에서는 이처럼 매우 혼란스럽고 불필요한 예외 처리를 진단하기 위해 ExceptionAsFlowControl
룰을 제공해 예제 13.3.1과 같은 잘못된 예외 처리를 경고하고 수정하도록 권고한다. 그림 13.3.1은 예
제 13.3.1을 진단한 결과다.

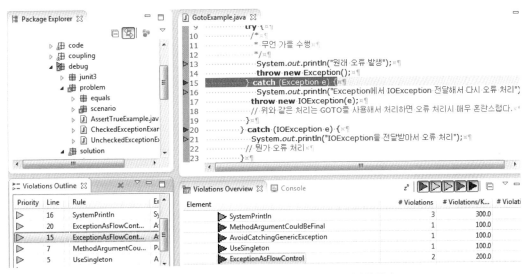

그림 13.3.1 잘못된 GOTO 문과 같은 예외 처리를 ExceptionAsFlowControl 룰로 진단한 결과

해결 방안

혼란스러운 예외 처리를 해결하려면 앞서 13.2에서 설명한 바와 같이 불필요한 예외 처리 코드는 과감
히 삭제하고, 필요한 예외 처리 코드만 유형별로 따로따로 작성해야 한다. 또한 각 예외 처리는 서로 분
리돼 있어야 하고, 서로 간의 연결은 무의미하며 스파게티 코드처럼 예외 처리 흐름을 꼬이게 만드는 지
름길이다. 예제 13.3.2는 예제 13.3.1의 잘못된 예외 처리를 각 유형별 예외 처리로 수정한 예다.

```
package com.software.debug.solution;

import java.io.IOException;
import java.net.MalformedURLException;

public class GotoExample {

    public static void main(String[] args) {
        try {
            /*
             * 특정 작업을 수행
             */
            System.out.println("원래 오류 발생");
            throw new MalformedURLException();
        } catch (MalformedURLException e) {
            System.out.println("MalformedURLException의 예외 처리만 수행");
        } catch (IOException e) {
            System.out.println("IOException의 예외 처리만 수행");
        }
    }
}
```

참고 문헌

AbramsBrad. "Internal Coding Guidelines". http://blogs.msdn.com/b/brada/archive/2005/01/26/361363.aspx

Bloch, J. (2008). Effective Java. Pearson Education.

Botella 외 4명. "ISO/IEC 9126 in practice: what do we need to know?" http://www.essi.upc.edu/~webgessi/publicacions/SMEF'04-ISO-QualityModels.pdf

Eckel, B. (2006). Thinking in Java. New Jersey: Pearson Education.

GammaErich, HelmRichard, JohnsonRalph, & VlissidesJohn.(2002). Design Patterns: Elements of Reusable Object-Oriented Software . Addison-Wesley Professional

Geotechnical Software. "Java Programming Style Guidelines." http://geosoft.no/development/javastyle.html

Goetz, B., Holmes, D., Bloch, J., & Lea, D. (2013). Java Concurrency in Practice . the University of Michigan.

GoetzBrian. "Double-checked locking: Clever, but broken". http://www.javaworld.com/: http://www.javaworld.com/javaworld/jw-02-2001/jw-0209-double.html

GreenRoedy. How to write unmaintainable code. "Java Developers' Journal".

Information is Beautiful. "Codebases- Millions of lines of code." Information is Beautiful: http://www.informationisbeautiful.net/visualizations/million-lines-of-code/

JUnit. (n.d.). junit.

kernel.org. Linux kernel coding style. https://www.kernel.org/doc/Documentation/CodingStyle

Kernighan, B. W., & Ritchie, D. M. The C Programming Language . Prentice-Hall.

Lieberherr, K., & Holland, I. (1997, 5 26). Law of Demeter. http://www.ccs.neu.edu/home/lieber/LoD.html

ORACLE. "Javadoc Tool". http://www.oracle.com/technetwork/java/javase/documentation/index-jsp-135444.html

ORACLE. The finally Block. Retrieved 11 27, 2013, http://docs.oracle.com/javase/tutorial/essential/exceptions/finally.html

ORACLE. (n.d.). How to Write Doc Comments for the Javadoc Tool. http://www.oracle.com/technetwork/java/javase/documentation/index-137868.html

ORACLE, & Ruzek, B. Effective Java Exceptions. http://www.oracle.com/technetwork/articles/entarch/effective-exceptions-092345.html

PMD. "Finding duplicate code." http://pmd.sourceforge.net/pmd-5.0.5/cpd-usage.html

showmycode.com. "showmycode.com". http://www.showmycode.com/

Simonyi, C. Hungarian Notation. http://msdn.microsoft.com/en-us/library/aa260976(v=vs.60).aspx

Sun Microsystems. Code Conventions for the Java TM Programming Language. http://www.oracle.com/technetwork/java/javase/documentation/codeconvtoc-136057.html

Voigt, J., Irwin, W., & Churcher, N. Class encapsulation and object encapsulation. Christchurch: University of Canterbury.

WPStevens, GJMyers, & LConstantine. Structured Design. "IBM Systems Journa", 115-139.

이해일. "객체의 개념과 기본 메소드 익히기." http://download.oracle.com/global/kr/magazine/23fall_tech2.pdf

이해일. "불변 객체와 방어복사, 유용한 구현패턴." http://download.oracle.com/global/kr/magazine/23winter_tech2.pdf

한국콘텐츠진흥원. "소프트웨어 품질의 이해." http://www.kocca.kr/knowledge/report/__icsFiles/afieldfile/2010/05/01/kc44_1215387_0.pdf

찾아보기